绿色金融：
开拓市场新边界

雷 曜／著

GREEN FINANCE
EXPANDING NEW FRONTIERS
OF THE MARKET

中国金融出版社

责任编辑：李　融
责任校对：孙　蕊
责任印制：陈晓川

图书在版编目（CIP）数据

绿色金融：开拓市场新边界／雷曜著． -- 北京：中国金融出版社，
2025．7． -- ISBN 978 - 7 - 5220 - 2794 - 4

Ⅰ．F832

中国国家版本馆 CIP 数据核字第 2025RB7952 号

绿色金融：开拓市场新边界
LÜSE JINRONG：KAITUO SHICHANG XINBIANJIE

出版　中国金融出版社
发行
社址　北京市丰台区益泽路 2 号
市场开发部　（010）66024766，63805472，63439533（传真）
网 上 书 店　www.cfph.cn
　　　　　　（010）66024766，63372837（传真）
读者服务部　（010）66070833，62568380
邮编　100071
经销　新华书店
印刷　北京九州迅驰传媒文化有限公司
尺寸　169 毫米 ×239 毫米
印张　18.75
字数　255 千
版次　2025 年 7 月第 1 版
印次　2025 年 7 月第 1 次印刷
定价　86.00 元
ISBN 978 - 7 - 5220 - 2794 - 4
如出现印装错误本社负责调换　联系电话（010）63263947

序 推动绿色金融市场边界拓展的力量

全球变暖正在对人类社会,尤其是人类的财产甚至生命造成直接的损害,并显著加剧金融风险。这迫切需要在全球范围内建立科学合理的激励约束机制,充分动员金融资源以应对气候变化,同时加强对气候相关金融风险的防范。气候变化及其影响从科学、气象、经济金融等层面出发,深刻触及政府与人民之间的政治关系、不同政党和政府执政理念和方式的关系、不同要素禀赋地区和行业之间的关系、不同受教育水平和技能乃至收入群体之间的关系等层面,需要从全球社会治理角度保证气候转型中的公平正义。

绿色金融体系已经从摸索阶段步入快速发展时期,不仅为应对气候变化提供了大量的资本,还是全球气候治理框架中不可或缺的重要工具。这一时期,我恰逢其时,有幸在中国人民银行研究局和金融研究所从事金融政策的研究、制定和推动落实的工作,深度参与了绿色金融体系(以及农村金融、普惠金融体系)的建设。

这本小册子记录了绿色金融体系建设与发展共12个方面的问

题，绝大部分内容来源于政策制定中需要解决的问题或者承担的任务。为避免文字上变成碎片化或流水账式的工作总结，我从政策制定实施的基本逻辑出发，从绿色金融体系建设的必要性、有效性和可拓展性三个层面出发，以求解释绿色金融体系之所以能发挥资源配置的重要作用并获得巨大成功的内在规律。

首先，气候问题（有时也包括环境和可持续问题）的特殊性决定了其难以依靠传统的金融市场机制，需要创新绿色金融体系。无论是否承认，科学研究在相当高的可信度上揭示了这些气候特性：一方面，气候变化及其对人类社会的影响具有长期性和复杂性。这决定了动态传导链条上的因果关系难以量化，即使已知未来温室气体的排放规模，也无法准确预知由此导致的温度变化，及其对经济的影响，乃至这种影响的福利效应。另一方面，气候变化需要全球协同应对，但政策干预的成本与收益高度不确定，也使得"搭便车""塞私货"行为大行其道。如某大国出台的鼓励清洁能源法案被用作打击他国电动汽车的贸易工具，同时其石油天然气开发投资额屡创新高。再一方面，气候变化的经济影响明显具有地域性和行业异质性。大多数财富密集型地区的经济可能由于气候变化而受损，但一些地区和行业可能因气候变化而受益，如气候变得更湿热，区域气候得到改善，宜居性增强，农作物可能增产等。总的来说，气候变化对农业劳动生产率的负面影响更为显著，对气温较高地区的负面影响更大，治理水平则会影响经济损失的程度。因此，非洲较贫穷国家受气候变化影响最为严重。

正是由于上述诸多方面的特殊性，绿色发展所需的大量资金投入很难仅依靠传统金融市场（无论是政策性金融还是纯商业模式）来满足。同时，气候风险作为金融风险来源之一，其显著性大幅提升，还衍生出"非传统"财务风险和道德风险，传统风险分析方法（如 VAR）往往基于历史数据进行模拟，而与气候相关的风险通常具有"更厚""更斜"的尾部分布特征，其适用性需要重新证明。2025 年初美国加州大火暴露出的保险"失灵"就是一个鲜活例证。

绿色金融体系要能在应对气候变化中发挥配置资源的核心机制，仍需要建立起高效率低成本的定价能力。现有减排措施很难确保碳排放成本在不同人群之间和代际之间公平分配，且全球协调异常困难。目前，化石燃料价格尚未充分反映其气候成本，人们还在基于被扭曲的价格体系做出能源消费决策。利用碳定价度量和管理气候风险是主要探索路径。但碳定价并不等同于碳排放权定价，购买碳排放权配额所支付的成本并不等同于碳排放所引发的社会成本，只有深刻理解各类碳定价的经济含义，在碳核算基础上选用征收碳税、开展碳排放权交易等措施，建立一种低成本、易操作、较透明的机制，以纠正这种市场失灵，使气候成本能够跨期和跨部门公平高效分担，实现帕累托改进。绿色金融体系还需要对气候相关的金融风险进行有效管理，包括传导反馈、及时分担乃至消化出清。

其次，绿色金融已创造性地利用并提升了现有机制，将资本等关键要素引导至原本市场价值较低的绿色领域，成为解决市场失灵的成功探索。在"绿水青山就是金山银山"这一先进理念的引领下，2016 年作为中国绿色金融"元年"，一经诞生就站在全球瞩目的舞台中心，发挥了巨大的引领示范作用。

根据中国人民银行发布的数据，截至 2024 年末，中国绿色贷款余额达 36.6 万亿元，同比增长 21.7%，增速比各项贷款高14.5 个百分点，延续了多年的高速增加态势。其中，投向具有直接和间接碳减排效益项目的贷款分别为 12.25 万亿元和 12.44 万亿元，合计占绿色贷款的 67.5%。2024 年中国绿色债券发行规模为 6814.33 亿元，托管量达 2.09 万亿元。

观察中国绿色金融体系的成功经验，可以简单总结为以下几点：一是绿色金融并不依赖绿色补贴，亦非简单地根据行政命令来分摊环境气候成本。这种办法难以解决市场机制对绿色项目失灵的问题。如财务补贴固然可以使成本上不经济产品变得有利可图，但实际上扭曲了市场供求关系，极易引发贸易摩擦，公共财力也不可持续。实践中，仅有个别地区针对当地绿色产业或产品，对金融机构采取了引导性的低强度补贴措施。更广泛地对绿色产业补贴，与其说是环境补贴，不如说是产业政策。可以观察到，在市场上胜出的产业或产品，最终依靠消费者的选择而非补贴性财务政策。

二是在基于日趋严格的环境规制中，支持性政策可以快速提升金融市场对绿色产业的回报预期。支持性政策（如碳减排工具、金融管理部门对金融机构的绿色评价等）使得投资绿色项目不仅能产生社会效益，提升企业的品牌价值，还将降低绿色项目的经营成本和环境合规风险，提高其投资回报率，缩短甚至消除绿色产业在引入初期的高成本、高风险阶段。在中国政府的高位推动下，环境气候相关金融风险的理念和绿色发展战略深入人心，使得市场更容易对绿色项目形成或提升一致性预期，在一段时期内形成趋势性市场，进而带来超额收益。当越来越多的投资者倾向于将资金投入符合绿色以及 ESG（环境、社会和治理）标准的金融产品，减少对非绿金融产品的投资时，这种偏好本身就可能推高绿色金融资产的价格。从金融产品的回报来看，上证环保指数近两年的超额收益十分显著，2024 年收益率超过 50%，较沪深

300 有 57% 的超额收益。中债绿色债券综合财富指数的收益在大部分时间里的表现也优于债市整体收益。

三是需要提高绿色金融的定价效率和风险管理能力。绿色金融本质上是商业性金融，仅依靠引导和预期机制来影响投资者和金融机构的财务决策，可能面临较高的财务风险和道德风险，一旦预期逆转，就可能引发市场震荡。因此，为了建设充分考虑环境气候因素定价的绿色金融市场，中国绿色金融通过加强标准建设、信息披露、产品创新、国际合作和监管，不断培养和提升金融体系对气候风险的识别、管理、定价能力，力图减少"洗绿"风险，降低监管成本，提升定价效率。其中，标准体系对于绿色金融的发展具有至关重要的作用。与其他金融标准相比，绿色金融标准的独特性首先体现在普遍采用的绿色分类方法。资金使用、信息披露、监督评价等环节的标准同样重要。这些标准的开发与应用直接推动了绿色信贷、绿色债券、绿色保险和绿色票据以及 ESG 投资等金融产品的蓬勃发展。

基于产权理论，完善气候应对机制、提高气候金融定价效率需要全球统一的信息披露。其政策首要目标是鼓励市场主体定量核算并充分披露气候环境所产生的实质性影响，这对企业财务表现的指向性十分明确，旨在帮助投资者更准确地进行风险收益评估和定价，从而形成高效金融市场。从这一角度出发，气候环境信息披露绝不能沦为惩罚示众的工具，避免"污名效应"，也不能成为自我表扬的宣传手段，造成"洗绿"风险。近年来，全球气候信息披露和碳核算领域发展迅速，已从多元化的市场自主发展逐步过渡到有组织、融合趋同的重点发展方向，国际可持续准则理事会（ISSB）可持续信息披露标准及其应用是市场竞合下涌现的最重要成果。金融机构开展碳核算和可持续信息披露已经具有相当的可行性，但气候环境信息披露仍需坚持循序渐进，按照先立后破的原则推进。其中，可重点完善碳排放权交易机制，推动碳金融市场安全高效发展，更有效地实现减排和绿色发展。

四是中国正在将绿色金融政策逻辑的适用范围向更多可持续领域延伸覆盖。例如，绿色金融与普惠金融的融合发展、金融支持生物多样性保护以及蓝色金融这三个新领域就受到学术界、政策界和实务界的广泛关注。

从长远看，应通过科技和机制创新提升绿色项目的中长期投资价值，从而以更大可能拓展绿色金融市场的可行边界。无论是应对气候变化，还是污染防治、生物多样性保护等其他可持续发展领域，都需要依靠重大绿色技术突破，甚至实现颠覆性创新，以创造真实有效的绿色供给。无论是被动参与政策激励或约束对象，跟随市场风向的投资者，还是绿色技术创新的引领者，早期布局的投资者都可以通过不同方式占据市场领先地位，并在市场发展中获得超额收益。

近年来，中国绿色产业的快速发展得益于这些领域的活跃且有效的技术创新、管理优化和投融资活动。仅在 2023 年，中国就贡献了全球可再生能源新增装机容量的 60%，电动汽车占新车销量的比例已接近一半，锂离子电池产能也呈现出类似的增长态势。这些绿色产业不仅创造了新的供给，也满足了新的需求，成为全球应对气候变化的"正外部性内部化"典范：对于供给方而言，能够在更低的成本下生产智能汽车、提供电力，绿色金融市场的参与者也有机会获得满意的资本回报。对于需求方而言，则能以更优惠的价格购买到功能更强大的环保产品。因此，绿色产业的市场边界得以拓展，甚至可以说创造了新的市场领域。

这类产业的绿色表现具有典型的"钟摆"特性：在技术和市场的早期投入阶段，这些产业的商业回报较低，甚至处于亏损状态，这时"钟摆"摆向其气候环境效益的"额外性"。随着收益潜力的逐步释放，其绿色属性的"额外性"也会随之降低至普通水平，这时"钟摆"又将摆向其盈利性，从而完成一轮绿色产业周期。

正是因为绿色金融所服务产业的商业回报将趋向正常区间，对气候环境效益的"额外性"要求的符合程度也随之降低，才迫切需要发展转型金融。因此，转型金融所服务的项目具有两大优势：当期气候环境额外性显著以及长期经济效益可观，同时也面临当期回报不足、低碳转型的技术和商业路径不确定性等约束。因此，在机制设计上，需要充分依托碳足迹等金融科技手段，充分披露其商业前景，将环境气候定价嵌入金融定价中，同时关注中小微企业等弱势被动主体的绿色转型。

可以预见，未来的绿色金融体系必将在全球气候治理的基本框架下，进一步融合能源气候科学、制度经济学以及全球贸易、科技、金融和财政政策协调等多重内涵，作为解决气候这一全球公共问题的市场化工具发挥更大作用。

在即将离开研究岗位迎接新的工作挑战之时，将2018年以来本人所从事与绿色金融政策研究相关的内容进行总结、反思并重新成文、结集，并以此向多年来中国绿色金融所取得成绩致敬，向在工作中给予我帮助的领导、专家、同事、朋友们致敬。成文仓促，错漏不在少数，敬请批评指正。本书一些内容取材于与研究局、金融研究所以及部分分支行、金融机构诸多同事的合作成果，谨致以深深的谢意。本书写作时，爱女予扬以一己之力对我晚间例行的写作进行破扰，使本书的写作时间不得不转移到夜更深人更静时，但仍以此书感谢她以及妻子妍彦、儿子可扬的陪伴和带来的快乐！

2025 年 3 月 2 日完稿于五道口

2025 年 4 月 12 日修改

目录

第一章
金融部门为何关注气候变化

关于金融部门关注气候变化问题，存在两种质疑观点。一种观点认为气候问题并不存在，因为历史上地球曾多次出现温度变化，且幅度远超 2 摄氏度，因此全球变暖是"伪命题"，金融部门无须为此自寻烦恼。另一种观点认为，现有的金融风险管理框架已充分涵盖环境气候因素，这些因素被隐含于传统的政策风险、操作风险、违约风险等范畴中，无须单独计量。

受到"黑天鹅"概念的启发，国际清算银行在 2020 年首次提出"绿天鹅"概念，强调了气候变化可能引发的生物地理化学过程存在极大的不确定性，对人类社会的威胁可能超过一般性金融危机。与气候变化相关的复杂性远高于"黑天鹅"事件，将涉及环境、社会、经济和地缘政治等多方面的连锁反应和动态变化。

金融部门作为全社会资源配置的核心枢纽，需要率先走出认知陷阱，建立应对气候变化的逻辑框架和科学合理的激励约束机制，以应对日益严峻的气候挑战。

科学认识气候问题的三层因果关系

在当今社会，越来越多的科学家、政治家和社会公众意识到，人类正面临着日益紧迫的气候危机。然而，对于金融从业人员而言，他们并非气候科学领域的专业人士，如何理解这一判断的合理性，并进一步评估气候问题对金融体系的影响？大致可以从三层因果关系的角度来理解这一问题。

第一层因果关系揭示人类活动是气候变化的主要原因。科学研究已明确指出，人类活动是导致地球进入史无前例的变暖进程的关键因素。自1988年成立以来，联合国政府间气候变化专门委员会（IPCC）组织全球科学家发布了六次气候变化评估报告，认为自工业革命以来，人类对煤炭、石油和天然气等化石燃料的过度依赖，导致大量温室气体排放，成为全球气候变化的主要驱动力。此外，大规模的森林砍伐和草原破坏进一步加剧了这一进程。监测数据表明，二氧化碳、甲烷和一氧化二氮这三种主要温室气体的浓度仍在不断攀升，其中二氧化碳的浓度水平比工业化前高出50%，这种增幅在过去数百万年中绝无仅有。随着研究证据的不断积累和技术的提升，在IPCC历次评估报告中关于人类活动导致气候变化的结论可信度也在不断提高，从"可能（66%）""很可能（90%）"上升至"极可能（95%）"。简而言之，工业化社会的运行，尤其是人类活动，是气候变化的主要原因！

温室气体排放导致全球气温上升。综合IPCC第五次评估报告（AR5）[①] 和世界气象组织《2023年全球气候状态报告》[②] 的最新研究结论："1951—2010年间，温室气体排放导致的全球平均地表温度上升幅度可能在0.5℃至1.3℃之间。"这一结果综合考虑了气溶胶的降温

---

① https：//www.ipcc.ch/languages-2/chinese/publications-chinese/.
② WMO, State of the Global Climate 2023, https：//library.wmo.int/idurl/4/68835.

效应以及其他人为和自然因素的贡献，并与观测到的约 0.6℃ 到 0.7℃ 的变暖值基本一致。2023 年成为有记录以来最热的一年，近地表平均温度比工业化前水平高出 1.45℃（不确定度为 ± 0.12℃）。同时，二氧化碳、甲烷和一氧化二氮这三种主要温室气体的浓度在 2022 年达到了历史新高，且 2023 年的实时数据显示其浓度仍在上升。其中，二氧化碳水平比工业化前高出 50%，并持续在大气中积聚热量。由于二氧化碳的寿命较长，这意味着未来气温将继续上升。

第二层次逻辑揭示全球变暖的物理影响，特别是海平面上升和极端气候事件的增加。过去，冰川退缩、海平面上升、北极海冰减少等现象虽有报道，但尚未引起广泛关注。例如，美国国家航空航天局（NASA）预测，北极可能在本世纪中叶前迎来夏季无冰的状况。此外，大气中二氧化碳浓度升高导致海洋酸化，对海洋生物造成破坏，如珊瑚白化现象。2023 年，全球平均海平面上升至自 1993 年卫星记录以来的最高水平。图 1-1 展示了全球标志性气象变化情况。尽管这些问题看似离公众还很遥远，尚未对金融市场构成直接威胁，但其潜在影响不容忽视。

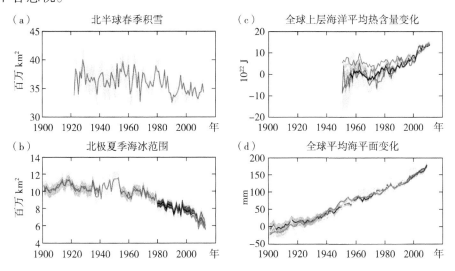

图 1-1　全球标志性气象变化

（资料来源：世界气象组织）

近年来，极端气候灾害以更加"具象化"的方式逼近社会公众和金融体系。冰雹、雷暴、强降雨、干旱和热浪等恶劣天气事件越发频繁，强度不断增大，影响范围和破坏力也显著提升。气象学家指出，全球变暖使得极端高温事件从罕见变为常态，全球多地面临超过40℃以上的高温天气，同时降水模式也发生改变。简而言之，温度升高使更多的水分蒸发，而大气中增加的湿气又为强风暴等极端天气提供了更多的能量。联合国、世界气象组织、国际粮农组织等主要国际组织和多国知名研究机构纷纷发出预警，对未来全球发生更加频繁和严重的极端气候灾害深表担忧。著名再保险公司慕尼黑再保险连续发布的自然灾害损失记录报告显示，自20世纪80年代以来，每年极端天气事件的数量大约增加了两倍多。联合国防灾减灾署（UNDRR）发布的《灾害造成的人类损失2000—2019》显示，这20年间全球极端高温事件发生数量同比增加232%。国际灾害数据库显示，2023年全球共发生399起极端天气重大灾害事件。欧盟气候变化监测机构指出，2024年3月是有记录以来最温暖的3月，刷新了连续10个月的气温纪录。

第三层次逻辑进一步聚焦于气候变化对人类社会的直接损失。尽管气温升高可能在一定程度上有利于俄罗斯、加拿大、挪威、瑞典和芬兰等北方国家，以及中美部分地区，但从整体来看，气候变化带来的净损失成本可能是极为巨大的。

对气候损失的估计方法很多，结果迥异。最直接的估计方式，是对每起天气灾害造成经济损失的记录值进行加总。如2023年9月世界气象组织评估显示[1]，1970年至2021年52年间全球极端天气造成经济损失约为4.3万亿美元，年均损失827亿美元。慕尼黑再保险报告显示，近5年，全球范围内自然灾害造成的损失年均约2500亿美元，保

---

[1] 《天气、气候和水极端事件造成的死亡和经济损失图集（1970—2019）》，世界气象组织，2021.

险损失年均约为 1050 亿美元①。这种估计方式存在两大问题：准确统计损失困难和损失归因困难，因为温室气体排放造成的伤害具有跨时空性、不确定性和滞后性，很难将总的灾害损失中由温室气体排放造成的伤害准确度量出来。

因此，气候经济学家一般采取成本收益法和边际成本法等方式进行估算。其中，成本收益法主要通过综合评估模型（Integrated Assessment Model，IAM），捕捉碳排放导致温室气体浓度变化对全球平均地表温度和降水的影响，进而估计对农业和海平面的生物物理影响及相应的 GDP 和消费损失。在此基础上根据社会效用和时间偏好假设评估减排效益，比较分析减排带来的损失和减排带来的未来的效益增加。气候变化综合评估模型又可进一步分为最优化模型、可计算一般均衡模型和模拟模型，其中最经典的是著名气候经济学家威廉·诺德豪斯（William Nordhaus）在 1992 年发布的 DICE 模型。按这类方式测算发现②，美国的碳排放每年给其经济造成约 2500 亿美元的损失，即每吨碳排放造成的经济损失约 50 美元。据美国环保署估算，仅对美国而言，碳排放的社会成本为每吨 1 至 10 美元。这仅指在美国境内发生的损失，并使用 3% 和 7% 的折现率来评估长期的成本和收益。美国环境保护基金（The Environmental Defense Fund）表示，目前碳排放社会成本的核心估计约为每吨 40 美元。知名科学杂志《自然》2024 年 4 月发表了德国波茨坦气候影响研究所的一项研究③：对全球 1600 多个地区过去 40 年的气温、降水和收入数据相拟合，通过设置未来不同气候情景来预测。研究认为，到 2049 年全球可能因气候问题减少 19% 的收入，每年

---

① https：//www. munichre. com/en/company/media – relations/media – information – and – corporate – news/media – information/2024/natural – disaster – figures – 2023. html.

② Ricke，K. L.，Drouet，L.，Caldeira，K.，& Tavoni，M.（2018）. Country – level social cost of carbon. Nature Climate Change，8，895 – 900.

③ Kotz，M.，Levermann，A. & Wenz，L. The economic commitment of climate change. Nature 628，551 – 557（2024）. https：//doi. org/10. 1038/s41586 – 024 – 07219 – 0.

损失高达 38 万亿美元，相当于国际货币基金组织统计的 2023 年全球 GDP 总值 104.79 万亿美元的 36.3%。这项研究还发现，收入最低国家的收入损失估计比高收入国家多 61%，比高排放国家多 40%，提示进一步变暖会加剧气候不平等。

2018 年 11 月 23 日发布的美国第四次国家气候评估报告（U. S. Global Change Research Program）认为，如果全球变暖继续发展，美国 GDP 在 21 世纪最后 20 年的平均降幅可能高达 10%。这一结论是基于非常悲观的排放情景，即美国技术进步速度较慢、缺乏气候变化相关政策、经济发展对气候变化特别敏感做出的。在这种情景下，温度在 2080—2099 年间平均升高 8°C（以 1851—1900 年为基准，见图 1 - 2）。

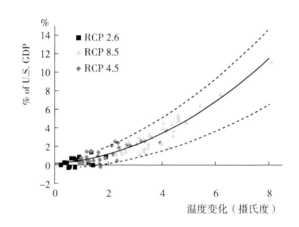

注：RCP（Representative Concentration Pathway）表示人为温室气体排放的情景。

图 1 - 2　美国气候变化造成的直接经济损失

［资料来源：Hsiang, S. R., A. June, J. Rising, M. Delagado, S. Mohan, D. J. Rasumussen, R. Muir - Wood, P. Wilson, M. Oppenheimer, K. Larsen, and T. Houser（2017）］

根据各国的自主贡献承诺，如全球变暖速度不超过 2000—2010 年的水平，预计到 2100 年，全球温升 2.5℃ ~ 3℃，人均产出将减少 15% ~ 25%；如温升幅度为 4℃，人均产出将减少 30% 以上。Kompas 等（2018）估计，如果气温在未来 80 年比工业化前的水平高 4℃，全球经济损失或将达到每年 23 万亿美元，且永久性损害将远超 2008 年国际金融危机的规模。Kahn 等（2019）使用 1960—2014 年 174 个国家的面板数据分析表明，如没有气候缓解政策，全球平均气温将每年持续升高 0.04℃，到 2100 年世界实际人均 GDP 将下降 7% 以上；而遵守《巴黎协定》，将每年温升限制在 0.01℃ 以内，可将损失大幅减少到约 1%。

应对气候变化失败需要付出巨额金融成本

气候物理风险（physical risk）体现的是来自自然层面的气候物理冲击下所引致的金融风险，是指极端灾害事件（风暴、洪水等）和气候模式变化（海平面上升等）给经济体系带来严重的经济损失，提升金融体系的风险敞口和违约率，形成金融风险的传染和积聚。例如，一项对 2001 年至 2019 年全球 104 个国家的生物、气候、地球物理、水文和气象灾害事件与 27 个股票市场反应的研究[①]发现，两者联系是显著的。当然各个市场的反应并不一致，气候和生物灾害最易引起国际金融市场的极端波动，欧洲国家的灾害对股票指数的冲击更显著。

受气候风险影响的企业主体和金融机构可以通过资产负债表渠道，影响单个金融机构乃至整个金融体系稳定。这一渠道对保险公司的影响尤为显著，即企业投保之后的物理损失主要由保险公司承担。根据英国中央银行 2016 年一篇工作论文中[②]的统计，全球 1980 年至 2015 年发生的主要自然灾害中，所造成损失的 26% 由保险公司承担。英国中

---

① Paolo Pagnottoni, Alessandro Spelta, Andrea Flori, Fabio Pammolli, Climate change and financial stability: Natural disaster impacts on global stock markets, Physica A: Statistical Mechanics and its Applications, Volume 599, 2022, 127514.

② Sandra Batten, Rhiannon Sowerbutts and Misa Tanaka, Let's talk about the weather: the impact of climate change on central banks, Working Paper No. 603, Bank of England, 2016.

央银行 2015 年发布的另一份监管报告①显示，英国保险业的年均损失从 20 世纪 80 年代 100 亿美元增加到了 21 世纪初期的 5000 亿美元。频发的自然灾害会损害保险公司的持续经营能力和资产负债表稳健性，甚至可能导致保险公司破产。这时，气候风险对银行的直接影响则表现在银行为防范风险而收紧贷款条件，将影响经济增长。考虑到银行信贷的加速器作用，经济下行压力将进一步影响企业负债能力，抵押物价值下跌，银行减少贷款形成负反馈，从而增大宏观经济和金融系统风险。对银行体系的影响来源还包括保险公司等金融机构因气候事件赔付时大规模抛售资产回笼资金或止损，可能压低资产价格；若保险公司意识到气候损失远超预期，一个选择是提高气候事件的保费，也可能选择从部分不再具有商业盈利价值的气候风险领域撤出。这几种举措都将降低受灾地区银行贷款抵押物价值，使风险进入银行加速器循环。

若不投保或投保不足，情况会更糟糕。经典金融学文献②表明，救灾保险不足导致银行对易受灾地区商业地产的融资减少 20%。英国 85% 的个人贷款、75% 的中小企业贷款以房地产做抵押，气候灾害导致抵押物价值缩水，从而影响银行授信；当抵押物未投保时，这一影响尤甚。事前房地产价格若未充分反映气候灾害程度，则灾后保险公司从受灾地区房地产保险领域撤出越多，灾后抵押物价值缩水就越严重。当灾区未投保损失大且财政救助资金不足，灾后重建缓慢，产出与就业疲弱，居民和企业资产负债表将进一步恶化。

当然，气候灾害破坏后的重建也可能从需求侧带来正向的影响。

---

① The impact of climate change on the UK insurance sector, A Climate Change Adaptation Report by the Prudential Regulation Authority, Bank of England, September 2015（Page 31）.

② GARMAISE, M. J. and MOSKOWITZ, T. J. (2009), Catastrophic Risk and Credit Markets. The Journal of Finance, 64: 657 - 707. https: //doi. org/10. 1111/j. 1540 - 6261. 2009. 01446. x.

如厄瓜多尔火山喷发后，银行贷款的申请和需求量显著增加①。研究发现洪涝灾害后，受灾地区的企业管理者倾向于持有更多的现金，从而增加了贷款需求②。受飓风灾害影响的企业相较于未受灾企业有更大的可能性申请新的贷款③。在极寒天气的情形下，企业会提高贷款申请的额度以缓解灾害冲击导致的现金流下降④。

综合两方面的影响看，由于受灾企业的抵押品价值降低乃至经济下行等因素，企业负债能力下降、形成融资约束的可能性更大。

要成功应对气候变化也需要金融部门付出巨大代价

转型风险（transition risk）是指在向低碳经济转型过程中，气候政策、技术、市场情绪等发生变化，导致资产价格变动或广义的经济危机，即公共或私人部门为控制气候变化采取的政策及行动所带来的金融风险。气候变化和气候相关政策影响实体经济，进而对金融稳定造成影响。转型风险主要通过资产价格重估、政策变化和政策可信度下降等渠道影响金融稳定。

目前对转型风险的讨论首先集中于"搁浅资产"（stranded assets）。国际能源组织（International Energy Agency，IEA）将搁浅资产定义为：在其正常使用寿命前结束使用、不再产生经济效益的投资，包括矿产开采权、化石燃料储备或可能导致高碳排放的基础设施等。转型风险

① Berg, G., Schrader J. Access to Credit, Natural Disasters, and Relationship Lending [J]. Journal of Financial Intermediation, 2012, 21 (4): 549 – 568.
② Dessaint, O., Matray, A. Do Managers Overreact to Salient Risks? Evidence from Hurricane Strikes [J]. Journal of Financial Economics, 2017, 126 (1): 97 – 121.
③ Collier, B. L., Haughwout A. F., Kunreuther H. C., Michel – Kerjan E. O. Firms' Management of Infrequent Shocks [J]. Journal of Money, Credit and Banking, 2019, 52 (6): 1329 – 1359.
④ Brown J R, Gustafson M T, Ivanov I T. Weathering Cash Flow Shocks [J]. The Journal of Finance, 2021, 76 (4): 1731 – 1772.

可被金融市场放大，并对整个金融体系构成系统性冲击。

据能源专家估计[1]，若不采用二氧化碳收集与储存技术（CCS），为实现全球温控目标[2]，现有 35% 的全球石油储备、52% 的天然气储备、88% 的煤炭储备将不再可用。这对拥有这些化石能源资产的主体而言将造成巨额损失，并将通过资产负债表等渠道冲击金融市场和银行体系。即便采用了二氧化碳收集与储存技术，由于目前全球高碳资产潜在的排放规模远高于控制适度升温水平所对应的排放限额，仍有大量化石能源储备面临搁浅风险。据估算，当仅考虑低碳转型对能源行业的影响时，估计经济损失为 1 万亿 ~ 4 万亿美元[3]，一家伦敦低碳智库[4]研究表明，伴随可再生能源技术进步和新能源成本下降，传统化石能源市场竞争力下降，当前全球约 25 万亿美元化石能源产业基础设施投资资产将面临废置与损失。目前，近 1000 家资产管理机构宣称将从化石燃料等领域撤资，涉及资产规模近 9 万亿美元（IMF，2019）。全球资产管理巨头贝莱德正考虑从投资组合中剔除对动力煤生产商等企业的投资，并推出不含化石燃料的新型投资产品。

化石能源等高碳产品的价格上升，将通过成本渠道影响企业盈利预期与估值，增加转型风险。化石能源企业上下游产业链较长，能源成本上升将影响许多企业，而为这些企业提供融资的银行业以及持有这些企业股权的投资者，可能面临较大损失。据测算，欧盟目前 80% 的燃煤电站处于亏损状态，2019 年德国燃煤电站亏损达 19 亿欧元；碳

---

[1] McGlade, C and Etkins E (2015), "The geographical distribution of fossil fuels unused when limiting global warming to 2℃". Nature, Vol. 517, 8 January 2015, doi: 10.1038/nature140116.

[2] 根据《巴黎协定》，签约国承诺将气候变化升温目标控制在工业革命前水平 2℃ 以内，努力不超过 1.5℃，但目前各国政府减排政策力度仅能达到升温 2.7℃ 目标。

[3] Sarah Breeden, Avoiding the storm: Climate change and the financial system, Speech, Bank of England, 2019.

[4] Carbon Tracker Initiative.

配额价格持续上涨，进一步增加了高碳企业运营成本。

除了未来不确定的气候成本外，一些主体实际上已经在付出实打实的转型成本——花钱买入碳排放权配额。IMF 预测，要实现将全球气温上升控制在 2℃ 以内的目标，全球平均碳价将从目前的 3 美元/吨上升到 2030 年的 75 美元/吨以上；根据不同的减排责任和能力，发达国家、高收入发展中国家和低收入发展中国家的平均碳价将分别升至 140 美元/吨、30 美元/吨和 20 美元/吨以上[1]。

大规模资金撤离将提高该领域融资成本，影响相关企业市值，引起企业股价、债券价格下跌，扰乱金融市场价格信号，最终导致风险集中爆发，形成"气候明斯基时刻"（Carney，Bank of England，2018）。

气候和环境对金融体系冲击的三个特点

第一个特点是气候和环境对金融体系的冲击具有特殊隐蔽性。这主要体现在前述气候环境相关风险仍以传统风险形式、通过传统的风险渠道传导，现有金融体系的风险管理在某种程度上可以说已经充分纳入了气候和环境的有关因素。如加州山火灾害会降低按揭贷款的质量[2]，洪涝灾害等也会使得信用贷款的不良率有所提升[3]，房地产贬值在物理冲击影响金融机构信贷风险的过程中发挥了重要的传导渠道作用[4]。

---

[1] IMF, Not Yet on Track to Net Zero: The Urgent Need for Greater Ambition and Policy Action to Achieve Paris Temperature Goals. 2021.

[2] Issler, P., Stanton R., Vergara – Alert C., Wallace N. Mortgage Markets with Climate – Change Risk: Evidence from Wildfires in California [R]. SSRN, 3511843, 2020.

[3] Gallagher, J., Hartley, D. Household Finance after a Natural Disaster: The Case of Hurricane Katrina [J]. American Economic Journal: Economic Policy, 2017, 9 (3): 199 – 228.

[4] Krogstrup, S, Oman W. Macroeconomic and Financial Policies for Climate Change Mitigation: A Review of the Literature [R]. IMF Working Paper No. 19/185, 2019.

第二个特点是现有的金融风险管理工具和能力应对气候环境风险并未完全失效。一项对 1997—2010 年 160 个国家的气象与地理灾害研究发现，这些灾害确实提高了银行贷款违约概率，但在金融监管严格的国家或银行资产组合分散、借款者投保率较高的发达经济体，贷款违约概率得到了有效控制①。多项关于美国、德国、中国等国家更新的研究也得出了类似的结论②。加勒比地区飓风灾害使得银行面临的取款压力增大，银行采取减少投资、增加流动资产等措施可以缓解其不良后果③。欧洲中央银行执行董事贝努瓦·库雷就曾明确表示："大多数与天气有关的冲击都是短暂的和可控的——至少到目前为止是这样。例如，今年（2018 年）夏季极度炎热干燥，对许多欧洲农民来说意味着收成减少。但其整体价格影响仅限于蔬菜价格，并且可能被证明是暂时的。同样，尽管 2013 年 6 月的洪水是德国自 20 世纪 50 年代以来最严重的一次，但其宏观经济影响有限。因此，欧洲中央银行在其短暂的历史中，从未被迫采取行动应对与气候相关的冲击。"

第三个特点是气候风险的超预期、复杂度与低可信度极可能加剧金融市场不确定性，甚至形成"气候明斯基时刻"。环境友好型政策要求高碳企业减产或分散一部分资源用于减排，这将影响企业利润率、就业和最终产出；从宏观经济与金融稳定"循环反馈"角度看，基于价格的气候政策可视作负向供给侧冲击。如果减缓气候变化的政策不确定，相关企业前期没有对新能源的研发和生产进行大规模投入，政

---

① Jeroen Klomp, Financial fragility and natural disasters: An empirical analysis, Journal of Financial Stability, Volume 13, 2014, Pages 180 – 192.
② Noth, F., Schüwer, U. Natural Disaster and Bank Stability: Evidence from the U. S. Financial System [R]. 2018; Koetter, M., Noth, F., Rehbein, O. Borrowers under Water! Rare Disasters, Regional Banks, and Recovery Lending [J]. Journal of Financial Intermediation, 2020, 43, 100811；[1] 王遥、王文蔚. 环境灾害冲击对银行违约率的影响效应研究：理论与实证分析 [J]. 金融研究，2021（12）：38 – 56.
③ Brei M, Mohan P, Strobl E. The Impact of Natural Disasters on the Banking Sector: Evidence from Hurricane Strikes in the Caribbean [J]. The Quarterly Review of Economics and Finance, 2019, 72: 232 – 239.

府突然收紧碳排放政策，可能导致碳密集资产无序重新定价，冲击化石燃料价格和依赖此类能源的企业价值（Carney，2015），继而影响这些公司的偿债能力以及持有这些公司债权或股权投资者（包括金融机构）的财务状况（ESRB，2016），影响私人投资预期，从而冲击宏观经济和金融稳定。研究表明，提高能效标准政策已开始影响房地产市场（PRA，2018），低碳转型过程中的信贷风险已在汽车、能源行业凸显。如果气候变化与生物多样性丧失风险相互交织，情况将变得更复杂。

尽管一般将气候风险分为物理风险与转型风险（资产搁浅风险），但物理风险与转型风险并非独立、静态存在，而是在动态演化中交错影响。气候变化对宏观经济的影响与金融冲击相互交织，金融摩擦的放大器效应导致产出的进一步下滑，这种"循环反馈"式传导路径极易放大风险。目前尚无文献详细梳理气候变化导致的宏观经济冲击与金融稳定风险间的相互影响，对这一问题的深入探讨有助于金融体系尽早实现有序转型。

中央银行的气候争论具有重大价值

正是因为气候风险的前述三大特点，对于宏观调控、金融管理部门是否及如何通过货币政策、金融监管等宏观政策应对气候变化风险，目前各界并未达成一致，尚存在不少争论。这些争论是极具学术和实践价值的。

各经济体中央银行普遍认为，气候变化与货币政策间存在日益增强的相关性。例如，经济学家、欧洲中央银行执行董事贝努瓦·库雷提出了三个猜想：一是气候变化提高了极端气候冲击的频率，中央银行将越来越难以根据现有信息来评估中期通胀前景；二是气候冲击的分布正在发生显著变化，即出现了"厚尾"，小概率气候事件的破坏力显著加大；三是气候冲击的地理效应可能带来全球劳动力的迁徙，从而对劳动力市场及其成本带来显著影响①。因此，气候变化可能是中央银行在实现价格目标过程中应考虑的重要因素之一。虽然短期来看，货币政策并不对飓风等意外气候事件造成的临时扰动做出反应，但即便是长期因素，也可能与货币政策相关，因为气候变化可导致类似风险积聚，成为持续的、不容忽视的冲击。长期气候风险可能影响资产未来现金流，造成短期金融价格波动，也需要关注②（Rudebusch，2019）。一些专家开始关注气候变化的物理风险和转型风险及其对货币政策的影响（Lane，2017；Coeuré，2018；Lane and Debelle，2019）。

英格兰银行行长马克·卡尼（Mark Carney）、法兰西银行行长弗朗索瓦·维勒鲁瓦·德加洛（François Villeroy de Galhau）和金融服务绿色网络主席弗兰克·埃尔德森（Frank Elderson）在 2019 年 4 月发布了关于气候风险的一封公开信③，呼吁政策制定者和金融部门采取四个方面的行动，包括将气候相关金融风险监测纳入现行监管、金融稳定监测和董事会风险管理，特别鼓励中央银行将可持续性纳入其投资组合管理，合作解决数据基础问题，以及加强金融体系的能力建设。公开信还提出避免"气候明斯基时刻"（climate – driven Minsky moment），即资产价格的突然暴跌。

具体而言，目前学术界关注和讨论的主要措施包括将气候变化相关因素纳入传统货币政策框架和宏观审慎框架。有研究认为中央银行应将气候变化风险因素纳入现有的货币政策和宏观审慎框架以更好地

---

① Benoît Cœuré（Member of the Executive Board of the European Central Bank），Monetary policy and climate change，Speech at a conference on "Scaling up Green Finance：The Role of Central Banks"，organised by the Network for Greening the Financial System，the Deutsche Bundesbank and the Council on Economic Policies，Berlin，8 November 2018.

② Glenn D. Rudebusch，Climate Change and the Federal Reserve，FRBSF Economic Letter，2019 – 09 | March 25，2019 | Research from the Federal Reserve Bank of San Francisco.

③ https：//www.bankofengland.co.uk/news/2019/april/open – letter – on – climate – related – financial – risks/.

实现价格和金融稳定①。有研究建议采取绿色量化宽松，推动经济转型②。基于对 133 个中央银行的法定职责和目标分析，有研究认为气候相关风险会极大地影响有关职责的顺利实施，因此需要将相关气候风险纳入中央银行的政策设计当中③。在此基础上，相关学者提出了绿色QE 和储备资产管理政策④、将气候因素纳入中央银行再融资操作框架⑤、绿色差异化准备金要求⑥、环境压力测试⑦等。此外，一些学者基于巴塞尔框架的三大支柱对将气候变化因素纳入宏观审慎框架进行

① Volz U. On the Role of Central Banks in Enhancing Green Finance ［R］. UNEP Inquiry Working Paper, 2017, No. 17/01.

② Olovsson, Conny. Is Climate Change Relevant for Central Banks? ［R］. Sveriges Risks bank Economic Commentaries 13, 2018.

③ Dikau, S., and Volz, U. Central Bank Mandates, Sustainability Objectives and the Promotion of Green Finance ［R］. Department of Economics, SOAS, University of London, Working Papers, 2019.

④ Aglietta, M. and V. Coudert. The dollar and the Transition to Sustainable Development: From Key Currency to Multilateralism ［J］. EPII Policy Brief, 2019; Collins, Ryan J., Werner, R., Greenham, T. and Bernardo, G. Strategic Quantitative Easing: Stimulating Investment to Rebalance the Economy ［J］. New Economics Foundation, 2013; Anderson, M., Bolton, P, Samama, F. Hedging Climate Risk ［J］. Financial Analysts Journal, 2016, 72 (3): 13 – 32; Krogstrup, S, Oman W. Macroeconomic and Financial Policies for Climate Change Mitigation: A Review of the Literature ［R］. IMF Working Paper No. 19/185, 2019.

⑤ Vaze, P., A. Meng and D. Giuliani. Greening the Financial System: Tilting the Playing Field, the Role of Central Banks ［R］. Climate Bonds Initiative. October 2019.

⑥ Campiglio, E. Beyond Carbon Pricing. The Role of Banking and Monetary Policy in Financing the Transition to a Low – carbon Economy ［J］. Ecological Economics 2016: 121, 220 – 230.

⑦ Vermeulen, R., Schets, E., Lohuis, M., Kölbl. Barbara, Jansen, D. J., and Heeringa, W. An Energy Transition Risk Stress Test for the Financial System of the Netherlands ［R］. De Nederlandsche Bank Occasional Studies, 16 – 7, 2018; Allen, T., Dees, S., Boissinot, J., Graciano, C. M. C., Chouard, V., Clerc, L., De Gaye, A., Devulder, A., Diot, S., Lisack, N., Pegoraro, F., Rabaté, M., Svartzman, R., andVernet, L. Climate – Related Scenarios for Financial Stability Assessment: An Application to France. ［J］. Working Paper Banque De France, 2020; ［1］ Roncoroni, A., Battiston, S., Farfàn, L. O. L. E., and Jaramillo, S. M. Climate Risk and Financial Stability in the Network of Banks and Investment Funds ［R］. Working Paper, 2020.

了政策设计和探讨①。

反对的观点包含以下几个方面，都有一定道理。比较普遍的看法认为，推进经济结构性改革（如能源结构低碳化和产业结构的低碳化）不是货币政策发挥作用的领域②。从各经济体现行政策法律框架看，支持环境可持续性、应对气候变化也不是各中央银行的法定职责。具体而言，货币政策工具主要是总量工具，主要锚定价格、经济增长等宏观政策目标，其操作目标和中介目标一般设置为金融利率等公开市场运行指标。

货币政策工具是逆周期、跨周期工具，这意味着其所管理的"时间周期"一般以"年"计，考虑"十年"的时间跨度来调控经济金融的难度已经很大，但气候问题期限要么太过于短期，要么太过于长期，需要以"数十年"或更长计。货币政策与气候相关风险存在期限不匹配问题。

气候变化问题具有全球性，需全球性解决方案，而货币政策具有主权性，各国货币政策目标并不一致③。德国中央银行前行长魏德曼（Weidmann）认为气候变化问题并非中央银行应该考虑的政策选项，反而会加重中央银行的负担和风险④。法国中央银行行长弗朗索瓦·维勒鲁瓦·德加洛⑤、魏德曼强调了中央银行与监管机构在应对气候变化议

① Thoma, J. and Hilke, A. The Green Supporting Factor: Quantifying the Impact on European Banks and Green Finance [R]. 2 Degrees Investing Initiative, 2018.
② Campiglio, E., Y. Dafermos, P. Monnin, J. Ryan-Collins, G. Schotten, and M. Tanaka. Climate Change Challenges for Central Banks and Financial Regulators [J]. Nature Climate Change. 2018 (8): 462-468.
③ Olovsson, Conny. Is Climate Change Relevant for Central Banks? [R]. Sveriges Risks bank Economic Commentaries 13, 2018.
④ Weidmann, J. Welcome and Opening Speech [R]. Deutsche Bundesbank, 2017.
⑤ Villeroy de Galhau, François. Climate Change: Central Banks are Taking Action [J]. Banque de France Financial Stability Review, 2019, No. 23: 7-16.

题上的局限性，需要财政政策、环境规制政策等的密切配合①。

从上述正反两个方面的意见来看，各有道理，至少说明尚未完全形成共识。当然，鉴于气候问题的紧迫性和重要性，从实践看，尽管各大经济体中央银行通过货币政策操作推动低碳转型、防范气候风险的实践还不多，但也并未停留在坐而论道的层面，多通过推动或鼓励增加气候和环境相关信息披露、开发气候压力测试等评估工具、鼓励低碳项目融资等。

金融机构绿色资本风险管理是可行的切入点吗

从气候变化的角度看，商业银行持有绿色资产和棕色资产面临的风险程度有较大差异。因此，有观点认为，差别化设定金融资产的气候风险权重，即降低绿色资产的资本要求、增加棕色资产的资本要求，与巴塞尔协议监管规则的原则一致，并且避免了行政性压降气候风险资产的盲目性和非市场化冲击。例如，英格兰银行在 2016 年发布的一篇工作论文从金融机构资本管理反映金融体系外部性的逻辑出发，建议将提高那些高排放企业融资的资本风险权重，从而有效推动绿色投融资②。

差别化设定金融资产气候风险权重有助于在引导金融机构降低棕色资产配置的同时，为具有减碳意愿和能力的高碳企业提供必要的金融支持，以保障高碳行业稳步转型和有序退出。否则，盲目压降高碳行业贷款，忽视高碳行业绿色低碳转型过程中的合理融资需求，容易对区域经济发展和金融稳定造成负面冲击。

---

① Weidmann, Jens: Climate Change and Central Banks – Welcome Address at the Deutsche Bundesbank's Second Financial Market Conference [R]. Frankfurt Am Main, 29 October 2019. Bank for International Settlements (BIS).

② Sandra Batten, Rhiannon Sowerbutts and Misa Tanaka, Let's talk about the weather: the impact of climate change on central banks, Working Paper No. 603, Bank of England, 2016.

欧盟可持续金融高级专家组（HLEG，2018）就建议，在衡量某一行业可持续性风险基础上，对涉及该行业信贷的金融机构的资本充足率引入"棕色资产惩罚"或"绿色资产支持"考量。欧盟建议欧洲监管机构引入 ESG 标准，保证监管部门能及时监测金融机构有关识别、报告、应对风险的能力，避免气候变化因素干扰金融稳定（European Commission，2017）。巴西中央银行要求商业银行在公司治理框架中考虑环境风险因素，并阐明在计算资本需求时如何评估该类风险（Banco Central do Brasil，2011）。央行与监管机构绿色金融网络（NGFS）发布的《将气候环境风险纳入审慎监管指南》（2020）提出，运用最低资本要求作为应对气候风险的潜在政策工具。使用标准法的中小银行，可根据外部评级结果对相应绿色和棕色信贷资产设定差异化的风险权重。

部分金融机构也基于巴塞尔协议信用风险的内部评级法（IRB），开展了调整绿色和棕色资产风险权重的探索。例如，法国外贸银行（Natixis）于 2019 年 9 月实施了绿色权重因子（green weighting factor）机制，是全球第一家依据信贷资产绿色程度调整风险权重的银行。这家银行开发的环境评估方法设定了从深度棕色（污染）到深度绿色（环保）共 7 个环境效应等级，并按级差异化赋值风险资产权重。评估指标以气候变化影响（碳排放强度）为核心，同时兼顾生物多样性保护、水资源可持续利用和保护、污染防控、废弃物防治和回收等目标。其中，评估对象为项目贷款的，根据贷款项目本身的环境效应赋予相应等级；评估对象为非项目贷款的，根据贷款客户的碳足迹、脱碳策略和对其他目标的影响赋予相应等级。最绿色的资产风险权重可调低50%，最棕色的资产风险权重可调高 24%。以 5 年期、信用等级为 BBB + 级的公司贷款为例，如被评估为深度绿色资产，该笔贷款的净资产收益率（ROE）因此达到 16%；深度棕色资产贷款的净资产收益率（ROE）仅为 7%。这种模式支持银行在提供融资时对客户企业的环境信息披露情况、环境效益表现和能力、碳减排目标和措施、气候变化相关风险的管理和决策机制等方面进行综合考察，选择同行业中碳排放水平较高，且有转型意愿和能力的企业，为其提供转型融资便利，促进棕色企业和产业平稳绿色转型。

当然，各方对上述举措的必要性、有效性仍有争议。第一，调整低碳信贷的资本充足率要求，可能危害审慎政策目标。一般来说，持有更多风险资产的金融机构需满足更严格的监管要求。金融机构持有碳密集资产，应适用更高资本充足率要求，以抵消其高转型风险；如果这导致高碳项目融资成本增加，可间接引导资金流向低碳部门。但有研究表明，由于低碳项目往往流动性更低、持有期限更长、风险更高，在资本充足率要求中考虑碳因素，可能影响银行对低碳项目的融资意愿①。第二，气候友好型审慎政策监管银行对生产企业信贷业务的有效性存疑，该政策无法从碳密集型行业中识别那些已在进行低碳投资的企业。根据特定投资项目的绿色程度确定银行资本充足率要求会给部分不熟悉绿色评估操作的银行增加额外负担。第三，若没有国际统一的监管规则，高碳企业可通过国际市场融资，规避国内绿色审慎监管政策。鉴于此，除非有强有力的证据表明气候相关风险对金融部门的影响极大，否则发达国家金融监管部门并无动力将气候相关金融风险纳入审慎监管框架。这就需要在气候压力测试和宏观经济建模中，进一步开展创新性研究，量化气候相关金融风险，为监管框架改革提供有力依据。NGFS（2020a）认为现有的环境压力测试的有关设置缺乏现实依据，从而有效性存疑。日本中央银行调查统计局古川角步等人的一份工作论文进一步对风险权重调整提出质疑：运营较为成熟的"棕色"公司可能会很好地管理转型，而新兴的绿色公司反而存在商业模式、绿色技术尚未得到大规模验证等挑战；而且单个资产可能产生

---

① Campiglio, E., Y. Dafermos, P. Monnin, J. Ryan - Collins, G. Schotten, and M. Tanaka. Climate Change Challenges for Central Banks and Financial Regulators [J]. Nature Climate Change, 2018 (8): 462 - 468.

原有模型和气候风险的重复计算[1]。调整绿色资本风险权重存在三大挑战，即绿色投资本身更具有风险、绿色标准不明确、利益集团的游说风险等[2]。NGFS（2020b）也认为调整风险权重的做法欠妥。

设置绿色价格目标管理可行吗

经济的绿色低碳转型与金融部门关心的价格目标之间存在较为复杂的关系。短期看，气候事件冲击容易对供给端形成打击，造成短期物价上涨。中期看，征收碳税（包括碳关税）和实施有偿碳排放权额度管理等政策导致企业排放成本增加，化石能源价格上涨，生产成本向中下游企业传导，将推升消费品价格。此外，各国加快推进环境保护和实现碳中和需大量基础设施投资，短中期内将刺激需求，可能引发结构性通胀上涨。2050 年之前，为达到净零排放目标，至少需 131 万亿美元的投资，其中 80% 以上将投资于可再生能源、能源效率、终端部门电气化以及电网建设[3]。清华大学气候变化与可持续发展研究院课题组估算，为在 2050 年实现《巴黎协定》提出的控温目标，中国以 2015 年不变价计算的能源与电力系统投资将达到 127 万亿~174 万亿元人民币[4]。这些新增投资短期内可能推升物价。

基于中国 2030 年前碳达峰行动方案的宏观情景分析表明，有序转型情景下，碳价呈缓慢升高态势，预计 2030 年达到 115 美元/吨，投资增长节奏与技术创新速度基本匹配，低碳转型对通胀的影响不明显；采取更大力度措施的提前行动情景下，碳价持续高于有序转型情景，

[1] Furukawa K, Ichiue H, Shiraki N. , How does Climate Change Interact with the Financial System? A Survey [R]. Working Paper, Bank of Japan, 2020.

[2] Brunnermeier, M. K. , and Landau, J. P. Central Banks and Climate Change [J]. VOX, CEPR Policy Portal, 2020.

[3] IRENA, 2021. World Energy Transition Outlook—1. 5℃ Pathway.

[4] 清华大学气候变化与可持续发展研究院课题组. 中国长期低碳发展战略与转型路径研究 [R]. 2020.

预计 2030 年达到 180 美元/吨，投资时点前移，碳价升高和商品刚性需求并存，短期内会形成通胀压力，2021—2030 年 PPI 与 CPI 增速都将超过 7%；延迟转型情景下，预计 2030 年后碳价开始上涨且增速很快，2040 年达到 132 美元/吨，由于前期投资不足，产业结构调整缓慢会削弱经济应对碳价提高的能力，预计 2030—2035 年 PPI 与 CPI 增速最高将超过 10%，CPI 平均增幅也将提高 4.7 个百分点左右。

通胀将增加居民生活成本，侵蚀家庭财富，更易导致低收入群体福利损失。从消费结构看，低收入群体近三分之二的消费支出为食品等生活必需品，物价上涨将直接增加低收入群体生活成本。从资产组合构成看，中低收入群体所持资产中现金及银行存款比重更高，这类资产易因通胀高企而缩水。而富人拥有较高比重的房地产和金融资产，抗通胀能力较强，且有机会将财富转移至境外，避免本国货币贬值带来的财富缩水①。

针对低碳转型过程中可能出现的物价上涨和通胀可能，应充分发挥货币政策维持物价稳定的作用。坚持实施稳健的货币政策，不搞"大水漫灌"，维持物价稳定。优化结构性货币政策，健全金融支持绿色低碳转型政策框架，防止高碳行业融资"急刹车"。

鼓励各国加大对绿色低碳技术研发、智能电网、特高压项目建设力度，降低新能源发电、并网和传输成本，带动整体物价下降。同时，可以抓住发达国家和中国分别处于通货膨胀和紧缩不同周期的时间窗口，利用中国的先进、绿色的产能，为发达国家提供质优价廉的绿色产品，通过发挥各自比较优势，熨平各自周期。

在抓紧完善绿色价格体系方面，以引导资源向绿色发展配置。一方面制定合理的碳价及碳税收入分配机制，减少转型过程中通胀对低

---

① BIS, The distributional footprint of monetary policy, BIS Annual Economic Report 2021.

收入群体的福利冲击。考虑对高碳行业及地区的小微企业和低收入群体进行一定的碳价补贴和优惠政策倾斜，对绿色低碳产业实施税收减免；加大对"三农"、小微企业等薄弱环节的支持力度，有效提振各类经济主体活力。另一方面可将环境气候成本更多地纳入生产阶段，如将更多高碳行业尽快纳入碳排放权交易市场；允许煤电企业将燃煤成本（包含排放或减排成本）的变化反映在电价的变化中；鼓励金融机构在进行金融交易定价时更多地考虑交易对手的碳排放情况（包括其主要产品的碳足迹）。

金融机构气候风险敏感性压力测试

在借鉴吸收国际经验基础上，2021年8月至11月，中国人民银行组织部分银行业金融机构开展气候风险敏感性压力测试，评估中国碳达峰碳中和目标转型对银行体系的潜在影响，以增强银行业金融机构管理气候变化相关风险的能力。参试银行包括2家开发性、政策性银行，6家大型商业银行，12家股份制商业银行和3家城市商业银行。测试重点是火电、钢铁和水泥行业年排放量在2.6万吨以上二氧化碳当量的企业，考察碳排放成本上升对企业还款能力影响，以及对参试银行相关信贷资产质量和资本充足水平的影响。

情景方面，分别设置了轻度、中度和重度三种碳价情景，主要参考国内碳排放权交易市场的碳价变动和央行与监管机构绿色金融网络（NGFS）的碳价情景。其关键假设包括：一是假设企业需为其排放的二氧化碳等温室气体支付一定比例的费用，且费用逐年递增；二是假设无技术进步，单一企业对上游、下游均不具备议价能力；三是假设资不抵债的企业无还款能力，相应贷款违约。风险传导路径方面，假设测试企业因需要支付碳排放费用，导致生产成本上升、盈利能力下降，贷款违约概率上升，银行预期损失增加、资本充足水平受到影响。测试以2020年末为基期，期限为10年。如果参试银行2030年的核心一级资本充足率、一级资本充足率和资本充足率可同时满足监管要求，则认为通过压力测试。

从测试结果看，如果火电、钢铁和水泥行业企业不进行低碳转型，在压力情景下，企业还款能力将出现不同程度的下降。但是，参试银行火电、钢铁和水泥行业贷款占全部贷款比重不高，整体资本充足率在三种压力情景下均能满足监管要求。截至 2020 年末，参试银行拨备覆盖率 222.56%，贷款拨备率 3.22%，资本充足率 14.89%。到 2030 年，在轻度、中度和重度压力情景下，参试银行整体资本充足率将分别下降至 14.57%、14.42% 和 14.27%，但仍高于监管要求。

在中央银行推动下，部分金融机构或地区积极尝试自主开展不同层面的气候风险敏感性压力测试。如 2016 年工商银行开展了煤炭行业的气候压力测试，2018 年针对火电和水泥行业开展了气候风险压力测试。2022 年建设银行对化工行业和火电行业开展专项压力测试，并将环境与气候等风险纳入全面风险管理体系。中国银行将针对部分高碳行业和敏感因子开展气候与环境风险压力测试，其伦敦分行在 2020 年内已经对金融业务气候风险进行了评估与管理。兴业银行于 2021 年在浙江湖州地区，针对绿色建筑行业信贷资产开展了环境风险压力测试。贵州某农商行于 2022 年以茶叶产业贷款作为承压指标，尝试开展地区茶叶产业物理风险压力测试，分析气温变化导致茶叶产量减产对企业和金融机构带来的损失。

从整体看，目前大多测试针对火电、水泥、钢铁等高碳行业，部分地区选择当地重要的产业和行业进行分析。方法上，主要通过打分法、专家评价和综合模型等定性和定量方法。情景上，主要以人民银行敏感性压力测试情景和 NGFS 情景的部分指标为基础，结合地区与行业特点进行综合设定。从结果看，气候及气候政策变化给不同行业带来的风险差异较大。尽管受碳价上升影响，高耗能行业长期违约率上升幅度较大，但由于这些行业贷款敞口规模或占比低，对银行信贷资产的总体质量影响较为有限。

环境污染问题仍不可掉以轻心

21 世纪初以来，中国大气污染、雾霾天气频发，对经济社会发展和人们身体健康造成的负面影响不断显现，国人曾深受其害，记忆颇深。

据统计，2013 年中国出现严重雾霾的天数达 36 天，为 1961 年以来最多的一年，波及全国 30 个省（区、市）。中国前 500 个城市中，只有不到 1% 的城市达到世界卫生组织推荐的空气质量标准，世界上污染最严重的 10 个城市中有 7 个在中国。当年 12 月发生在中国中东部严重的雾霾事件，几乎波及中东部所有地区。津、冀、鲁、苏、皖、豫、浙、沪等多地空气质量指数达到六级严重污染级别，京津冀与长三角雾霾连成一片。首要污染物 PM2.5 浓度日度平均值超过 150 微克/立方米，部分地区达到 300 ~ 500 微克/立方米，多个地区 PM2.5 的日度平均值甚至突破 1000 微克/立方米，超出世界卫生组织安全标准 40 多倍。大范围雾霾天气触发了一系列"连锁反应"，包括交通受限、航班延误、病患增加等。北京、天津、河北等地交通事故频发，多条高速公路采取临时交通管制，多地机场进出港航班延误或取消旅客出行受到严重影响。各地医院的呼吸科、心脑血管科、儿科病患明显增多。

2014 年中国出现 13 场大范围持续性重度雾霾过程，2016 年 12 月，受不利天气形势影响，中国再次出现大范围持续重度空气污染，达到严重污染的范围波及 17 个省区的数十个城市，多个城市出现 AQI 小时值"爆表"。人们对蓝天的渴望催生出了"APEC 蓝""阅兵蓝"等社会热词，"等风来"则成为那几年人们被雾霾"围城"时最深切的盼望。

从 2013 年开始，由国务院牵头制订防治计划，多部门联合出台政策"组合拳"，打响了持续数年的"蓝天保卫战"。2013 年开始实施《大气污染防治行动计划》，部署大气污染防治十条措施，政府工作报告提出《打赢蓝天保卫战三年行动计划》。防范大气污染、治理雾霾的现实需要，成为中国下定决心推进生态文明建设、加快实现绿色低碳转型的最大原动力和工作目标，也为中国绿色金融发展提出了现实需求。图1-3展示了2013—2021年中国京津冀及周边地区大气PM2.5浓度变化图。

图1-3 中国京津冀及周边地区大气PM2.5浓度变化图（2013—2021年）

要真正动员金融资源向绿色领域配置，必须对生态环境保护和经济增长之间的关系有着正确清晰的认知。

一方面，环境治理必然需要付出极大成本。包括企业等市场主体的合规成本都将大大提升，企业利润空间被大大压缩，进一步通过资产负债表渠道冲击金融体系。如还款能力下降导致企业的违约行为增加，企业发行的股票、债券等金融资产的价格下跌等，提升企业的风险溢价水平。在上述负面效应的影响之下，叠加产业转型因素，环境规制成为转型风险的重要表现，Bolton还提出了"绿天鹅"（Green-swan）的概念①。这也是一部分人认为要实现经济增长就需要以牺牲一

① Bolton, P., M. Despres, L. A. Pereira da Silva, F. Samama and R. Svartzman. The Green-swan: Central banking and financial stability in the age of climate change [M]. Bank for International Settlements. January 2020.

定生态环境为代价，"先污染后治理"说法的现实基础。

另一方面，环境规制可以激发企业在减排过程中的创新动能。根据"波特假说①"，企业提高技术研发投入，进而提升生产效率和利润水平（于亚卓等，2021；刘金科和肖翊阳，2022）。同时，环境规制力度的增强，有助于淘汰"两高一剩"行业的落后产能和僵尸企业，加速市场出清，从而改善企业的资产质量，提升企业的生产经营能力和资源配置的效率，完善市场竞争环境，助力市场机制的有效发挥，一些研究在异质性企业条件下研究发现，环境规制有助于高生产率企业的规模扩张，显著改善企业的产品结构（王勇等，2019；李俊青等，2022；周沂等，2022）。随着中国经济快速增长，大气、水、土壤等环境污染问题也变得日趋严峻，绿色发展、生态文明建设等思想越来越受到社会各界的广泛重视。

---

① Porter, M. E., and van der Linde. Toward a New Conception of the Environment Competitiveness Relationship [J]. Journal of Economics Perspectives, 1995, 9 (4): 97 – 118.

第二章

气候问题的国际治理框架

在人类面临的诸多外部性问题中，气候变化无疑是影响范围最为广泛的一个。值得庆幸的是，经过多年的探索与努力，国际社会已初步建立起以联合国环境与发展大会为核心的国际气候治理框架。然而，由于气候变化涉及的议题极为广泛，与多个国际治理机构的工作密切相关。例如，碳泄漏问题涉及世界贸易组织，公平转型涉及国际劳工组织，而可持续发展与绿色金融发展则与 G20 等经济金融多边平台密切相关。因此，这使得各个交叉议题之间的协调成为亟待解决的问题。更需警惕的是，当前国际治理框架仍处于较为粗线条的阶段，不和谐的声音时有出现，完善和优化这一框架的任务依然艰巨。

尽管各国已普遍认识到加强气候应对行动的重要性，但由于多种原因，行动进展仍显迟缓。目前，全球温室气体排放量仍处于历史高位，未来数十年的持续升温已成定局。因此，加快推进全球范围内绿色低碳领域的全方位合作，尽快实现应对气候变化的短期应急举措与长期适应性建设措施的有效结合，已成为人类面临的一项重大而紧迫的课题。

对于中国而言，推动绿色、低碳、循环、可持续发展，不仅是践行生态文明建设、落实碳达峰碳中和战略、全面推进美丽中国建设的内在要求，也是在国际气候问题治理框架下履行减排承诺、落实减排义务的重要实践。这一进程为中国绿色金融的稳定快速发展提供了有利的外部政策保障、良好的国际舆论环境以及难得的历史机遇。

《联合国气候变化框架公约》是国际合作的核心机制

自 20 世纪末以来，国际社会在全球污染治理和应对气候变化领域的合作不断深化。在此过程中，建立一个公平合理、合作共赢的国际气候治理体系，已成为各国推动绿色低碳发展战略的重要基础，同时也是加强国际合作的关键支柱。全球气候治理经历了从强制减排到各国自主贡献的转变，这一过程中，国际社会在应对气候变化方面的共识不断凝聚，为全球气候行动奠定了坚实的基础。

1992 年 5 月 9 日，联合国环境与发展大会在纽约通过了《联合国气候变化框架公约》（*United Nations Framework Convention on Climate Change*，UNFCCC，以下简称《公约》），成为国际社会合作应对气候变化的主导机制。《公约》缔约方每年召开联合国气候变化大会（Conference of the Parties，COP），评估全球应对气候变化的进展。特别需要注意的是，从二十多年前国际气候治理框架建立的第一天，就由《公约》明确规定了"共同但有区别的责任"原则和"各自能力"原则，规定了发达经济体应"率先应对气候变化及其不利影响"。

1997 年，《公约》第三届缔约方大会通过了《京都议定书》①。《京都议定书》以《公约》的原则和规定为基础，作出了三大历史贡献。第一大贡献是以法律形式明确了发达国家强制性减排目标。《公约》作

---

① 全称为《联合国气候变化框架公约京都议定书》（*Kyoto Protocol to the United Nations Framework Convention on Climate Change*）。参见 https：//unfccc.int/documents/2409.

为应对气候变化的第一份国际协议，没有设定具体的、强制性减排目标。《京都议定书》是设定强制性减排目标的第一份国际协议，规定缔约发达国家 2010 年实现温室气体排放量比 1990 年的排放量减少5.2%，各经济体在第一承诺期（2008—2012 年）包括欧盟国家减排8%、美国7%、日本和加拿大6%、东欧各国5%至8%[①]。第二大贡献是建立了3 个国家间的灵活合作机制——国际排放贸易机制、联合履行机制和清洁发展机制，允许发达国家通过碳交易市场等多种方式灵活完成减排任务，而发展中国家可以由此获得相关技术和资金。第三大贡献是明确了6 种主要的温室气体。《公约》明确了温室气体的定义为"大气中吸收和重新放出红外辐射的自然的和人为的气态成分"。《京都议定书》明确了6 种限排温室效应气体，分别为二氧化碳（CO_2）、甲烷（CH_4）、一氧化二氮（N_2O）、氢氟碳化物（HFCS）、全氟化碳（PFCS）、六氟化硫（SF_6）。

2015 年，《公约》第二十一届缔约方会议通过了《巴黎协定》（*Paris Agreement*）。《巴黎协定》建立了以"国家自主贡献"为核心的治理模式，实现气候治理历史性突破，为 2020 年后全球应对气候变化行动作出安排，要求缔约方尽快达到温室气体排放的全球峰值（简称"碳达峰"），并在 21 世纪下半叶实现温室气体源人为排放与大自然吸收之间的平衡（简称"净零排放"或"碳中和"），以实现将全球平均气温较前工业化时期（1850—1900 年）升幅控制在 2℃以内，进一步努力将温度升幅限制在前工业化时期水平 1.5℃以内。根据联合国政府间气候变化专门委员会估计，若要达成 1.5℃温升目标，需要在 2030年将二氧化碳排放量减少45%，而将升温限制在 2 摄氏度则需到 2030

---

① UNFCCC. Kyoto Protocol – Targets for the first commitment period. 参见 https：//unfccc. int/process – and – meetings/the – kyoto – protocol/what – is – the – kyoto – protocol/kyoto – protocol – targets – for – the – first – commitment – period.

年减少 25%①。

为了更好地实现长期目标，《巴黎协定》以 5 年为周期，由各缔约方不断加大气候行动的力度。各国需要在 2020 年前提交其气候行动计划，称为国家自主贡献（NDCs）。通过国家自主贡献，各缔约方通报其将为实现《巴黎协定》目标而采取的温室气体减排行动，以及如何增强适应气温上升影响的韧性。UNFCCC 报告显示，截至 2024 年 9 月，《巴黎协定》195 个缔约方都至少发布了首次国家自主贡献，其中 153 份是新的或更新的 NDC，覆盖了 2019 年全球总排放量的 95%。大多数缔约方设定了量化减排目标，包括经济范围内的绝对减排目标和相对减排目标。②

2023 年召开的第二十八届缔约方会议达成了首次全球盘点协议，198 个缔约方达成"阿联酋共识"，呼吁各国采取积极行动，包括到 2030 年全球可再生能源装机容量增长至 3 倍，全球年均能效增长 1 倍，尽快取消低效的化石燃料补贴等。关于化石燃料的相关表述首次出现在大会决议文件中，开启了全球应对气候变化的新篇章，对各国能源绿色转型和推动可再生能源发展将产生深远影响。2024 年召开的第二十九届缔约方大会（COP29）最终达成了名为"巴库气候团结契约"的一揽子成果，巩固了全球应对气候变化挑战的大势，推动全球气候积极合作、稳步前行。2025 年 11 月将在巴西召开第三十届缔约方大会（COP30）。

美欧对气候变化及其全球治理的态度

美国在气候变化及相关全球治理中的态度呈现出鲜明的两面性，

---

① 联合国. 气候变化：各国自愿减排目标仍不足以控制升温 2 摄氏度. 参见 https：//news. un. org/zh/story/2021/10/1093282.

② UNFCCC，Nationally determined contributions under the Paris Agreement. Synthesis report by the secretariat. 参见 https：//unfccc. int/documents/641792.

这种分歧主要源于其国内政治的极化以及不同利益集团的博弈。一方面，美国民主党长期以来对全球气候治理持积极态度。克林顿政府、奥巴马政府均大力推动应对气候变化工作。更早可以追溯到里根总统在 1989 年 1 月 9 日向国会提出《我们正在变化的星球：美国对于全球环境变化研究的一项战略》报告。这份报告就建议对全球气候变热和臭氧层减损进行预测研究。美国民主党 1992 年发布的纲领性文件《致美国人民的新契约》提出"解决地球变暖问题，美国应成为领导，而不应成为障碍"。布什总统在 1989 年 2 月 9 日向国会发表的首次演说中宣布：新政府在国内问题采取的三项主要措施之一是，"保护环境，保护未来，对环境采取新态度"。2000 年 7 月 20 日，美国负责全球事务的副国务卿弗兰克·E. 洛伊在美国律师协会年会上说："美国承诺在 2008 年至 2012 年间，将其排放量减少至比 1990 年低 7% 的水平"，"我们已重申了我们的政治愿望，愿意尽快完成《京都议定书》有关规定，尽早批准和及时生效。我们已重申了我们的决心"，"反对就气候变化问题采取措施在美国不再符合潮流"，"任何没有美国参加的协议不会真正控制全球变暖"。

另一方面，美国共和党由于与化石能源行业和传统高耗能行业利益密切相关，总体上对气候治理持消极态度。2001 年 3 月，新上任的小布什总统以"减少温室气体排放会影响美国经济发展""发展中国家也应该承担减排义务"和协定缺乏"科学结论"为借口，宣布单方面退出《京都议定书》，使美国成为唯一未签署《京都议定书》的发达国家。实际上，在 1997 年京都大会的谈判之前，1997 年 6 月 25 日美国参议院就以 95 票对 0 票通过了"伯德·哈格尔决议"，要求美国政府不得签字同意任何"不同等对待发展中国家和工业化国家的，有具体目标和时间限制的条约"，因为这会"对美国经济产生严重的危害"。虽然这份决议并不具有强制力，却明确传达了参议院反对《京都议定书》的信号。鉴于参议院的反对态度，1998 年 11 月 12 日，时任美国副总统戈尔只是象征性地签字，克林顿政府没有将议定书提交国会审议。在小布什宣布退出后，美国最终成为唯一未批准《京都议定书》的缔约方。当时，美国人口仅占全球人口的 3%，而所排放的二氧化碳却占全球排放量的 25% 以上，是全球温室气体排放量最高的国家。到 2005 年 2 月《京都议定书》生效之时，尽管美国政府表示当年将拨款 58 亿美元用于与气候变化相关的研究，但拒绝《京都议定书》的态度没有任何变化。

此后，在奥巴马政府时期，先后出台了《美国清洁能源与安全法案 2009》①《总统气候行动计划》②《清洁电力计划》③，旨在削减温室气体排放，延缓全球变暖的趋势；同时积极推动双边和多边气候谈判，签署并积极推动《巴黎协定》的生效实施。然而美国应对气候变化的行动并未能延续，特朗普政府时期，美国开启了废除《清洁能源计划》进程，美国环保局前局长普鲁伊特宣布"对煤炭的战争已经结束"，取而代之的是为煤炭和核能发电厂提供财政担保的提案。2017 年 6 月，美国正式宣布退出《巴黎协定》，招致美国国内多方批评与反对。2020 年民主党上台，拜登上任首日便签署行政令重返《巴黎协定》，力图重新主导全球气候治理议程。拜登在竞选期间便提出"清洁能源革命"④，宣布美国将在 2030 年实现"碳达峰"、2050 年实现"碳中和"。2022 年 8 月，拜登政府通过《通胀法案》（*Inflation Reduction Act*），旨在以应对气候变化作为切入口，全面降低气候转型的各类成本，将精准支

---

① H. R. 2454 – American Clean Energy and Security Act of 2009. 参见 https：//www. congress. gov/bill/111th – congress/house – bill/2454.

② The President's Climate Action Plan. 参见 https：//obamawhitehouse. archives. gov/sites/default/files/image/president27sclimateactionplan. pdf.

③ EPA，Fact Sheet：Repeal of the Clean Power Plan. 参见 https：//www. epa. gov/stationary – sources – air – pollution/fact – sheet – repeal – clean – power – plan.

④ The Biden Plan for a Clean Energy Revolution and Environmental Justice. 参见 https：//eandt. theiet. org/sites/default/files/migrated/eandt/eandt/2020 – 10 – how – america – s – oil – drilling – boom – threaten – – bidenclimateplan – 1559610636. pdf.

持"降碳"和"减污"与降低通胀的经济目标相结合。①

2025 年 1 月 20 日，美国总统特朗普签署行政令，宣布美国再次退出《巴黎协定》。这一决定标志着美国重新退回到气候治理的孤立立场。同时，特朗普政府废除了拜登政府制定的更严格的汽车尾气排放规定，取消了对电动汽车的补贴，并降低了燃油经济性标准；废除了要求煤炭和天然气发电厂到 2032 年削减 90% 气候污染的规定，同时放宽了对甲烷排放的监管。

总体而言，美国两党在应对气候变化问题上的分歧显著，缺乏系统化推进的基础，导致其在气候治理领域的行动迟缓且反复无常。

相较于美国的反复无常，欧盟在京都会议后戏剧性地转变为全球气候政策的主要倡导者和行动力量。从 20 世纪 90 年代欧盟碳税提案的失败来看，欧洲对气候问题很难达成一致，至少存在不少不积极的因素。早在 1992 年，欧盟委员会就提出了碳能源税的提案。这一提案首先触发了一些成员国对税收权乃至财政自主权的捍卫。当然，要想化石相关行业接受这种严苛的财务约束，时机也远未成熟，主要表现在各成员国几乎没有对高碳行业的限制措施，个别出台了碳税的国家又纷纷对企业实行减免。因此，1997 年欧盟委员会正式撤销了关于碳税的提案。

征收能源税的想法最先由英国经济学家庇古（Arthur C. Pigou，1877—1959）提出。他在《福利经济学》（*The Economics of Welfare*，1920）一书中指出，一个污染者需要负担与其排污量相当的税收，即庇古税，来弥补私人成本和社会成本之间的差距。对生产者来说，当其生产对环境构成破坏的产品的边际成本加上所负担的税收之和大于边际收益时，生产者会停止生产该产品，从而减少对环境的破坏；对

---

① Inflation Reduction Act. 参见 https：//home. treasury. gov/policy – issues/inflation – reduc-
tion – act.

消费者来说，如果这种破坏环境的消费行为所付出的包括税收在内的经济代价大于消费收益时，他也会自动放弃这种消费行为。庇古税旨在把外部成本内部化，以优化资源配置，提高使用效率。

1997 年在日本京都《公约》第三届缔约方大会（COP3）举行前，欧盟方面仍然认为碳排放权交易可能使一些主体无须努力就能获得配额等利益，从而表示了明确的反感和反对。但是，当时美国参会的代表团在美国副总统戈尔带领下极力主张将国与国之间的碳排放交易、清洁发展机制和共同履约机制纳入《京都议定书》。正是考虑到美国的积极态度，欧盟代表转而支持了碳排放交易等机制。

《京都议定书》签署后，欧盟率先引入碳交易机制，"无心插柳柳成荫"，建立起了全球历史最悠久、规模最大的跨国碳排放权交易市场（EU Emissions Trading System，EU ETS）。到 2005 年 1 月 1 日欧盟排放交易体系正式运行时，参与交易的排放实体约有 11500 个，遍布欧盟 27 个成员国。欧盟成为全球最大的跨国排放交易体系的发起者和运营者，交易体系也成为欧盟气候政策的重要支柱。

2019 年 12 月，欧盟正式公布了《欧盟绿色新政》（*European Green Deal*），提出将欧盟转变成一个现代、资源高效、具有竞争力的经济和公平、繁荣的社会，并到 2050 年实现温室气体净零排放，经济发展和资源使用脱钩①。2021 年 7 月，欧盟通过《欧盟气候法》，将实现减排目标纳入法律范畴，从法律上要求 27 个成员国在 2030 年前将温室气体排放量在 1990 年的水平基础上削减 55%，并在 2050 年前成为净零排

---

① 全球已有 7 个国家和地区、71 个城市提出碳中和目标。其中很多为发展中国家城市，例如发展中国家城市：亚的斯亚贝巴（埃塞俄比亚）、安曼（约旦）、布宜诺斯艾利斯（阿根廷）、雅加达（印度尼西亚）、内罗毕（肯尼亚）、里约热内卢（巴西）、约翰内斯堡（南非）、拉各斯（尼日利亚）等。

放（net－zero－emissions）经济体①。欧盟已正式颁布的立法成果有瑞士《联邦二氧化碳减排法》、法国《绿色增长和能源转型法》、芬兰《气候变化法》、德国《联邦气候保护法》和《丹麦气候法案》。整体而言，欧盟正努力彰显其在应对气候变化行动方面的引领作用，进一步提升其在全球气候治理中的影响力。

中国积极参与国际气候治理

实现经济社会绿色低碳转型是一场广泛而深刻的社会变革，中国走绿色低碳可持续发展之路符合历史规律和未来发展方向。近年来，中国坚定不移贯彻新发展理念，坚持走绿色、低碳、循环、可持续发展道路，加大环境污染防治和资源生态保护力度，实施积极的绿色低碳发展国家战略，推动和引导建立公平合理、合作共赢的全球气候治理体系。

中国在推动国内经济社会发展的过程中，对应对气候变化问题的重视程度不断提高。2015 年，中国向联合国气候变化框架公约秘书处正式提交《强化应对气候变化行动——中国国家自主贡献》，确定了 2030 年各项自主行动目标，即二氧化碳排放 2030 年左右达到峰值并争取尽早达峰，单位国内生产总值二氧化碳排放比 2005 年下降 60% ~ 65%，非化石能源占一次能源消费比重达到 20% 左右，森林蓄积量比 2005 年增加 45 亿立方米左右②。2016 年，中国发布《中国落实 2030 年可持续议程国别方案》③，并向联合国交存了《巴黎协定》批准文书。2020 年 9 月 22 日，习近平主席在第七十五届联合国大会一般性辩

---

① European Climate Law. 参见 https：//climate. ec. europa. eu/eu－action/european－climate－law _ en.
② 强化应对气候变化行动 ——中国国家自主贡献（全文）参见 https：//www. gov. cn/xin-wen/2015－06/30/content _ 2887330. htm.
③ 中方发布《中国落实 2030 年可持续发展议程国别方案》参见 https：//www. gov. cn/xinwen/2016－10/13/content _ 5118514. htm.

论上发表讲话，承诺中国将提高国家自主贡献力度，二氧化碳排放力争于 2030 年前达到峰值，努力争取 2060 年前实现碳中和。

2020 年 9 月 30 日，习近平主席在出席联合国生物多样性峰会上指出，中国将秉持人类命运共同体理念，继续作出艰苦卓绝努力，提高国家自主贡献力度，采取更加有力的政策和措施，为实现应对气候变化《巴黎协定》确定的目标作出更大努力和贡献。为确保碳达峰碳中和目标顺利实现，《中共中央关于制定国民经济和社会发展第十四个五年规划和二〇三五年远景目标的建议》提出，"降低碳排放强度，支持有条件的地方率先达到碳排放峰值，制定二〇三〇年前碳排放达峰行动方案"①。2021 年，中国向联合国提交《中国落实国家自主贡献成效和新目标新举措》，正式将"双碳"目标写入新的自主贡献文件。2022 年 10 月，党的二十大报告提出，中国要"积极稳妥推进碳达峰碳中和"，"立足我国能源资源禀赋，坚持先立后破，有计划分步骤实施碳达峰行动"。

表 2-1 列示了中国在 2009 年、2015 年、2020 年三次承诺的碳减排等指标对比情况。

表 2-1　　　　　　　　中国三次承诺的碳减排等指标对比

提出时间	承诺的目标年份	碳强度比2005 年下降	非化石能源占比	森林蓄积量比2005 年增加	风电太阳能发电总装机容量
2009 年	2020 年	40%～45%	15%左右	13 亿立方米	—
2015 年	2030 年	60%～65%	20%左右	45 亿立方米	—
2020 年	2030 年	65%以上	25%左右	60 亿立方米	12 亿千瓦以上

注：中国曾三次明确提出应对气候变化目标。其中，第一次是 2009 年时任总理温家宝在哥本哈根世界气候大会上就四项减排指标做出的承诺；第二次是 2015 年根据《巴黎协定》提出国家自主贡献目标，并在 2016 年 3 月正式向公约秘书处提交文件；第三次是 2020 年 12 月习近平主席在气候雄心峰会上宣布的最新承诺。

---

① 参见 https://www.gov.cn/zhengce/2020-11/03/content_5556991.htm.

积极拓展绿色金融国际合作空间

中国一贯重视建设和依靠绿色金融国际合作平台，重视引导、凝聚并践行绿色金融国际共识。2016 年以来，中国利用各类双边和多边平台及合作机制，积极参与绿色金融国际合作，不断提升国际社会对中国绿色金融政策、标准、产品、市场的认可度和参与程度，绿色金融领域国际合作已成为中国参与全球经济治理的新优势和新抓手。

2016 年，中国作为二十国集团（G20）主席国，首次将绿色金融纳入 G20 峰会议题，开启了绿色金融国际主流化进程。在 G20 机制下，2016 年中国首次设立 G20 绿色金融研究小组，识别绿色金融面临的体制和市场障碍，动员社会资金用于绿色投资。此后，在中国的积极倡导和推动下，绿色金融连续纳入 G20 峰会重要议题，为加速绿色金融国际主流化进程和全球绿色金融治理作出卓越贡献。2021 年 4 月，在 G20 财长与央行行长会议上，与会国同意将 G20 可持续金融研究小组升级为工作组，成为常设工作机制，肯定了可持续金融对实现绿色发展的重要作用。可持续金融工作组由中国人民银行和美国财政部任联合主席，共同牵头起草完成了《G20 可持续金融路线图》《2023 年 G20 可持续金融报告》等重要文件，获 G20 领导人峰会核准，并围绕转型金融、影响力投资、金融机构碳核算和环境信息披露、气候风险分析及能力建设推动国际合作。

中国参与发起央行与监管机构绿色金融网络（NGFS），推动中央银行和监管机构间绿色金融合作。NGFS 由中国人民银行与法国中央银行、荷兰中央银行等 8 家机构于 2017 年 12 月共同发起，旨在强化金融体系风险管理，动员资本进行绿色低碳投资，推动实现《巴黎协定》目标。截至 2023 年 3 月 11 日，NGFS 已有 144 家成员和 21 家观察员[1]。

---

① NGFS Membership. 参见 https：//www.ngfs.net/en/about－us/membership.

2019 年 10 月，在国际货币基金组织（IMF）与世界银行年会期间，中国人民银行与欧委会、IMF 共同发起可持续金融国际平台（IPSF），旨在深化国际合作，动员私人部门资金用于环境可持续投资。2020 年，中国人民银行与欧方在 IPSF 下设立专门工作组，牵头推动中欧绿色分类标准趋同。双方于 2021 年 11 月 COP26 期间发布《可持续金融共同分类目录》（Common Ground Taxonomy），提出中欧共同认可、对减缓气候变化有显著贡献的经济活动清单，覆盖能源、制造、建筑、交通等主要领域，促进市场主体利用共同分类目录设计金融产品。该共同分类目录的发布有助于降低绿色资金跨境流动成本，引导跨境绿色资金流动，为实现"双碳"目标提供积极支持。截至 2025 年 2 月 28 日，经中国金融学会绿色金融专业委员会专家组评估的银行间市场发行的符合中欧《可持续金融共同分类目录》的中国绿色债券共 388 只，其中 243 只在存续期。243 只存续期债券只数占银行间市场全部存量绿债的 22.95%；发行规模 3434.46 亿元，占银行间市场全部存量绿债的 19.37%。其中，主体评级为 AAA 级、AA + 级、AA 级及无评级的发行规模占比分别为 93.7%、4.4%、0.3% 和 1.6%；募集资金投向前三的活动分别为：H1.1 城乡公共交通系统建设与运营（28.2%）、D1.3 风力发电（25.7%）、D1.1 太阳能光伏发电（18.1%）。[①]

2018 年，中国与伦敦金融城共同推出《"一带一路"绿色投资原则》（Green Investment Principles，GIP），助推"一带一路"绿色可持续发展，并将其列入 2019 年"一带一路"国际合作高峰论坛成果。GIP 对金融机构参与"一带一路"建设提出了解 ESG 风险、披露环境信息等七条原则。2017 年，工商银行牵头成立"一带一路"银行间常态化合作机制（Belt and Road Bankers Roundtable，BRBR），为服务共建"一带一路"国家和地区发展提供有力的金融支持。截至 2024 年 5 月，该机制已覆盖 73 个国家和地区的 172 家成员和观察员机构，涵盖商业

---

① 参见符合中欧《可持续金融共同分类目录》标准的中国存量绿色债券清单（2025 年 3 月版）中国货币网。

银行、政策性银行、多边开发机构、保险机构、证券公司、金融基础设施、研究机构等多元主体。[1]

中国还积极参与国际可持续准则理事会（ISSB）有关国际可持续披露准则体系建设。中国《绿色债券支持项目目录（2021年版）》支持和采纳了国际通行的"无重大损害"原则，使减碳约束更加严格。中国银行间市场交易商协会牵头发布《中国绿色债券原则》，明确了不同类型绿色债券募集资金100%用于绿色项目，实现与国际通行做法的一致。

金融机构和证券交易所积极参与绿色金融国际交流与合作，特别是联合国框架下的国际倡议。中国有25家商业银行签署联合国负责任银行原则（Principles for Responsible Banking，PRB），成为PRB签署银行数量最多的国家；有4家保险公司签署联合国可持续保险原则（Principles for Sustainable Insurance，PSI）；有220多家资产管理机构等签署联合国支持的负责任投资原则（Principles for Responsible Investment，PRI）；有3家证券交易所签署联合国可持续证券交易所倡议（Sustainable Stock Exchanges Initiative，SSE倡议）。金融机构还积极参与这些原则或倡议的治理和研究工作，2023年江苏银行接替中国工商银行当选为PRB中东亚地区理事代表等。

气候会成为贸易壁垒的理由吗

随着气候问题重要性的不断升级，各国间气候政策的差异化对全球气候治理带来了新的挑战，各国间气候竞争不断加剧，对"碳泄漏"即防止碳排放从严格限制排放的地区转移到气候相关法规较为宽松的地区的顾虑不断升级。由于存在跨境"碳泄漏"，一些发达国家将对产品及其生产过程的可持续发展要求逐步延伸至国际贸易环节，将跨境

---

[1] 健全绿色金融体系. 经济日报. 2024 – 05 – 29. 参见 http：//paper. ce. cn/pad/content/202405/29/content _ 295271. html.

贸易措施（如边境调节费、关税、进口配额、采购补贴等）与产品生产过程中的碳排放等可持续指标或标准挂钩。

欧盟在制定与气候相关的贸易措施方面动作频频。近年来，欧盟密集发布碳边境调节机制（Carbon Border Adjustment Mechanism，CBAM）①、可持续发展报告准则（European Sustainability Reporting Standards，ESRS）② 以及《新电池法》（*Regulation Concerning Batteries and Waste Batteries*）③ 等可持续规则。

其中，CBAM 已完成欧盟委员会、欧洲议会与欧洲理事会"三驾马车"全部立法程序，从 2023 年 10 月 1 日起生效。CBAM 要求企业报告产品最终的"含碳量"，还需企业提供产品生产过程数据、使用电力等碳足迹相关数据。《新电池法》明确要求在欧盟上市的电动汽车电池必须开展碳足迹管理，规定产品碳足迹的测算需基于 PEF 方法进行。在此基础上，未来进入欧盟市场的其他产品也可能需要完成碳足迹和 PEF 认证。与此同时，欧洲通过《净零工业法案》④ 和《关键原材料法案》⑤ 等推动能源独立，大力发展本土新能源发电设备产业。针对光伏组件、逆变器

---

① REGULATION（EU）2023/956 OF THE EUROPEAN PARLIAMENT AND OF THE COUNCIL of 10 May 2023 establishing a carbon border adjustment mechanism. 参见 https：//eur – lex. europa. eu/eli/reg/2023/956/oj.

② Commission Delegated Regulation（EU）2023/2772 of 31 July 2023 supplementing Directive 2013/34/EU of the European Parliament and of the Council as regards sustainability reporting standards 参见 https：//eur – lex. europa. eu/legal – content/EN/TXT/？uri = CELEX% 3A32023R2772&qid = 1720489070534.

③ Proposal for a regulation of the European Parliament and of the Council concerning batteries and waste batteries，repealing Directive 2006/66/EC and amending Regulation（EU）No 2019/1020 Batteries and waste batteries. 参见 https：//oeil. secure. europarl. europa. eu/oeil/popups/ficheprocedure. do？reference = 2020/0353（COD）&l = en.

④ The Net – Zero Industry Act 参见 https：//single – market – economy. ec. europa. eu/industry/sustainability _ en.

⑤ Critical Raw Materials Act 参见 https：//single – market – economy. ec. europa. eu/sectors/raw – materials/areas – specific – interest/critical – raw – materials/critical – raw – materials – act _ en.

和系统，提出了包括碳足迹等生态设计和能源管理的要求。

在阻止跨境碳泄漏问题上，这些措施具有形式上的合理性。如欧盟声称 CBAM 符合 GATT 第 20 条一般例外条款（b）项"保护人类、动植物的生命或健康的必要措施"，或（g）项"保护可用竭资源的必要措施"等。同时，这些措施形式上直接作用于欧盟企业，表面看不针对第三国。如首批欧盟可持续发展报告事项适用于在欧盟经营或上市的大型企业，碳边境调节机制只对欧盟进口商进行管理，不直接约束非欧盟企业。欧盟还通过与全球规则保持"互操作性"，降低企业在可持续领域的多重报告负担。

但实际上，这些措施将通过对供应链上下游碳排放产生约束，从而将影响效果实质性地延伸至全球。未来欧盟很可能在多个领域套用此类技术要求限制和碳足迹管控模式，打造更加全面的隐形贸易壁垒，争夺产业发展主导权。如 CBAM 要求核算和申报进口产品的数量、碳排放量及在原产国支付的碳价等，并对进口产品超出欧盟碳市场免费配额的排放量收费。对可持续信息披露的要求涉及在欧盟企业供应链上的非欧盟企业，难以满足该要求的非欧盟企业将退出欧盟。因此，欧盟企业跨境采购等供应链活动是否因欧盟可持续规则而发生扭曲，从而构成绿色贸易壁垒，成为争议的热点。

对照世界贸易组织关于绿色贸易壁垒的规则标准。世界贸易组织《技术性贸易壁垒协定》（TBT 协定）、《实施卫生与植物检疫措施协定》（SPS 协定）、市场准入委员会、贸易与环境措施委员会等对与绿色贸易壁垒相关的规则和标准做出规范。其中，TBT 协定明确了实现合法目标所需的技术性贸易措施[1]和技术性贸易壁垒的区分。前者指各

---

[1] 参见 TBT 协定 Article 2.2，各成员应确保技术条例的制定、通过或实施不以对国际贸易造成不必要的障碍为目的。为此，技术条例对贸易的限制不应超过实现合法目标所需的限制，同时考虑到不实现这一目标将产生的风险。参见 WTO ｜ legal texts – Marrakesh Agreement.

国维护国家安全、保护人类健康和安全、保护动植物的生命和健康、保护环境等，世界贸易组织允许其采取技术法规、标准、合格评定程序以及卫生与植物卫生措施。绿色贸易壁垒指对外国进出口产品制定的碳排放或污染相关技术标准过于严格，并存在歧视性，实际上产生了限制进口的效果。

欧盟 CBAM 机制所引入的碳排放核算、碳市场定价等技术参数，因缺少国际标准，故按世界贸易组织规则可采用欧盟标准。但其实际效果是不考虑境外企业减排发生的实际成本，带来隐形的歧视性效果，限制境外企业对欧盟出口。从这个角度讲，CBAM 已构成实质性的绿色贸易壁垒。

进一步讨论欧盟可持续规则是否符合 TBT 的"六项原则"。TBT 委员会提出，国际标准、指南和建议的制定应当遵循透明、开放、公正和共识、有效相关、一致以及关注发展等"六项原则"，以免对国际贸易造成不必要的障碍①。TBT 协定要求，各成员的标准应确保不对国际贸易造成不必要障碍或产生不必要影响；在国际标准已经存在或即将完成的情况下，标准化机构应使用这些标准或其部分作为其制定标准的基础；标准化机构应尽可能充分参与有关国际标准的制定。按照世界贸易组织规定，有关国际标准必须有效响应各国监管、市场需求及科技发展，不应扭曲全球市场，不对公平竞争产生不利影响，不应扼杀创新和技术发展，也不应以设计或描述性特征为基础②。

以"六项原则"为标尺来审视，欧盟可持续规则所采取的碳排放权交易市场规则、贸易产品隐含碳的计算方法、生产边界确定方法、碳排放因子界定方法等均缺少全球认可的标准模式，使得 CBAM 等依

---

① Principles for the Development of International Standards，Guides and Recommendations 参见 https：//www.wto.org/english/tratop_e/tbt_e/principles_standards_tbt_e.htm.
② TBT 协定附件 3：（TBT 良好实践准则），参见 https：//www.wto.org/english/docs_e/legal_e/17-tbt_e.htm#annexIII.

靠单方面的"欧盟碳价"，将干扰其他成员的碳定价机制形成，影响全球碳减排进程。欧盟可持续规则相关的标准与 TBT "六项原则"存在明显的冲突。

无论是从国际贸易还是全球共同应对气候变化已经达成的共识看，解决跨境"碳泄漏"都应充分考虑各国发展权和对可持续标准的适用能力建设。如世界贸易组织考虑到发展中国家参与制定和适用国际标准存在能力不足的问题，且部分新兴领域尚未形成成熟的国际技术标准，要求通过对话与合作避免对贸易活动带来不必要的负面影响。

世界贸易组织贸易与环境委员会还提出了标准存在"非中立性"问题，即少数国家和地区制定的标准存在"偏见"。例如，目前的碳测量方法更适用于温带气候而不是热带气候。又如，目前的碳核算方法均基于生产，很少针对消费。世界贸易组织还认为需要向发展中国家提供技术支持，以使其能有效参与制定国际标准。如推动发展中经济体建设高质量的国家质量基础设施（National Quality Infrastructure），打破供应链脱碳的瓶颈，推动其融入全球绿色价值链。

更加关注国际公正转型问题

公正转型（Just Transition）也是当前国际社会关注度较高的气候领域问题之一。一般指全面考虑各方利益，以尽可能公平、包容的方式推动经济社会绿色低碳转型。在讨论公正转型时，首先要关注宏观、国际层面的公正性。由于各国发展阶段、发展模式、资源禀赋和能源结构存在显著差异，在推进全球绿色低碳转型过程中，应充分考虑各国国情和实际发展情况，在尊重各国发展权的基础上，采取差异化路径，处理好经济增长与减少排放之间的关系，推动各国有序、公正转型。全球层面围绕公正转型目标已初步形成了一定的政策框架。2015 年，国际劳工组织（International Labour Organization，ILO）协调组织各国政府部门、企业和工会，商定了一套较为全面的公正转型指导方针，确定宏观和部门政策、就业政策和社会保障政策三大支柱政策。

发展中经济体低收入群体比例高，且更多就业于易受气候变化负面冲击的工作岗位。据估计，全球约有 12 亿个工作岗位依赖于自然生态系统，约占全球就业总量的 40%[1]。最典型的就是"面朝黄土背朝天"的农民。气温升高带来的极端天气和自然灾害将恶化这类人群的工作环境，降低劳动生产率，导致劳动力更频繁迁移，失业率上升。国际劳工组织估计，到 2030 年，气温上升将导致全球总工作时长减少 2%，相当于损失 7200 万个全职工作岗位，其中农业部门占比高达 66%，这将极大损害南美洲、亚洲以及撒哈拉以南非洲的经济增长、就业和农民收入[2]，甚至导致全球 1.32 亿人陷入极端贫困[3]。

经济低碳转型需大量可持续投资，但大多数可持续资金投向发达地区，中低收入国家的社会和环境治理融资缺口从 2019 年的 2.5 万亿美元上升至目前的 4.2 万亿美元[4]。2014 年以来，可持续发展相关投资规模已翻一番，目前全球 ESG 投资规模高达 40 万亿美元[5]，其中 ESG 基金规模为 25.2 万亿美元，且以每年 25% 的速度增长[6]。分析认为，绿色投资和转型投资多为资本、技术密集型，而低收入地区中小企业

① ILO. World Employment and Social Outlook 2018：Greening with jobs. 2018.
② ILO. The Employment Impact of Climate Change Adaption. 2018.
③ World Bank，Revised Estimates of the Impact of Climate Change on Extreme Poverty by 2030. 2021.
④ Global Outlook on Financing for Sustainable Development 2021 ：A New Way to Invest for People and Planet 参见 https：//www. oecd – ilibrary. org/sites/e3c30a9a – en/1/3/1/ index. html？itemId =/content/publication/e3c30a9a – en& _ csp _ = 8cdd8991f371dde0be 547aab4112527a&itemIGO = oecd&itemContentType = book.
⑤ Sovereign ESG investing：We can do better 参见 https：//blogs. worldbank. org/psd/sovereign – esg – investing – we – can – do – better.
⑥ How do we channel the ESG investment boom towards low – income countries? 参见 https：// odi. org/en/insights/how – do – we – channel – the – esg – investment – boom – towards – low – income – countries/.

缺乏相关人才和技术，碳核算及气候环境信息披露不健全，不利于吸引投资。目前，开展 ESG 投资的 70% 以上为公司治理规范的养老基金、共同基金等大型机构投资者①。这类机构与投资项目一般准入门槛高，对投资者的风险偏好、投资经验、净资产规模都有一定要求。

部分碳排放较高的国家和地区财政资源紧缺，公共服务供给不足，低收入群体在面对气候风险冲击时难以获得充分的财政救助。研究发现，低收入群体获得的财政转移支付远低于社会平均水平。例如，哥伦比亚最贫困的 20% 的人口平均每人每天获得 0.23 美元的转移支付，而最富有的 20% 的人口平均每人每天获得 4.60 美元②。在灾后救助中，这一转移支付差异更明显③。

当前为将公正转型纳入金融支持绿色低碳转型，已有多个国际组织构建了政策框架，各经济体也积极通过信贷、债券、财政金融组合等方式支持公正转型。对各国而言，应将公正转型纳入国家气候治理行动顶层设计，加快自身绿色转型能力建设。按照国际规则加快碳市场、碳核算、碳足迹等制度和数字基础设施建设，建立完善相关立法，形成更高效率的减排机制。探索实施专项基金、公共投资、税收分配、调整补贴等财政措施，以引导社会资金参与公正转型，为弱势群体提供再就业培训、绿色岗位、失业保护、社会健康保护、养老金等支持。

---

① Eurosif, 2018, European SRI Study 2018. https：//www. eurosif. org/wp - content/uploads/2018/11/European - SRI - 2018 - Study. pdf.

② World Bank (2015) ASPIRE (Atlas of Social Protection Indicators of Resilience and Equity) Database. Washington, DC：World Bank.

③ Noy, I and Patel, P (2014) Floods and Spillovers：Households After the 2011 Great Flood in Thailand. Working Paper Series No. 3609. Wellington：Victoria University of Wellington, School of Economics and Finance.
Patankar, A (2015) The Exposure, Vulnerability and Adaptive Capacity of Households to Floods in Mumbai. Policy Research Working Paper No. 7481. Washington, DC：The World Bank.

气候冲击可能加剧全球贫困问题

气候风险对贫困地区和低收入人群的影响更大[1]，可能加剧经济不平等，使更多人陷入贫困。由于信用和保险保障不足，其他降低风险的手段匮乏，洪水、干旱、热浪等极端气候对贫困人口的冲击更大[2]。例如，在尼日利亚，最贫困的 20% 的人群受洪水、干旱、热浪影响的概率比平均水平分别高 50%、130% 和 80%[3]。贫困与气候风险脆弱性关系紧密。《中国农村扶贫开发纲要（2011—2020 年）》确定的 11 个集中连片贫困地区与生态环境脆弱地区高度重合，主要表现为灾害暴露度高、基础设施严重落后，灾害预警能力差、社会保障等基本公共服务供给不足等。如果考虑气候变暖与环境恶化、生物多样性丧失相互交织导致的更深远的负面影响，贫困地区和低收入人群将陷入更大困境。气候变化还影响病菌载体、病原体，改变传染病传播方式，通过直接暴露增加传染病发生频率、流行范围及强度，进一步打击发展中经济体的经济社会发展能力。

伴随着全球气候转型进程，传统化石能源行业和高碳制造业将出

---

① Guivarch, Céline, Aurélie Méjean, and Nicolas Taconet. 2021. Linking Climate and Inequality. Fall 2021, Finance and Development, IMF. https：//www. imf. org/external/pubs/ft/fandd/2021/09/climate – change – and – inequality – guivarch – mejean – taconet. htm#authors.

② Fay M, Hallegatte S, Bangalore M, et al. 2016. Shock Waves：Managing the Impacts of Climate Change on Poverty. World Bank, 2016. 参见 https：//www. worldbank. org/en/topic/climatechange/brief/shock – waves – managing – the – impacts – of – climate – change – on – poverty – background – papers.

③ Park, J, Bangalore, M, Hallegatte, S and Sandhoefner, E（2018）Households and heat stress：estimating the distributional consequences of climate change. Environment and Development Economics 23（3）. 参见 https：//www. cambridge. org/core/journals/environment – and – development – economics/article/abs/households – and – heat – stress – estimating – the – distributional – consequences – of – climate – change/8F99718D1EB402EEF82EE4C2D7579586.

现萎缩，其从业人员可能因缺乏转型所需的职业技能而面临更高失业风险。据研究，降碳减排战略及金融机构减少化石能源等高碳产业投资，使高碳行业面临就业机会损失可能达到10%左右①。尽管可再生能源和绿色技术研发、清洁能源投资、碳排放权交易、绿色投资咨询、气象服务、环境保护和科普教育等将快速发展，但低收入群体由于更难适应新行业较高的技术和教育门槛，将面临结构性就业难题。据国际可再生能源机构（International Renewable Energy Agency，IRENA）和国际劳工组织统计，2022年全球可再生能源就业人数已达1370万人，相较于2021年增加了100万人，高于2012年的730万人②。高盛集团预计，中国到2060年实现碳中和，有望在各行业创造4000万个就业岗位，主要分布于新能源发电（约2420万）、电网建设（约500万）、电气化基础设施建设与运营维护（约1010万）③。农业、建筑业等传统产业的转型升级，可能催生更多劳动密集型生产活动，有利于增加就业，但对劳动力技能水平和精细化操作程度提出更高要求，部分年龄偏大、机械和信息化工具应用能力不足的员工可能难以抓住新的就业机会。

此外，低收入群体缺乏足够的保险保障，应对风险能力弱。在气候风险冲击下，低收入群体由于健康、工伤、失业等商业保险覆盖不足，医疗保障不健全，社会保障服务可获性较低，更易因气候风险冲击而返贫。低收入群体主要持有实物资产，而非银行储蓄或其他金融资产，由于财产保险覆盖率低，在气候风险下，受损资产保险赔付较

---

① Mercure, J. F., Pollitt, H., Viñuales, J. E., Edwards, N. R., Holden, P. B., Chewpreecha. (2018). Macroeconomic impact of stranded fossil fuel assets. Nature Climate Change, 8 (7), 588 – 593. https：//doi. org/10. 1038/s41558 – 018 – 0182 – 1. 参见 https：//www. nature. com/articles/s41558 – 018 – 0182 – 1.

② Renewable energy and jobs：Annual review 2023 参见 https：//www. irena. org/Publications/2023/Sep/Renewable – energy – and – jobs – Annual – review – 2023.

③ Goldman Sachs Group. Carbonomics China Net Zero：The clean tech revolution. 2021 – 01 – 20. 参见 https：//www. goldmansachs. com/intelligence/pages/carbonomics – china – net – zero. html.

少，增加低收入群体及落后地区的经济损失，加剧不平等。据估计，全球平均每年有 2600 万人因自然灾害陷入贫困[①]。另外，不同收入群体在暴露度和脆弱性方面的结构性差异显著，可能导致气候变化对 GDP 整体影响不大，但对贫困群体造成突出影响。

落实"共同但有区别的责任"

《联合国气候变化框架公约》第四条和《京都议定书》第十条均明确了"共同但有区别的责任"。作为国际气候谈判的核心原则，"共同但有区别的责任"强调各国在应对气候变化方面既有共同责任，又需根据自身情况承担不同义务。

一方面，要正视发达国家在应对气候变化中应承担的历史责任。发达国家现阶段已经完成了"用环境换发展"，自工业革命以来排放温室气体较多，应承担更多应对气候变化的历史责任。而发展中国家正处于发展与碳排放高度挂钩时期，对于低收入和中等收入国家而言，受一二产业比重高、减排技术和装备落后等原因的影响，其适应和应对气候变化的资源和能力有限，更容易受到气温和海平面上升等气候变化的影响。发达国家应该展现更大雄心和行动，切实为发展中国家提供资金、技术、能力建设等方面支持。另一方面，要充分肯定发展中国家应对气候变化所作贡献，照顾其特殊困难和关切。全球绿色低碳转型整体上有利于经济可持续、高质量发展，但发展中经济体由于低收入群体转岗困难、金融转型慢、绿色产业发展滞后、气候风险分散不足等原因，可能会在绿色转型过程中遭受较大损失，加剧社会不平等问题，因此应对发展中经济体予以额外支持。在高碳产业低碳转型过程中，应坚持"先立后破"，确保经济在健康发展的轨道上，使就

[①] Hallegatte, S., Fay, M., & Barbier, E.（2018）. Poverty and climate change：Introduction. Environment and Development Economics，23（3），217－233. doi：10. 1017/S1355770X18 000141.

业、收入、民生、科技等方面不断产生新的机会，避免受转型冲击的发展中国家以及全球中低收入人群受到不公平待遇。

落实"共同但有区别的责任"，可以以国际标准制定作为切入口，将国际绿色规则制定拉回多边平台，有效发挥绿色贸易对于应对气候变化的积极作用，共同构建人与自然生命共同体。实际上，相关领域的国际规则目前还很不完善。如欧盟主张按列举法明确国际标准化组织（ISO）、国际电工委员会（IEC）、国际电信联盟（ITU）等国际标准化机构制定的标准为国际标准，美国主张依据 TBT 委员会"六项原则"界定国际标准化组织。与此同时，应缓解因绿色政策而引发的市场不公平。如可以通过国际碳市场的有序可控联通，发达经济体更多地购买发展中国家的碳信用，更多资金可流向发展中国家。未来，可考虑在 G20、世界贸易组织、IMF、ADB 等全球及区域多边框架下，积极纳入气候与环境相关技术标准制定等议题。通过推动全球气候标准制定的全过程公开，吸引更多发展中国家参与，避免全球治理在国际贸易、气候应对、数字经济等多领域出现单边主义和碎片化倾向，同时要避免气候问题成为影响各国参与国际分工和全球产业链的障碍，确保不会赋予特定主体、国家或地区特权。可推动世界贸易组织等多边机构不断完善治理，在气候相关贸易问题上建立协商讨论规则，寻找最大公约数。此外，应倡导发达国家承担更多的全球绿色公共产品提供义务，即便通过 CBAM 等机制获得收入，也不应用于自身一般公共预算，而应向出口国或更广泛地向发展中国家购买碳信用，支持其碳减排进程。

作为全球生态文明建设的参与者、贡献者、引领者，中国坚定践行多边主义，努力推动构建公平合理、合作共赢的全球环境治理体系。中国金融部门积极推动绿色金融与普惠金融的融合发展。在系统评估气候变化和经济低碳转型对不同群体的影响基础上，有针对性地加大对低收入群体就业的金融支持。一是通过设立公正转型基金等方式，解决转型过程中的失业、转岗等问题，如为化石能源等行业的失业人员提供失业补贴和技能培训，支持解决产业结构单一的资源型地区工人转岗问题。二是金融管理部门应充分考虑气候变化和低碳转型对低收入群体的不对称性冲击，引导各类金融机构加大对转型压力较大地区的资金支持力度，针对性缓解低收入群体的失业问题。三是大力发展转型金融，鼓励金融机构支持高碳和高环境影响行业的技术改造和节能降碳，结合财政贴息和税收减免等政策，压降企业低碳转型的融资成本，推动相关行业有序退出。四是货币政策更加关注就业目标，强化和完善就业统计，更加精准地支持中小银行和中小企业，创造更多就业机会。

除金融支持应对气候变化相关制度建设外，还应积极发展碳汇市场，理顺能源市场，建立清晰的碳定价路线图，完善碳排放权和碳汇等碳资产的确权、履约、交易、支付、登记、核证等基础规则制度建设，使各国碳价既能有效反映各自减排边际成本，又不对相关行业企业带来过重包袱。建立健全碳资产相关财务会计和金融创新机制。在生态价值实现机制整体框架下，鼓励行业企业和金融机构探索碳财务投资预算控制及相关会计审计、绩效评价和风险管理等制度，鼓励金融机构开展内部碳资产评估体系建设，重点创新可与碳核算挂钩的融资、保理、资管、基金、债券等金融产品，鼓励碳保险、碳证券、碳资产管理公司、碳信用评级机构等新兴金融机构建设。支持金融机构探索开展以新型绿色壁垒为场景的压力测试，研究将各类账户碳定价嵌入金融产品设计和应用全过程。

国家应充分调动各类资源，夯实社会保障安全网，特别是健全针对低收入群体的养老、医疗和失业保险。提供针对中低收入群体的就业基本公共服务，减少择业障碍，帮助低收入群体提升人力资本。中央银行应持续优化碳减排支持工具的支持范围，充分运用再贷款、再贴现等货币政策工具，为符合条件的金融机构提供低成本资金，推动经济有序低碳转型。金融机构应更多开发针对气候相关风险的信贷与保险产品，针对不同行业低碳转型需求，增加转型金融产品与服务供给，支持具有明确低碳转型策略、内部治理完善的企业发行股票融资；逐步推出天气指数保险、农作物保险、巨灾险等气候保险和绿色保险产品，转移和分散气候相关风险，增加低收入群体获得信贷和保险的机会。另外，建议由中央和地方政府、金融机构共同出资，成立气候相关风险应对专项基金，支持金融机构，尤其是中小金融机构有效应对气候转型风险，稳定市场预期。

第三章

中国绿色金融的发展模式与成功经验

2005 年，时任浙江省委书记习近平在浙江省安吉县余村考察时，首次提出"绿水青山就是金山银山"的理念。党的十八大以来，以习近平同志为核心的党中央从战略和全局的高度出发，提出一系列关于生态文明建设的新思想、新论断和新要求，形成了习近平生态文明思想。这一思想为新时代推进生态文明建设和实施绿色低碳发展战略提供了根本遵循。

在此背景下，中国政府和金融机构加快绿色金融领域的改革探索，积极推动中国绿色金融体系建设，绿色金融发展取得显著成效。截至 2024 年末，中国绿色贷款余额达 36.6 万亿元，同比增长 21.7%，增速比各项贷款高 14.5 个百分点，延续了多年的高速增长态势。其中，投向具有直接和间接碳减排效益项目的贷款分别为 12.25 万亿元和 12.44 万亿元，合计占绿色贷款的 67.5%。2024 年，中国绿色债券发行规模为 6814.33 亿元，托管量达 2.09 万亿元。

中国已初步形成了完整的绿色金融立体发展体系，绿色金融在支持绿色发展方面展现出巨大潜力。绿色金融改革试点工作也取得阶段性成果，中国已成为全球绿色金融发展的风向标，具备了较强的国际引领力，有力地支持了国内绿色产业的发展以及经济社会的绿色低碳转型。

中国绿色金融的高水平起步

如果要为绿色金融设定一个"诞生时间"，2015 年或许最为合适。在 2015 年之前，金融部门已在推动节能、治污和环保方面发挥了重要作用。在统计标准、产品创新、信息披露、考核评估和国际合作等方面，金融部门开展了大量积极探索，并配合产业部门出台了一系列配套政策文件。这些政策旨在鼓励金融机构加大对绿色产业和绿色项目的支持，同时限制对高排放、高污染和高能耗项目的资金投入。例如，2012 年，银监会发布《绿色信贷指引》，要求银行业金融机构从战略高度推进绿色信贷，加大对绿色经济、低碳经济和循环经济的支持力度，防范环境和社会风险，并提升自身的环境和社会表现。2013 年，银监会建立了绿色信贷统计制度，定期组织银行业金融机构开展绿色信贷统计工作。2015 年，银监会与国家发展改革委联合发布《能效信贷指引》等文件。

2015 年，"建立绿色金融体系"的表述首次出现在中国最高决策文件中，即中共中央、国务院印发的《生态文明体制改革总体方案》。作为推进生态文明领域国家治理体系和治理能力现代化的纲领性文件，这份文件为新时期中国推动生态文明体制改革和绿色低碳发展明确了目标方向，确立了由自然资源资产产权制度、国土空间开发保护制度、空间规划体系、资源总量管理和全面节约制度、资源有偿使用和生态补偿制度、环境治理体系、环境治理和生态保护市场体系、生态文明绩效评价考核和责任追究制度等八项制度构成的产权清晰、多元参与、激励约束并重、系统完整的生态文明制度体系。方案不仅提出"绿色金融"概念，还强调了"体系"，即建立完善相关的体制机制——不仅要继续调动绿色信贷资源加大投入，还要通过资本市场发展绿色股票指数、绿色债券、绿色信贷资产证券化、绿色基金等多元化绿色金融产品，更要财政部门研究贴息、担保等方式、金融监管研究尽职免责、绿色评级、环境评估等制度，强调在绿色金融建立"硬"约束，包括明确环保法律责任、上市公司强制性环境信息披露机制、环境污染强制责任保险制度。次年，全国人大通过了中国"十三五"规划，构建绿色金融体系正式成为国家战略。

为全面贯彻落实《生态文明体制改革总体方案》，加快推动构建中国绿色金融体系，经过近一年时间的酝酿、协商和深入研究，中国人民银行、财政部、国家发展和改革委员会、环境保护部、中国银行业监督管理委员会、中国证券监督管理委员会、中国保险监督管理委员会等七部门于 2016 年 8 月联合印发了《关于构建绿色金融体系的指导意见》（银发〔2016〕228 号），首次从国家层面对绿色金融的概念、绿色金融体系的内容和构成、推动绿色金融发展的着力点和主要目标任务等内容进行了明确和系统部署，为绿色金融更好服务国家生态文明建设和经济社会绿色低碳转型提供了较为充分的制度供给，"自上而下"地为绿色金融市场的形成和运行提供了关键性的公共产品和服务。

这两份文件也使中国成为全球首个制定绿色金融顶层设计的国家。

值得一提的是，2016 年 9 月 3 日，国家主席习近平同美国总统奥巴马、联合国秘书长潘基文在杭州共同出席气候变化《巴黎协定》批准文书交存仪式，习近平和奥巴马先后向潘基文交存中国和美国气候变化《巴黎协定》批准文书。当天晚上，中美发表《中美气候变化合作成果》，共九条，近 2000 字。时任保尔森基金会高级顾问戴青丽认为，在绿色金融领域，中国正在担当"领头羊"，将改善环境的"包袱"变成资产。尽管后续面临诸多波折，但这一仪式标志着在全球应对气候变化的进程中，中国推动的大国合作进入了一个新的阶段。

中国绿色金融体系框架的形成

经过七八年的持续快速发展，特别是配合推动实现碳达峰、碳中和目标，中国绿色金融体系日益丰富和完善，逐步确立了明确的绿色金融发展政策思路。由于适应国家产业结构、能源结构、投资结构和人民生活方式等全方位的深刻变化，中国绿色金融发展走在了国际第一方阵中。

《关于构建绿色金融体系的指导意见》（以下简称《指导意见》）为此后中国乃至全球绿色金融的快速发展作出了以下四个方面的贡献。

首先是明确了绿色金融的政策逻辑，推动形成重要共识。此前，社会各界对绿色金融普遍存在不太准确或不太全面的认知。这一阶段，中国已经出现严重的污染，因而普遍认同环境保护的重要性，希望不要走"先污染后治理"的老路。但同时又认为环境保护和经济发展实际上难以一致，强调绿色金融会减弱金融对经济发展的支持。另一种对国际形势比较了解的观点则认为，中国当时面临的主要矛盾是环境污染而非气候变化，因而中国的绿色金融暂时不需要考虑减碳问题。通过大量学术层面和政策层面的讨论，特别是加深了对"绿水青山就是金山银山"的认识，加深了对中国作为负责任发展中大国是全球气候治理积极参与者的认识，并最终将认识统一到绿色金融支持环境改善、应对气候变化和资源节约高效利用等三大经济活动领域，具体包括对环保、节能、清洁能源、绿色交通、绿色建筑等领域的项目投融资、项目运营、风险管理等所提供的金融服务。而绿色金融体系是指通过绿色信贷、绿色债券、绿色股票指数和相关产品、绿色发展基金、绿色保险、碳金融等金融工具和相关政策支持经济向绿色化转型的制度安排。

其次是遵循科学逻辑，为环境气候外部性的内部化构建激励约束机制，推动形成可操作的政策工具。主要是动员和激励更多社会资本投入到绿色产业，同时更有效地抑制污染性投资，加快中国经济向绿色化转型，促进环保、新能源、节能等领域的技术进步，加快培育新的经济增长点，提升经济增长潜力。《指导意见》提出了通过再贷款、专业化担保机制、绿色信贷支持项目财政贴息、设立国家绿色发展基金等措施支持绿色金融发展。

再次是系统性构建了多元化、多层次、综合性的绿色金融市场体系，特别是强调了信贷市场之外金融体系和其他基于各类环境权益定价机制的重要作用。与之前主要以绿色贷款支持绿色低碳产业发展不同，《指导意见》将绿色证券市场的重要性提到新的高度，要求统一绿色债券界定标准，积极支持符合条件的绿色企业上市融资和再融资，支持开发绿色债券指数、绿色股票指数以及相关产品，逐步建立和完善上市公司和发债企业强制性环境信息披露制度。《指导意见》还提出发展绿色保险和环境权益交易市场，按程序推动制修订环境污染强制责任保险相关法律或行政法规，支持发展各类碳金融产品，推动建立排污权、节能量（用能权）、水权等环境权益交易市场，发展基于碳排放权、排污权、节能量（用能权）等各类环境权益的融资工具。

最后是注重更加广泛地发动各方力量。注重发挥地方政府、金融机构和企业的能动性和改革精神，鼓励有条件的地方申报开展绿色金融地方试点工作。当然，没有正式获批参与试点的地区也可以根据这份《指导意见》自行开展工作创新。这些点面结合、"条""块"协同的绿色金融创新试点，通过建立绿色金融专营机构、拓展绿色担保和风险分担机制、设立绿色发展基金等手段撬动更多的社会资本投资绿色产业。对外，则广泛开展应对气候变化等绿色金融领域国际合作，特别是继续在二十国集团框架下推动全球形成共同发展绿色金融的理念，积极稳妥地推动绿色资本市场双向开放，提升对外投资绿色水平。

通过货币政策、信贷政策、监管政策、强制披露、绿色评价、行业自律、产品创新等市场与政策工具的共同作用，引导和撬动金融资源向低碳项目、绿色转型项目、碳捕集与封存等绿色创新项目倾斜。为了增强金融体系管理气候变化相关风险的能力，还积极发展了金融机构气候风险压力测试、环境和气候风险分析、碳排放权交易等气候风险定价工具。金融支持绿色发展的资源配置、风险管理和市场定价三大功能得以越来越充分地发挥，也形成了绿色金融的五大支柱。

第一支柱是建立和完善绿色金融标准体系，即应遵循"国内统一、国际接轨"原则，重点聚焦气候变化、污染治理和节能减排三大领域，不断完善绿色金融标准体系。特别是回应市场主体对权威统一绿色金融标准的迫切需求，中国人民银行聚焦应对气候变化、污染治理和节能减排三大领域，遵循"国内统一、国际接轨"的原则，牵头建立了跨领域、市场化、公信力强且内嵌于金融业务流程的绿色金融标准体系。使绿色金融不是事后"统计绿"，而是规则"引导绿"。目前，中国已正式发布《金融机构环境信息披露指南》《环境权益融资工具》《碳金融产品》等多项行业标准和规范，正积极推动10余项绿色金融国家标准和行业标准的研制工作。

绿色金融体系的第二支柱是强化金融机构监管和信息披露要求，持续推动金融机构、证券发行人、公共部门分类提升环境信息披露的强制性和规范性。

绿色金融体系的第三支柱是逐步完善激励约束机制。通过绿色金融业绩评价、贴息奖补等政策，引导金融机构增加绿色资产配置、强化环境风险管理。

绿色金融体系的第四支柱是不断丰富绿色金融产品和市场体系。通过鼓励产品创新、完善发行制度、规范交易流程、提升透明度，中国目前已形成多层次绿色金融产品和市场体系，有力支持了绿色金融

发展和经济社会绿色低碳转型。根据中国人民银行统计数据，截至
2024 年末，中国绿色贷款余额 36.6 万亿元，同比增长 21.7%，连续三
年保持 20% 以上增速；绿色债券累计发行约 4 万亿元，余额超过 2 万
亿元，市场规模位居世界前列（见图 3－1）。同时，中国绿色金融资产
质量整体良好，绿色贷款不良率远低于全国商业银行不良贷款率，绿
色债券尚无违约案例。

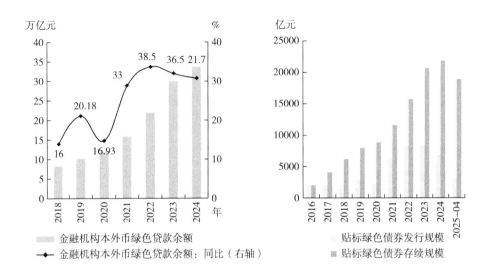

图 3－1　金融机构绿色贷款和债券发行情况

　　绿色金融体系的第五支柱是积极拓展绿色金融国际合作空间。通
过多边、双边等机制开拓与其他国家的绿色金融合作，积极参与绿色
金融国际治理。

气候投融资的独特政策含义

　　气候投融资和气候金融也是交流中耳熟能详的政策和金融术语。
国际上，气候金融一般被定义为支持应对气候变化活动的金融活动，
对应中国的绿色金融三大服务目标之一。

　　气候金融的概念有其特殊政策含义，不应被滥用。在 1992 年《联

合国气候变化框架公约》中，第 11 部分明确了相应的"资金机制"（Financial Mechanism），到 1997 年的《京都议定书》基本沿用了这一概念，主要规定了国家间（特别是发达国家对发展中国家）的优惠资金支持的机制（原文为 provision of financial resources on a grant or concessional basis）。这一阶段，由于相关融资活动很少通过金融市场进行，实际上未涉及现在意义上的绿色金融或气候金融。2015 年《巴黎协定》在重申《联合国气候变化框架公约》资金机制的同时，强调气候变化减缓需要资金，因为只有大规模投资才能大幅减排。

中国一直沿用《联合国气候变化框架公约》关于资金机制的概念。从《联合国气候变化框架公约》《京都议定书》到《巴黎协定》的联合国官方中文版本来看，也用中文"资金"而不是"金融"或"融资"来翻译英文"finance"一词。随着绿色金融的成功发展，金融越来越成为中国应对气候变化的"生力军"。2020 年，生态环境部、国家发展改革委、中国人民银行等部委联合发布《关于促进应对气候变化投融资的指导意见》（环气候〔2020〕57 号），重新定义了中国语境下的"气候投融资"概念，即为实现国家自主贡献目标和低碳发展目标，引导和促进更多资金投向应对气候变化领域的投资和融资活动，是绿色金融的重要组成部分。特别是中国"双碳"目标的发布，进一步提升了应对气候变化在中国绿色金融中的重要性。文件的制定和发布都有利于在新的时期普及气候变化相关的国际形势、工作路线、政策工具，有利于激发各个部门、地方政府、金融机构、企业等主体参与"双碳"工作的积极性。

2022 年 8 月，生态环境部、国家发展改革委、中国人民银行等部委又联合发布了气候投融资首批试点名单，12 个市、4 个区及 7 个国家级新区共 23 个地区获批。由气候环境主管部门牵头的试点工作主要有以下四方面难以替代的机制性作用。

一是充分发挥地方政府行政执法以及环境法律等规制力量，为绿色金融营造适宜的市场空间。有关文件要求试点地区应具有较好的气候环境工作基础，包括完成近三年温室气体控制、碳强度下降、非化石能源消费比重、森林覆盖率等应对气候变化类约束性指标任务，且近年来未发生重大环境污染或生态破坏事件。要求试点地区遏制"两高"项目盲目发展，落实本地碳达峰行动方案及能耗双控、清洁能源替代、清洁运输、煤炭消费总量控制等政策要求。显然，满足这些条件的绿色金融活动将极大地减少"洗绿"现象，从而降低绿色金融交易成本，提高定价效率。

二是生态环境部门主动与金融部门协同，有利于更积极稳妥地发展碳金融。碳排放权的交易市场建设由生态环境部牵头负责指导，在碳基金、碳资产质押贷款、碳保险等碳金融服务等方面具有广阔的发展空间，但金融机构和产品的准入、交易、衍生品制度均需服从于碳市场的基础型制度建设。

三是生态环境部门可以利用和完善现有数据信息系统，支持金融机构用好基础性的碳核算与信息。指导试点地方强化企业碳排放核算的监督与管理，探索开展企业碳会计制度，定期开展企业碳审计，严防企业碳数据造假。指导试点地方建立企业公开承诺、信息依法公示、社会广泛监督的气候信息披露制度。鼓励试点地方建立环境信息共享平台，为金融机构依据相关国家标准开展金融机构碳核算和气候信息披露提供便利。

四是可以发挥环保行业政策优势、技术优势和地方政府的要素配置能力，通过建设国家气候投融资项目库，帮助金融部门更加高效地识别气候投融资项目。鼓励试点地方对标国家气候投融资项目库，培育本区域气候投融资项目，打造气候项目和资金的信息对接平台，引导和支持先进低碳技术发展，引导金融机构按照市场化原则对入库项目提供更加优质的金融服务。根据生态环境部门的统计，截至 2023 年末，23 个试点入库项目总数量为 3086 个，其中已与金融机构成功对接项目累计 566 个，占入库总额的 18.3%，实现授信总额 4553.84 亿元。为建立有效的产融对接机制，多个地方还建立了气候投融资促进中心、气候投融资平台或气候投融资门户网站。

对绿色金融的激励遵循市场机制

如果说中国绿色金融发展成功的一条重要经验是提供了充足的制度供给，那么另一条重要经验是始终坚持了市场化的理念。中国政府鼓励发展绿色金融的政策措施以正向激励、自我激励为主，坚持适度激励，同时重视科学评价，不搞指标任务。因此，绿色金融快速发展的同时，避免了因过度使用非价格型激励工具可能带来的市场扭曲问题，极大地减少了监管博弈、监管成本和合规成本，没有产生明显的"洗绿""漂绿"现象。

在总体政策框架下，地方政府和金融机构有着充足的"自下而上"创新空间，被激发出前所未有的绿色金融改革创新积极性。特别是国务院先后批复在 7 省（自治区、直辖市）10 地设立的绿色金融改革创新试验区，立足于本地实体经济绿色发展的金融需求，在绿色金融激励约束机制等方面进行探索，大大改善了绿色金融发展的营商环境。金融机构通过设立专营机构、创新专门产品、披露环境信息、服务特色项目，能力建设取得明显进展，为下一步更大范围和深度发展绿色金融和转型金融夯实了基础。绿色金融发展需要解决环境气候负外部性内生化问题，需要兼顾绿色金融发展中的环境效益和经济效益。因而，设计合理的绿色金融发展激励约束机制，通过引入绿色金融业绩评价、财政贴息奖补、通过货币政策工具提供低成本资金支持等激励性政策，对于引导金融机构增加绿色资产配置、强化环境风险管理、提升金融业支持绿色低碳发展的能力至关重要。

金融机构绿色金融评价是绿色金融激励约束机制的重要组成部分。通过评价金融机构在支持经济向绿色低碳转型过程中发挥的作用，可以引导金融机构绿色金融业务发展，提升其管理气候风险的能力。国际组织和各国金融管理部门进行绿色金融评价尚不多见。目前，国内正在运行的绿色金融评价机制主要有中国人民银行开展的银行业金融机构绿色金融评价，以及原银保监会委托银行业协会开展的中国银行业绿色银行评价，其积极成效得到联合国、央行与监管机构绿色金融网络等组织的广泛关注。

中国绿色金融评价最初主要针对绿色信贷业务。2014 年、2015 年，银监会分别印发《中国银监会办公厅关于印发〈绿色信贷实施情况关键评价指标〉的通知》《中国银监会办公厅关于下发绿色信贷实施情况自评价两个模板的通知》，要求银行业金融机构从定性、定量两个方面开展自评价，将相关结果作为其评级、信贷准入、管理和退出的重要依据，并在贷款"三查"、贷款定价和经济资本分配等方面采取差别化风险管理措施。2015—2017 年，银监会先后三次组织绿色信贷业务自评价，全国 21 家商业银行对本行发展绿色信贷业务、防范环境和社会风险、提升自身的环境和社会表现等进行了评价。

根据 2016 年《关于构建绿色金融体系的指导意见》，中国人民银行等金融管理部门对银行业金融机构开展绿色信贷业绩评价，推动银行业自律组织建立银行绿色评价机制。中国人民银行 2017 年第三季度起，将绿色金融纳入宏观审慎政策评估（MPA）"信贷政策执行情况"进行评估。2018 年 7 月，中国人民银行印发《银行业存款类金融机构绿色信贷业绩评价方案（试行）》，对 24 家主要银行法人开展绿色信贷业绩评价，并于 2019 年第一季度将业绩评价工作推广至全国大中小银行法人。银行业金融机构绿色金融评价定性与定量相结合、以定量为主。中国银行业协会于 2017 年印发《中国银行业绿色银行评价实施方案（试行）》。

2021 年 7 月，中国人民银行印发修订后的《银行业金融机构绿色金融评价方案》正式施行。该评价方案将定量评价内容进行了扩充，对定性评价内容进行了微调。定量指标既考虑余额，也考虑增速，既考核业务数量，也考核资产质量，兼顾纵向和横向数据及变动。该评价方案扩大了绿色金融考核评价的业务和机构覆盖范围。将考核业务范围扩大为境内绿色贷款和绿色债券，后续会根据业务标准和统计制度的完善，将更多绿色金融业务纳入考核范围。同时，将银行业存款类金融机构扩大为银行业金融机构，包括租赁公司、信托公司、消费金融公司、汽车金融公司等非存款类金融机构。

定量考核指标由绿色信贷改为绿色金融业务，考核内容调整为绿色金融业务总额占比、绿色金融业务总额份额占比、绿色金融业务总额同比增速、绿色金融业务风险总额占比四大指标，删除绿色贷款增量占比指标，更强调年际变化，减少季节波动性影响，突出指标的可比性和相对稳定性。同时，提高纵向评分权重，降低横向评分权重，更好兼顾不同规模金融机构业务特点，使考核结果更加客观公平，考核评价方案更加简化，便于金融机构更好地理解和使用。

定性指标更加注重银行自身绿色金融制度建设和业务发展情况。优化了定性指标及其权重，更加注重金融机构自身绿色金融发展战略和规划、相关制度制定等，将支持境内外绿色产业和项目发展的资金规模、投向、审批程序、尽职调查、放款计划、贷后管理等纳入定性评价，对引导金融机构提高自身绿色金融发展重视程度、加大绿色产业领域定向支持、更好服务绿色低碳发展形成更直接的激励作用。

将绿色金融业绩评价结果纳入中国人民银行金融机构评级，鼓励中国人民银行分支机构、各类市场参与者探索和拓展评价结果的应用场景，成为中国人民银行开展宏观审慎评估、核准金融机构发债、发放再贷款和核定差别化存款保险费率的重要考量因素。

结构性货币政策工具引导绿色资金投入

2021 年 11 月，按照市场化、法治化、国际化原则，中国人民银行创设推出两个新的结构性货币政策工具，鼓励社会资金更多投向绿色低碳领域。一个是碳减排支持工具，以稳步有序、精准直达方式，支持清洁能源、节能环保、碳减排技术三个重点减碳领域的发展，撬动更多社会资金促进碳减排。另一个是支持煤炭清洁高效利用专项再贷款，支持煤的大规模清洁生产、清洁燃烧技术运用等七个领域。

碳减排支持工具是"做加法"：用增量资金支持清洁能源等重点领域的投资和建设，从而增加能源总体供给能力，金融机构应按市场化、法治化原则提供融资支持，助力国家能源安全保供和绿色低碳转型。人民银行通过碳减排支持工具向金融机构提供低成本资金，引导金融机构在自主决策、自担风险的前提下，向碳减排重点领域内的各类企业一视同仁提供碳减排贷款，贷款利率应与同期限档次贷款市场报价利率（LPR）大致持平。碳减排支持工具发放对象暂定为全国性金融机构，人民银行通过"先贷后借"的直达机制，对金融机构向碳减排重点领域内相关企业发放的符合条件的碳减排贷款，按贷款本金的60%提供资金支持，利率为1.75%。

为确保碳减排支持工具精准支持具有显著碳减排效应的领域，中国人民银行会同相关部门，按照国内多种标准交集、与国际标准接轨的原则，以减少碳排放为导向，重点支持清洁能源、节能环保和碳减排技术三大重点领域。初期突出"小而精"，重点支持正处于发展起步阶段，但促进碳减排的空间较大，给予一定的金融支持可以带来显著碳减排效应的行业。具体而言，清洁能源领域主要包括风力发电、太阳能利用、生物质能源利用、抽水蓄能、氢能利用、地热能利用、海洋能利用、热泵、高效储能（包括电化学储能）、智能电网、大型风电光伏源网荷储一体化项目、户用分布式光伏整县推进、跨地区清洁电力输送系统、应急备用和调峰电源等。节能环保领域主要包括工业领域能效提升、新型电力系统改造等。碳减排技术领域主要包括碳捕集、封存与利用等。后续支持范围可根据行业发展或政策需要进行调整。

2022 年 8 月，德意志银行（中国）、法国兴业银行（中国）也被纳入碳减排支持工具的金融机构范围，体现了始终坚持对外开放，对外资金融机构一视同仁，支持其在中国健康发展。为引导金融机构加大对绿色发展等领域的支持力度，目前，碳减排支持工具仍在优化和延续实施；支持煤炭清洁高效利用专项再贷款延续实施至 2023 年末，但存量资金仍在发挥作用。2024 年末，两个工具余额分别为 4385 亿元、2073 亿元，碳减排支持工具累计支持金融机构发放碳减排贷款超 1.2 万亿元（见图 3 - 2）。

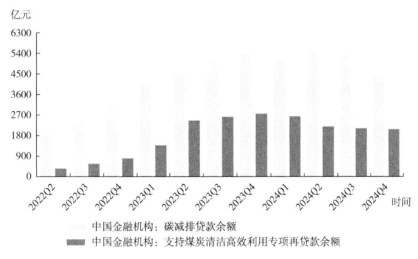

图 3 - 2　金融机构碳减排贷款和支持煤炭清洁高效利用专项再贷款情况

（资料来源：Wind）

中国绿色金融进入持续深化新阶段

新时期，加强生态文明建设是全面推进美丽中国建设的重要内容和内在要求。中国要积极稳妥地推进碳达峰碳中和，立足国内能源资源禀赋，坚持先立后破，有计划分步骤实施碳达峰行动。推进碳达峰碳中和是党中央经过深思熟虑作出的重大战略决策，是着力解决资源环境约束突出问题、实现中华民族永续发展的必然选择，是构建人类命运共同体的庄严承诺。

2023 年 12 月 27 日，中共中央、国务院发布《关于全面推进美丽中国建设的意见》，指出建设美丽中国是全面建设社会主义现代化国家的重要目标，是实现中华民族伟大复兴中国梦的重要内容。当前，中国经济社会发展已进入加快绿色化、低碳化的高质量发展阶段，生态文明建设仍处于压力叠加、负重前行的关键期，生态环境保护结构性、根源性、趋势性压力尚未根本缓解，经济社会发展绿色转型内生动力不足，生态环境质量稳中向好的基础还不牢固，部分区域生态系统退化趋势尚未根本扭转，美丽中国建设任务依然艰巨。新征程上，必须把美丽中国建设摆在强国建设、民族复兴的突出位置，保持加强生态文明建设的战略定力，坚定不移走生产发展、生活富裕、生态良好的文明发展道路，建设天蓝、地绿、水清的美好家园。全面推进美丽中国建设，要牢固树立和践行"绿水青山就是金山银山"的理念，处理好高质量发展和高水平保护、重点攻坚和协同治理、自然恢复和人工修复、外部约束和内生动力、"双碳"承诺和自主行动的关系，统筹产业结构调整、污染治理、生态保护、应对气候变化，协同推进降碳、减污、扩绿、增长，维护国家生态安全，抓好生态文明制度建设，以高品质生态环境支撑高质量发展，加快形成以实现人与自然和谐共生现代化为导向的美丽中国建设新格局，筑牢中华民族伟大复兴的生态根基。加快发展方式绿色转型，持续深入推进污染防治攻坚，提升生态系统多样性、稳定性、持续性，守牢美丽中国建设安全底线，打造美丽中国建设示范样板等，成为新时期中国实现绿色低碳转型发展的重要任务和发展要求。

为贯彻落实党中央、国务院关于碳达峰碳中和重大决策部署，做好绿色金融大文章，2024 年 3 月 27 日，中国人民银行联合国家发展改革委、工业和信息化部、财政部、生态环境部、金融监管总局和中国证监会印发《关于进一步强化金融支持绿色低碳发展的指导意见》（以下简称新《指导意见》）。这一文件，首先为新时期推动绿色金融发展提出新的目标要求和思路，即以习近平新时代中国特色社会主义思想为指导，全面贯彻党的二十大、中央经济工作会议及中央金融工作会议精神，进一步强化金融对绿色低碳发展的支持，坚定不移走生态优先、节约集约、绿色低碳的高质量发展道路，始终坚持统筹发展和安全、兼顾长期与当前、激励与约束并重、高标准推动和高水平合作等工作原则。文件提出，未来5年，要基本构建起国际领先的金融支持绿色低碳发展体系；到2035年，各类经济金融绿色低碳政策协同高效推进，金融支持绿色低碳发展的标准体系和政策支持体系更加成熟，资源配置、风险管理和市场定价功能得到更好发挥。

这一指导文件在优化绿色金融标准体系和强化信息披露方面提出，一是推动金融系统逐步开展碳核算，建立健全金融机构碳核算方法和数据库，制定出台统一的金融机构和金融业务碳核算标准，鼓励金融机构和企业运用大数据、金融科技等技术手段为碳核算工作提供技术支撑。二是制定统一的绿色金融标准体系，加快研究制定转型金融标准。三是推动金融机构和融资主体开展环境信息披露，分步分类探索建立覆盖不同类型金融机构的环境信息披露制度，制定完善上市公司可持续发展信息披露指引，健全碳排放信息披露框架。四是不断提高环境信息披露和评估质量，推动跨部门、多维度、高价值绿色数据对接。这预示着金融机构环境信息披露逐步由自愿性披露向强制性披露的过渡与升级。

这一指导文件在促进绿色金融产品和市场发展方面明确新思路，一是推进碳排放权交易市场建设，研究丰富与碳排放权挂钩的金融产品及交易方式，逐步扩大适合中国碳市场发展的交易主体范围。二是在依法合规、风险可控和商业可持续的前提下，鼓励金融机构利用绿色金融或转型金融标准，加大对能源、工业、交通、建筑等领域绿色发展和低碳转型的信贷支持力度。三是进一步加大资本市场支持绿色低碳发展力度，支持符合条件的企业在境内外上市融资或再融资，募集资金用于绿色低碳项目建设运营，规范开展绿色债券、绿色股权投融资业务。四是大力发展绿色保险和服务，完善气候变化相关重大风险的保险保障体系。五是壮大绿色金融市场参与主体。

这一指导文件加强了政策协调和制度保障，一是推动完善法律法规，发挥法治固根本、稳预期、利长远的保障作用，推进绿色金融领域立法。二是完善金融机构绿色金融考核评价机制，加大对金融机构绿色金融业务及能力的评价考核力度。三是丰富相关货币政策工具，用好碳减排支持工具。四是将高排放行业和高排放项目碳减排信息与项目信贷评价、信用体系建设挂钩，推进高排放行业绿色低碳转型和数字化、智能化升级。五是深化绿色金融区域改革，稳步有序探索具有区域特色的绿色金融发展和改革路径。六是在国家区域重大战略中进一步支持绿色发展。

这一指导文件强化气候变化相关审慎管理和风险防范，一是健全审慎管理，逐步将气候变化相关风险纳入宏观审慎政策框架，研究完善风险监管指标和评估办法。二是增强金融机构应对风险能力，推动金融机构将气候变化相关风险纳入风险控制体系和公司治理框架，推动保险机构建立气候变化相关风险评估预测模型，利用大数据等技术手段开展气候灾害风险分析。三是加强对绿色金融的行为监管和功能监管，提高风险早识别、早预警、早处置能力。

这一指导文件延续了2016年版《指导意见》的目标任务和诸多推进思路，并结合新时期国家战略和改革任务要求进行了升级完善，从污染防治、能效提升和应对气候变化等多维度强化了绿色金融功能，进一步明确了绿色金融关于盈利性与可持续的关系，与2016年《指导意见》更多体现绿色金融相关鼓励、引导模式和发展思路不同，这一指导文件在继续强化绿色金融激励机制的同时，对绿色金融自身发展、金融支持高排放等领域和绿色金融相关数据基础提出更高要求，在引入转型金融、将金融属性引入碳市场、推动金融机构开展碳核算等方面加快探索，力争尽快落地，为发挥金融支持经济社会绿色、低碳、高质量发展和转型提供有力支持。

第四章

绿色金融标准的中国贡献

金融标准是规范金融机构合规开展业务、创新金融产品与服务以及防范金融风险的重要依据，也是金融业基础性制度的核心内容之一。对于绿色金融而言，标准建设不仅有助于规范业务流程，还能确保其商业可持续性，推动经济社会的绿色发展，具有特殊的重要性。

近年来，中国秉持"国内统一、国际接轨"的原则，聚焦气候变化、污染治理和节能减排三大重点领域，不断完善绿色金融标准体系。绿色金融统计制度逐步健全，多项绿色金融标准的制定也取得了显著进展。《金融标准化"十四五"发展规划》明确提出，加快完善绿色金融标准体系是中国金融标准化工作的重要任务之一，并将转型金融标准的研究制定纳入国家标准化重点规划。这标志着绿色金融和转型金融标准的制定与实施进入了一个新阶段。2023 年 4 月，国家标准化管理委员会联合 11 个部门发布《碳达峰碳中和标准体系建设指南》，明确提出要建立绿色金融市场化机制标准子体系。同时，绿色金融标准正受到越来越多国家和国际机构的重视，成为各国加强绿色金融与绿色产业合作的重要基础。

绿色金融标准中的"过程导向"与"结果导向"

绿色金融标准是为规范绿色金融业务发展而制定的技术规范，旨在引导金融资源流向符合环境可持续性要求的项目。尽管绿色贷款是全球绿色金融领域最早且最主要的实践形式之一，但国际上尚未形成统一的绿色信贷或绿色贷款定义。各国和金融机构根据自身需求制定了多样化的绿色贷款标准，并开展了丰富的实践。最具国际认可度的绿色贷款标准包括以下三种：一是国际金融公司（IFC）联合10家银行发起设立的赤道原则（Equator Principles）。这是一套金融机构项目融资中针对环境与社会风险的管理框架。认同该原则的"赤道原则金融机构"在提供项目融资时，将根据一系列识别、评估和管理环境与社会风险的标准来实施赤道原则，以确保其符合环境与社会责任的要求。赤道原则在2002年10月于伦敦共同讨论，2003年6月4日在美国华盛顿正式发布，目前适用于总成本在1000万美元以上的项目融资。该原则将项目融资主体分为三个风险等级类别（见表4-1），部分项目需要在融资过程中额外提供评估资料及受到更加严格的审查。

表4-1 赤道原则的风险等级类别

风险等级类别	具体内容
A类	具有潜在重大不利环境和社会风险的项目，且风险是多样的、不可逆转或者史无前例的
B类	具有潜在有限不利环境和社会风险的项目，数量很少、针对特定低点且很大程度是可逆的
C类	极小或没有不利于环境和社会风险的项目

资料来源：The Equator Principles EP4.

二是贷款市场协会（Loan Market Association，LMA）的《绿色贷款原则》。《绿色贷款原则》（GLP）将绿色贷款定义为"专门用于为新的或现有的符合条件的绿色项目，提供全部或部分融资或再融资的贷款工具"。这一原则规定绿色贷款的申请包括四个部分：资金用途的具体类别（见表4-2），针对气候变化、空气、水和土壤污染、生物多样性丧失等关键环境问题；项目评估过程中，借款人应明确项目的环境可持续性目标和类别，鼓励借款人披露其遵循的绿色标准或认证；对绿色贷款的收益以适当方式进行跟踪，并鼓励借款人建立内部治理流程跟踪资金分配情况；借款人至少每年提供一次贷款使用等信息披露。《绿色贷款原则》也建议绿色贷款项目在适当的时候进行外部审核，并提供第三方评估报告。

表 4-2　　　　　　　　　《绿色贷款原则》规定绿色项目列表

项目	具体内容
可再生能源	可再生能源的生产、传输、相关器械及产品
能效提升	节能建筑新建/翻新、储能、区域供热、智能电网、相关器械与产品等
污染防治	减少废气排放、温室气体控制、土壤修复、预防和减少废弃物、废弃物循环利用、高效或低排放废弃物供能
生物资源和土地资源的环境可持续管理	可持续发展农业、可持续发展畜牧业、气候智能农业投入如作物生物保护或滴灌、可持续发展渔业及水产养殖业、可持续发展林业如造林或再造林、保护或修复自然景观
陆地与水域生态多样性保护	海洋、沿海及河流流域的环境保护
清洁交通	电动、混合能源、公共、轨道、非机动、多式联运等交通工具类型、清洁能源车辆相关及减少有害排放的基础设施
可持续水资源与废水管理	可持续发展清洁水和/或饮用水基础设施、污水处理、可持续城市排水系统、河道治理以及其余形式的防洪措施
气候变化适应	气候观测和预警系统等信息支持系统
生态效益性和循环经济产品、生产技术及流程	具有生态标签或环保认证、资源高效包装和分销下的环境可持续性产品开发与引进
绿色建筑	符合地区、国家或国际认可标准或认证的绿色建筑

资料来源：Green Loan Principles.

三是贷款市场协会联合银团与交易协会发布的《可持续发展关联贷款原则》（SLLP）。该原则将可持续发展关联贷款定义为"能够帮助借款人实现预先确定的可持续发展绩效目标的贷款工具"。借款人应事先制定可持续发展绩效目标（SPT），并基于此制定关键绩效指标（KPI）以衡量其自身的可持续发展状况。该原则详细规定了可持续发展关联贷款的评估与选择流程，包括关键绩效指标的选择、可持续发展绩效目标的调整、贷款效果考察、信息披露、审核查验等五个方面。值得一提的是，《可持续发展关联贷款原则》要求跟踪考察贷款使用后的经济效果是否达到预先设定的可持续发展绩效目标，强调考察资金使用的结果。

在如何确保金融资源流向绿色经济活动的问题上，规则制定者首先从绿色金融的业务过程出发，制定了一系列的程序性制度安排。例如，赤道原则已成为金融机构识别、评估和管理项目融资中社会和环境风险时，自愿遵守的企业贷款标准和可持续项目融资黄金标准。2020 年 7 月，第四版赤道原则进一步扩大了审查项目范围、新增与国际减排目标相适应的内容、重视气候变化和温室气体排放披露和提升环境社会风险管理等方面。

又如，联合国环境规划署金融行动机构（UNEP FI）对绿色信贷产品进行了分类，根据资金用途将其划分为项目融资、绿色信用卡、运输贷款、汽车贷款等七大类。2018 年，贷款市场协会和亚太贷款市场协会联合发布《绿色贷款原则》，为金融机构绿色信贷业务提供了高标准的指导框架；2019 年，贷款市场协会、亚太贷款市场协会和银团与交易协会又联合发布《可持续发展关联贷款原则》，为可持续发展贷款市场提供统一评价框架，对绿色贷款资金使用、项目评估和筛选、资金管理、信息披露及可持续发展关联贷款的借款人整体企业社会责任战略关系、目标设定、信息披露、审核做出具体指引。

在中国，银监会在 2012 年发布了《绿色信贷指引》，要求银行业金融机构有效控制环境和社会风险。银行业金融机构应重点关注其客户及其重要关联方在建设、生产、经营活动中可能给环境和社会带来的危害及相关风险。这项监管要求对绿色信贷的全过程提出了原则性要求，包括加强绿色信贷的组织管理、制度及能力建设、授信管理、内控管理与信息披露。银监会于 2013 年 7 月基于《关于报送绿色信贷统计表的通知》，要求银行报送两类企业或项目的贷款情况：一是环境、安全等重大风险企业信贷，主要用于避免或减少因生产过程带来的环境污染，二是节能环保项目及服务贷款，主要用于支持开展节能减排、清洁生产、环境治理等方面的项目和服务。2013 年后，银监会根据其制定的绿色信贷统计制度，开始以半年为频率统计主要银行的绿色信贷业务规模；2018 年以后，人民银行按照其绿色贷款专项统计制度，记录整理绿色信贷余额的季度数据，银保监会口径数据则不再公布。从 2018 年底的数据来看，人民银行口径略小于银保监会口径，但两者差别不大。

2018 年 1 月，人民银行《关于建立绿色贷款专项统计制度的通知》规定金融机构报送绿色信贷专项统计数据。文件明确了需报送金融机构的范围、管理引导条件，并制定了从用途、行业、质量维度进行绿色贷款专项统计的指标。2019 年 12 月，人民银行对其进行了修订，扩大了绿色贷款的统计范围，并对贷款用途和行业进行了微调。

世界银行（2007 年）首次将绿色债券定义为专门为支持气候相关或环境项目而发行的债务工具。绿色债券除一般性的期限、息票率、价格、信用质量等财务特征外，最特殊的特征即为所支持项目的环境目标。在全球范围内，最广为接受的标准是主要市场参与者在国际资本市场协会（ICMA）① 协调下制定的《绿色债券原则》（Green Bond Principle，GBP）和气候债券倡议组织（Climate Bonds Initiative，CBI）制定的《气候债券标准》（CBS），欧盟委员会技术专家组也发布相关标准。《绿色债券原则》和《气候债券标准》均为自愿性准则，是由市场主体自发形成的指导方针，投资者的责任投资意识是国际标准推行的重要力量。

---

① 国际资本市场协会成立于 1969 年，总部设在苏黎世，成员包括全球投资银行、商业和地区银行、经纪商、私人银行、机构资产管理公司、养老基金、中央银行、主权财富基金等，现有机构会员 470 多家，分布于全球 56 个国家。

《绿色债券原则》将绿色债券的资金用途从应对气候变化和防治污染领域，扩展到自然资源保护和生物多样性保护，明确了绿色债券项目的十大领域①，并从募集资金用途、项目评估和筛选流程、募集资金管理、信息披露四个方面为发行人提供指引。在此基础上，2017 年 6 月，国际资本市场协会发布《社会债券原则》和《可持续发展债券指引》，成为全球首个社会债券和可持续发展债券标准。

从上述实践可以看出，对金融业务流程实施特殊的管理，有助于确保金融活动的绿色。从这个角度看，绿色金融标准可采取较为宽泛的定义，即充分考虑气候、环境因素的金融活动。

不可否认，这些过程性管理要求需要适应复杂多变的金融场景，对金融机构的能力要求较高；为防止"洗绿"等现象，还需要较高的监管成本；即使一定程度落实了过程性要求，融资产生的环境气候效应的度量也存在困难和不确定性。

因此，另一种思路是寻求更简单、更易识别的绿色指标来"标记"金融活动。这就是结果导向的分类技术标准：既包括经国际、国内各类标准化技术管理部门立项、批复、实施的专业技术标准，又包括各国政府部门和行业组织制定、发布的指导性、规范性、强制性要求。只要融资支持的经济活动符合这些技术标准和强制要求，就可以认定这些融资活动是"绿色"的。

例如，2012 年，气候债券倡议组织开发的《气候债券标准》将绿色可持续项目划分为八类，涵盖能源、建筑、工业、废物和污染控制、交通、信息技术、农林和气候适应等领域。这种方式以"白名单"的形式，逐项明示了经济活动纳入绿色金融支持范畴的判断标准，简便

①　十大领域包括开发可再生能源；提高能源利用效率；污染防治；生物资源和土地资源的环境可持续管理；陆地与水域生态多样性保护；清洁交通；可持续水资源与废水管理；气候变化适应；生态效益性和循环经济产品、生产技术及流程；绿色建筑。

明了，不易产生"洗绿"现象。2015 年 12 月，中国人民银行发布第 39 号公告，鼓励金融机构发行绿色金融债券。绿色金融债募集资金必须投向《绿色债券支持项目目录（2015 年版）》界定的绿色项目，包括节能、污染防治、资源节约与循环利用、清洁交通、清洁能源、生态保护和适应气候变化六大领域。此后，证监会、上海证券交易所、深圳证券交易所、银行间市场交易商协会分别就绿色债券的发行工作颁布了指引，均引用这一目录。《韩国型绿色分类体系指南》（K – Tax-onomy），明确了绿色经济活动的分类原则及标准。印度尼西亚、斯里兰卡、蒙古国等新兴经济体也参照已有分类目录发布了各自的绿色金融分类目录。

当然，这两种标准制定思路并不矛盾，实践中完全可以叠加，加强绿色识别能力，当然识别成本和难度也会随之提高。例如，气候债券倡议组织《气候债券标准》原采取分类法，在多次修改中充分吸收国际资本市场协会的《绿色债券原则》的过程导向特点，不仅框架结构上渐趋一致，且均将募集资金用途、项目评估与遴选流程、募集资金管理、报告纳入重点关注。《气候债券标准》要求绿色债券募集资金用于应对气候变化，并提供了具体的可实施的指导方针和认证监督程序。围绕募集资金用途、收益管理、信息披露等为发行人提供了详细的标准和要求。《气候债券标准》区分绿色等级，鼓励在发行债券前后对债券是否"绿色"做出认证。为此，《气候债券标准》规定了第三方认证的流程，开发了明确八大绿色项目分类①及其进一步细分行业与具体评估认证的技术标准。

中国绿色金融标准建设的进展

尽可能兼顾过程导向与结果导向，成为国际绿色金融标准趋向一

---

① 八大绿色项目分类包括能源、建筑、工业、废物和污染控制、交通、信息技术、农林和气候适应。

致的一个标志。中国在制定绿色金融标准体系时，也综合采取了上述两种思路。人民银行、国家发展改革委、证监会、交易商协会等部门陆续发布多项文件和规范，对绿色债券发行、评估认证、存续期信息披露、募集资金用途等标准予以明确。特别是，2022年7月绿色债券标准委员会发布《中国绿色债券原则》，在界定范围、募集资金用途、项目评估与遴选、募集资金管理和存续期信息披露等核心要素方面。

目前，中国绿色金融标准体系的框架结构涵盖绿色金融通用基础标准、绿色金融产品服务标准、绿色信用评级评估标准、绿色金融信息披露标准、绿色金融统计与共享标准和绿色金融风险管理与保障标准等六大类一级标准，以及34个二级标准。近年来，按照"国内统一、国际接轨"的原则，不断强化中国绿色金融标准体系建设，标准体系很好地满足了国内绿色金融业务发展的内在要求，实现了由两级体系逐步向三级体系完善。图4-1列示了中国绿色金融标准体系的构成。

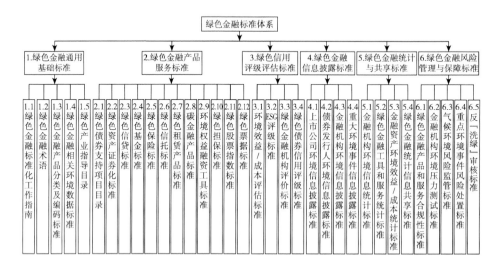

图4-1 中国绿色金融标准体系图

在已正式发布实施的多项标准和规范中，《环境权益融资工具》

《绿色金融术语》《碳金融产品》对概念、术语的共识，《绿色债券支持项目目录（2021 年版）》以及有关绿色信贷、绿色保险的统计制度是分类法标准，《金融机构环境信息披露指南》《绿色债券存续期信息披露指南》《绿色债券信用评级指引》《中国绿色债券原则》是过程导向的绿色标准。此外，《绿色私募股权投资基金投资运作指南》《上市公司环境信息披露指南》《绿色票据识别标准》《绿色债券环境效益信息披露指标体系》等多项过程导向的行业标准研制取得积极进展。

按照"双碳"目标要求，国家发展改革委等 11 个部委印发《碳达峰碳中和标准体系建设指南》，提出加强制修订绿色金融基础通用标准和金融产品服务标准，相关部门和单位还在积极开发和试用《金融机构碳核算技术指南》《金融业务碳核算技术指南》以及转型金融相关标准。在顶层设计的引导下，各地还出台了多个转型金融相关标准和激励措施。2023 年，重庆、浙江湖州、天津、上海、河北等五地陆续出台地方转型金融目录或标准。重庆发布《金融支持重庆工业绿色发展十条措施》，北京印发《关于印发北京地区银行业保险业绿色金融体制机制建设指引（试行）的通知》，江苏发布金融支持制造业绿色转型发展行动方案，宁夏出台 15 项绿色金融举措支持生态文明建设，深圳发布首个绿色金融领域地方标准——《金融机构绿色投融资环境效益信息披露指标要求》。

中国标准充分发挥了绿色分类法的优势

用分类法（green taxonomy）制定绿色金融标准，逐项识别绿色经济活动，其第一大优势也是最显著的优势是易于理解和操作。由政府机构、金融自律组织或专业机构开发，权威性强，可以在短期内帮助金融机构以较低成本获得绿色识别能力。相对而言，制定并依据若干"原则"来实施过程管理，帮助金融机构发现、识别和实施绿色项目，需要借助第三方机构认证等模式提升识别结果的公信力。

中国绿色金融分类目录是典型的"白名单"模式。2015 年，中国在全球率先尝试开发了《绿色债券支持项目目录》，明确了相关行业绿色产业项目（即绿色经济活动）具体界定标准，产生显著效果。

中国经验的成功，在国际层面促进了绿色金融基础规则及标准的发展和完善。欧盟随后启动了标准研究工作，并于 2020 年 3 月发布了可持续金融《技术报告》《分类报告：技术附件》《适用性指南：欧盟绿色债券标准》，成为继中国之后建立系统化绿色金融基础标准的经济体。其中，《分类报告：技术附件》明确了欧盟绿色经济活动分类及其筛选标准，以及各类绿色经济活动的减排或适应原理，是欧盟识别绿色经济活动的法定标准。

基于经济部门发布的绿色产业和绿色项目标准（如国家发展改革委发布了《绿色产业指导目录（2019 年版）》），中国人民银行和原银保监会分别制定发布了绿色贷款绿色融资的统计制度，经过 6 年的实践，中国人民银行在 2021 年又升级了《绿色债券支持项目目录》。为方便金融市场的参与者使用，《绿色债券支持项目目录（2021 年版）》直接引用了大量产业管理部门和行业组织已经成功制定和实施的绿色标准，并对每个四级分类所包含的项目范围进行解释，对各个项目标准设置了技术筛选标准和详细说明，不少项目还提供了推荐性国家标准（GB/T）。仅从篇幅看，2015 年的项目目录总共只有 3700 多字，到 2021 年这一目录扩展到约 2 万字，为金融行业提供了高密度的绿色产业知识。举例来看，在光伏设施建设和运营部分，目录结合技术和产业进展，明确提出"多晶硅电池和单晶硅电池的最低光电转换效率分别不低于 19% 和 21%"等具体要求。

金融机构在其投融资管理流程中嵌入这些产业技术标准，就可以很快具备各个行业"垂类"绿色知识和识别能力。可见，分类法的第二大优势，也是一个隐藏的优势是可以"倒逼"产业部门提供"垂类"的绿色知识和绿色标准。

　　分类法的第三大优势在中国的实践中也表现得淋漓尽致：通过列明和删减相关产业项目，更加精准有效地服务于新时期绿色产业发展和生态文明建设的战略目标。2021 年目录直接以绿色发展目标和重点行动直接反映为节能环保产业、清洁生产产业、清洁能源产业、生态环境产业、基础设施绿色升级、绿色服务 6 个大一级分类，2015 年目录从 38 项三级分类增加为 200 余项四级分类，新增了绿色服务、绿色装备制造①、核电②、产业园区绿色升级、二氧化碳捕集、利用与封存等项目；删除了多项与化石能源直接相关的三级目录项目③。这些变动不少是经过反复论证、说服、协调的重大突破，扫除了长期以来提升国内外绿色债券标准一致性的主要技术障碍。其重大意义首先在于展示了中国愿与国际社会携手推动绿色发展、应对气候变化的态度。2021 年版目录从起草、征求意见到正式发布，有大量境外专业机构和媒体"点赞"。同时，也提振了国际投资者对中国绿色债券的信心，提升他们购买中国绿色债券的意愿，对发行人也是利好的，也符合中国金融市场双向开放的政策方向。

　　欧盟制定《分类报告》时也选择性纳入了对环境目标有重要影响的行业。如制造业分类中的可再生能源装备制造，行业本身虽属于能源净消费行业，但有利于支持能源生产的低碳转型，因而纳入分类。

　　2021 年版目录采纳国际通行的"无重大损害"原则，要求符合其他有关质量、安全、技术、环境等国家标准和行业标准，使绿色约束

---

①　包括高效节能装备制造（1.1.1）、先进环保装备制造（1.3.1）、资源循环利用装备制造（1.5.1）、绿色船舶制造（1.6.1）、新能源与清洁能源装备制造（3.2.1）等。

②　包括核电装备制造（3.2.1.5）、核电站建设和运营（3.2.2.5）。

③　包括清洁燃油生产（3.3.1）、煤炭清洁生产（3.3.3）、燃煤电厂超低排放改造（2.3.2）、非常规油气勘查开采装备制造（3.1.6）、海洋油气开采装备制造（3.1.7）、煤层气（煤矿瓦斯）抽采利用设施建设和运营（3.2.6）、燃煤发电机组调峰灵活性改造工程和运营（3.4.4）、采煤沉陷区综合治理（4.3.11），还进一步剔除了"油母页岩、油砂等低品位能源矿产或能源伴生矿产资源开发和综合利用"。

更加严格。如可再生能源设施建设与运营（3.2.2）涉及的几类新能源设施的具体说明和限定条件中，都明确了水力发电设施、核电站、海洋能利用等项目的要求为"对生态环境无重大影响前提下""在保障环境安全前提下""对海洋生态和生物多样性不造成严重损害的前提下"。对绿色债券第三方专家的评估认证能力提出了更高要求，促进中国绿债市场与国际接轨、实现国内融合，推动中国绿债市场的新一轮增长，对早日实现碳达峰、碳中和目标有重大意义。2021 年版目录在说明和限定条件中，增加了更多关于生物多样性保护和温室气体减排的限定条件，如河湖与湿地保护恢复（4.2.1.6）中，强调了对湿地"原生"生态系统保护和"生物多样性恢复"；绿色咨询技术服务（6.1.1）中，增加了温室气体减排的项目设计和技术咨询、尽职调查等内容。

欧盟可持续金融《适用性指南：欧盟绿色债券标准》主要阐述了绿色债券的定义，程序规则、合格项目的评估筛选规则、绿色债券框架设计、第三方鉴证等，是指导以欧盟绿色经济活动为标的资产的绿色债券发行活动的重要文件。

《技术报告》明确绿色经济活动（项目）评估、识别遵循六个环境目标标尺，包括气候变化减缓、气候适应、海洋与水资源的可持续利用和保护、向循环经济的转型和污染防控，以及生物多样性和生态系统保护、恢复。其中，气候变化减缓和气候适应是核心环境目标。绿色经济活动评估、识别同时坚持"无重大损害"原则，即一项经济活动在对某一特定环境目标产生显著贡献的同时，对其他环境目标无重大危害性。

需要修补绿色分类法的缺陷

绿色分类法的缺点和优点一样突出，实践中需要设法克服。首先，由于各经济体的绿色项目分类方式和技术标准不尽相同，有的还自带主权属性，很容易造成绿色金融市场的分割，降低金融市场效率。因此，各方在使用分类法开发绿色金融标准的同时，也追求分类目录的尽可能统一。《绿色债券支持项目目录（2021 年版）》就从国内国际两个方面推动标准统一：在国内，由当时中国债券市场的三个监管机构（中国人民银行、国家发展改革委、证监会）共同制定，对绿色债券支持领域、范围乃至项目进行科学统一界定。在国际，目录结构在继续使用国内习惯的 6 大一级分类①基础上，从二、三级目录与欧盟目录对接，便利了市场主体跨境使用。《欧盟可持续金融分类法》则是由欧盟正式立法，将 67 项经济活动的技术标准明确为欧盟各国共同遵守的标准。可持续金融国际平台（IPSF）基于上述中欧绿色金融分类标准，通过寻找"并集"的方式，形成并发布了《可持续金融共同分类目录》，实现了中欧绿色/可持续分类标准兼容和市场互联互通。墨西哥、英国、格鲁吉亚、南非和孟加拉国等国直接以欧盟的分类方案为基础开发自己的分类法，也是一种确保本土适用和全球兼容的路径②。

其次，绿色技术标准是动态发展的，分类目录若要随之调整，则需要付出较高的成本，否则将牺牲标准的使用效率和公信力。对绿色项目和绿色技术进行目录式管理，如果不能准确、明晰和及时地划分绿色和非绿经济金融活动，就很难为相关金融活动提供高质量的标准支撑。

再次，基于分类法的绿色金融信息披露要求一般仅覆盖"绿色"部分，对"非绿"部门的金融活动往往不作要求，不利于逐步加大对非绿金融活动的约束，反而加剧"碳锁定"现象。当前看，中国信贷总量的约 10% 和债券总量的不到 2% 被识别为绿色金融，其他金融活动究竟是因为识别成本高（如中小企业融资）、还是因为不能达到绿色标准，甚至根本没参与识别，尚不得而知。这样，金融机构难以对其全

---

① 即分为节能环保产业、清洁生产产业、清洁能源产业、生态环境产业、基础设施绿色升级、绿色服务。

② NATIXIS. 2021. The new Geography of Taxonomies, A Global Standard – setting Race. https：//gsh. cib. natixis. com/api – website – feature/files/download/12087/the _ new _ geography _ of _ taxonomies _ final _ version _ november _ 2021 _ natixis _ gsh. pdf.

部金融资产进行环境（碳）核算，也就无法进行准确、全面的环境风险定价。

最后，绿色分类法主要用于判断某项具体经济活动是否符合绿色标准，本身不覆盖资金使用管理、信息披露、监督等环节。因此，最令人担心的是仅依靠这种人为划线定性的方式容易引发"洗绿"风险。一般而言，环境效益好的项目，往往具有投资回报较低或投资回收期较长等特征。如果在难以准确定量识别绿色项目的环境效益情况下，给予经济补偿或其他激励，绿色投资者出于财务考虑倾向于选择环境效益刚好符合绿色项目要求的"浅绿"项目。当外部激励加大到一定程度，投资者还可能进一步降低对项目环境效益的要求，造成洗绿风险。

当然，反对这一担心的人可能提出，正是允许投资者自愿选择"深绿"或"浅绿"，并不"歧视""浅绿"项目，所以才保证了项目评估依照市场化原则进行，避免了大量项目在财务上的失败。而且大部分绿色投融资活动中都安排了认证、评估等环节，能够在一定程度上解决分类法的上述问题。

分级评估和主体评估是更高水平的绿色评估

与扶贫、普惠等主题债券的发行不同，绿色债券专业性更强，需要由专业环境评估和第三方认证机构来判断项目是否符合绿色标准，评估项目的环境效益，并提供第三方认证；根据市场需要，出具"第二意见"，以适当方式向公众、监管部门或投资者披露绿色债券募集资金的投向，增强绿色债券信息披露的透明性。绿色债券发行后，评估机构和发行中介机构将持续提供对资金用途和环境气候效益的监督报告和评估，帮助公众、监管机构和投资者评价发行主体和债券所投资项目的环境表现。

在实践中，经济活动的环境气候效益具有复杂的表现形式和度量方法，不会是"非黑即白"。因此，在绿色融资活动中，一些评级机构探索参考信用评级的方式对发行人进行绿色评级。

《绿色债券原则》是一种自愿性的评级流程指引，主要内容涵盖募集资金用途、项目评估与遴选流程、募集资金管理、信息披露等，给出了债券具备绿色属性并确保真实性所应满足的基本要求。这一原则强调发行人在筹备绿色债券发行时可借鉴多种外部意见，既可以评估绿色债券框架中的个别方面，也可全面评估与《绿色债券原则》四大核心要素的符合情况，但无强制要求。绿色债券评分评级是按这一原则进行评估认证4种方式之一（其他三种方式分别为验证、第二方意见咨询评估和第三方认证）。

评级机构穆迪的绿色债券评估方法以从GB1（优）到GB5（差）的5级表示综合等级，评估（及其权重）为职能组织（15%）、募集资金用途（40%）、募集资金使用披露（10%）、募集资金管理（15%）和持续报告与披露（20%）共5大因素（见表4-3、表4-4）。

表4-3　　　　　　　　　　穆迪的符号意义和评分区间

等级	评分区间	详情	定义
GB1	≤1.5	优	绿色债券发行人在管理、支配及配置募集资金，以及绿色债券发行募集资金用以支持的环境项目的报告情况等方面所采用的方法出色，实现既定环境目标的前景极佳
GB2	1.5~2.5	很好	绿色债券发行人在管理、支配及配置募集资金，以及绿色债券发行募集资金用以支持的环境项目的报告情况等方面所采用的方法很好，实现既定环境目标的前景很好
GB3	2.5~3.5	好	绿色债券发行人在管理、支配及配置募集资金，以及绿色债券发行募集资金用以支持的环境项目的报告情况等方面所采用的方法较好，实现既定环境目标的前景较好
GB4	3.5~4.5	一般	绿色债券发行人在管理、支配及配置募集资金，以及绿色债券发行募集资金用以支持的环境项目的报告情况等方面所采用的方法一般，实现既定环境目标的前景一般
GB5	>4.5	差	绿色债券发行人在管理、支配及配置募集资金，以及绿色债券发行募集资金用以支持的环境项目的报告情况等方面所采用的方法较差，实现既定环境目标的前景较差

资料来源：穆迪，中金公司研究部。

表 4 - 4   穆迪的评级体系

因素	子因素	评分
职能组织 （15%）	（1）环境治理与组织结构表现出有效性。 （2）实现严格审核和决策流程的政策与程序。 （3）合格且经验丰富的人员和/或依赖合格的第三方。 （4）包括可衡量的环境影响结果在内的明确、全面的投资筛选标准。 （5）符合项目特征且可用于决策参考的外部评估	满足任意 1 个子因素得 1 分，满足所有 5 个子因素得分为 1，满足任意 4 个子因素得分为 2，依此类推
募集资金用途 （40%）	（1）≥95%～100%的募集资金需配置于符合发行人所采用的政策、绿色债券原则定义的绿色债券类别，以及界定合格项目的一个或多个文件和得到广泛认可的绿色债券框架或分类法（包括任何适用的监管指引）的合格项目。	1
	（2）90%～<95%的募集资金需配置于符合发行人所采用的政策、绿色债券原则定义的绿色债券类别，以及界定合格项目的一个或多个文件和得到广泛认可的绿色债券框架或分类法（包括任何适用的监管指引）的合格项目。	2
	（3）80%～<90%的募集资金需配置于符合发行人所采用的政策、绿色债券原则定义的绿色债券类别，以及界定合格项目的一个或多个文件和得到广泛认可的绿色债券框架或分类法（包括任何适用的监管指引）的合格项目。	3
	（4）50%～<80%的募集资金需配置于符合发行人所采用的政策、绿色债券原则定义的绿色债券类别，以及界定合格项目的一个或多个文件和得到广泛认可的绿色债券框架或分类法（包括任何适用的监管指引）的合格项目。	4
	（5）<50%的募集资金需配置于符合发行人所采用的政策、绿色债券原则定义的绿色债券类别，以及界定合格项目的一个或多个文件和得到广泛认可的绿色债券框架或分类法（包括任何适用的监管指引）的合格项目	5
募集资金使用披露 （10%）	（1）绿色项目的介绍，包括实际和/或意向的投资组合说明。 （2）具备完成项目所需的充足资金和/或适当策略。 （3）环境结果目标的定量和/或定性说明。 （4）对比表现与环境结果目标的定量和定性方法以及标准。 （5）发行人依赖外部保证：第二方审核、审计和/或第三方认证	满足任意 1 个子因素得 1 分，满足所有 5 个子因素得分为 1，满足任意 4 个子因素得分为 2，依此类推

续表

因素	子因素	评分
募集资金管理（15%）	（1）债券募集资金按会计基础或专款专用的办法进行隔离并单独跟踪。 （2）根据环境种类和项目类型对募集资金运用进行跟踪。 （3）在根据实际资金配置对原定计划投资进行调节方面有着完善的程序。 （4）现金余额投资有明确的资格规定。 （5）由外部组织或独立内部审计部门进行审计	满足任意1个子因素得1分，满足所有5个子因素得分为1，满足任意4个子因素得分为2，依此类推
持续报告与披露（20%）	（1）发行后的报告与信息披露提供/将提供有关项目状况的详细、及时的更新。 （2）债券存续期内预计会持续提交年度报告。 （3）信息披露提供关于投资性质以及预期环境影响的详细情况。 （4）报告提供/将提供迄今实际实现的环境影响的定量和/或定性评估。 （5）报告涵盖/将涵盖已实现的环境影响与债券发行时的预期相比较的定量和/或定性说明	满足任意1个子因素得1分，满足所有5个子因素得分为1，满足任意4个子因素得分为2，依此类推

　　另一个典型的分级模式是对融资的绿色程度进行更粗略的评估。国际气候研究中心（CICERO）在其气候研究基础上，对绿色债券框架和发行人的内部治理程序进行独立的第二方评估。该研究中心将绿色债券等级评估结果分为浅绿、中绿和深绿三个等级。"浅绿"级别被定义为气候友好的项目和解决方案，主要指能够在短期内实现温室气体减排，但仍面临气候风险。例如，在没有清洁替代品的情况下，对航运技术进行效率投资。"中绿"级别被定义为有长期目标但尚未完全实现的项目和解决方案。锁定长期排放的化石燃料技术不具备融资资格。例如插电式混合动力公交车。"深绿"被定义为与低碳和气候适应性未来的长期愿景相对应的项目和解决方案。如风能项目。

　　根据2021年3月生效的欧盟《可持续金融披露条例》（SFDR），全球资管机构若在欧盟销售基金产品，需要根据其产品的特征或目标归类于符合《可持续金融披露条例》"第6条"、"第8条"或"第9条"的基金。所谓"第6条"、"第8条"和"第9条"基金，又被称为"灰色（grey）基金"、"浅绿（light green）基金"和"深绿（dark green）基金"，分别对应"不以可持续投资为目标"、"具有 ESG 特征但不以可持续投资为核心目标"和"以可持续投资为核心目标"的基金。值得关注的是，在 SFDR 监管技术标准（RTS）更高要求正式生效（2023 年 1 月 1 日）后，资管机构通过对基金归类主动进行审查，大量产品从"第 9 条"基金降级为"第 8 条"基金。2022 年 11 月，欧洲证券和市场管理局（ESMA）发布关于基金命名规则，要求使用"ESG"和"可持续发展"相关词语的基金，至少应有 80% 的资产具有环境/社会特征，或者投资于 SFDR 定义的"可持续资产"。

目前绿色债券评级/认定活动大多数是对债券项目进行认定，即主要看债券募集资金投向以及后续管理、信息披露等。市场迫切需要建立对合格绿色机构进行认证的机制。例如，在绿色票据或小微企业绿色贷款认定的实践中，各方反映若能先认定绿色主体，在此基础上间接认定其签发票据或获得贷款的绿色属性，将极大减少认证和监督成本。但是考虑到既缺乏权威的绿色主体认定标准，又面临名单管理的时效性问题，难以真正降低绿色认证成本和风险，易产生"洗绿"风险，暂时还不适宜小微企业融资活动。

ESG 能否衡量金融投资的社会责任

随着人类社会发展，投资者不仅需要关注市场的财务回报，还必须回答其投资在气候变化、环境污染、生物多样性、用户隐私保护、供应链安全稳定等领域的直接或潜在的影响。全球范围内，联合国提出可持续发展目标，并将其作为所有人实现更美好和更可持续未来的蓝图。环境（Environmental）、社会（Social）以及治理（Governance）是对投资需要关注的上述诸多问题的一种总结。2004 年，ESG 投资的概念首次提出于联合国全球契约组织（UN Global Compact）发布的《在乎者即赢家：连接金融市场与变化中的世界》（*Who Care Wins—*

Connecting Financial Markets to a Changing World）这一报告中，提倡在金融市场研究、分析和投资关注环境、社会、治理问题①。

ESG 投资旨在将企业在环境保护、社会责任以及公司治理三个非财务指标方面的表现纳入投资决策之中。但是，正是由于这一概念具有广泛的包容性，全球市场对此的理解和使用也存在广泛差异并还在继续扩展，如出现了"可持续投资"或"负责任投资"、"社会责任投资"等更具包容性的概念。

2006 年，联合国环境规划署金融倡议组织（UNEP FI）和联合国全球契约组织这两个致力于全球可持续发展的机构联合创办联合国责任投资原则组织（UN PRI）。而后，联合国责任投资原则组织发布了负责任投资六项原则（见表 4 – 5），最早明确提出了与 ESG 挂钩的负责任投资理念，为将 ESG 问题纳入投资实践提供了标准化框架与可能的行动方案②，吸引了全球众多机构签署并遵循其理念进行 ESG 投资。

表 4 – 5　　　　　　　　　　负责任投资六项原则及承诺

原则 1	将 ESG 问题纳入投资分析和决策过程
原则 2	成为积极的所有者，将 ESG 问题纳入所有权政策和实践
原则 3	寻求被投资实体对 ESG 相关问题进行合理披露
原则 4	推动投资业广泛采纳并贯彻落实负责任投资原则
原则 5	齐心协力提高负责任投资原则的实施效果
原则 6	报告负责任投资原则的实施情况和进展

资料来源：UN PRI。

借助定量、定性的分析工具，可以对 ESG 投资活动及其管理人的投资理念、投资流程进行分析评价。如联合国责任投资原则组织就提

① 联合国全球契约组织. Who Cares Wins—Connecting Financial Markets to a Changing World［M］. 2004.

② 联合国责任投资原则组织. About the PRI［EB/OL］. 2024 – 09 – 28. https：//www. un-pri. org/about – us/about – the – pri.

供丰富的指引和具体的技术指南，帮助投资者能够更系统化地评价基金管理人的 ESG 投资能力，包括 ESG 管理体系的成熟度、ESG 因素的整合能力及其投后尽责管理能力。该组织开发的 ESG 投资工具集，可以分别对覆盖了股票（上市股权）、私募类以及固定收益类资产的管理人进行识别和评价。还包括其开发的量化打分卡模板，可以针对投资机构的 ESG 投资政策、尽责管理以及资产管理绩效进行量化评估。

自 2012 年度报告开始，全球可持续投资联盟（GSIA）将可持续投资策略分类为筛选（Screening）、ESG 整合（ESG integration）、主题投资（Thematic investing）、公司参与和股东行动（Corporate engagement and shareholder action）、影响力/社区投资（Impact/community investing）五大类，其中筛选又包括标准筛选（Norms – based Screening）、负面/剔除筛选（Negative/Exclusionary Screening）和正面/同类最优筛选（Positive/Best in Class Screening）三种①。在最新报告中，GSIA 响应国际证监会组织（IOSCO）提出的统一可持续金融术语和定义的建议，联合 CFA 协会和联合国责任投资原则组织于 2023 年 11 月发布了《指南：负责任投资方法的定义》，重新完善和统一了负责任投资方法的定义与内涵②。

中国证监会在 2022 年 4 月 26 日出台了《关于加快推进公募基金行业高质量发展的意见》，强调了公募基金要践行责任投资理念，总结 ESG 投资规律，积极践行责任投资理念。2023 年 12 月，中国保险行业

---

① 全球可持续投资联盟. 2012 年全球可持续投资回顾［EB/OL］.（2013 – 01）［2024 – 09 – 28］. https：//www. gsi – alliance. org/wp – content/uploads/2023/11/2012 – Global – Sustainable – Investment – Review. pdf；全球可持续投资联盟. 2022 年全球可持续投资回顾［EB/OL］.（2023 – 12）［2024 – 09 – 28］. https：//www. gsi – alliance. org/wp – content/uploads/2023/12/GSIA – Report – 2022. pdf.

② 全球可持续投资联盟. ESG 术语报告［EB/OL］.（2023 – 10）［2024 – 09 – 28］. https：//www. gsi – alliance. org/wp – content/uploads/2023/10/ESG – Terminology – Report _ Online. pdf.

协会发布《保险机构环境、社会和治理信息披露指南》，明确了保险机构的 ESG 信息披露责任、监管要求和具体标准及路径。但目前中国绿色金融体系中，尚对 ESG 基金没有统一定义，在基金产品名中加入 ESG 关键词并无监管要求。这不仅不利于市场参与者识别、比较和投资 ESG 基金，还存在一定"漂绿"风险。

实践中，市场将相关产品归为泛 ESG 基金与纯 ESG 基金两类。前者也被称为广义 ESG 基金，即没有严格采用完整的 ESG 理念，只需纳入环境、社会和公司治理其中的某一个因素。纯 ESG 基金指投资策略中全面包含环境、社会、公司治理三方面投资理念。目前，在中国 A 股市场，上市公司发布 ESG 报告的比例已达四成：有 2214 家公司披露了 2023 年度 ESG 报告，其中金融行业披露率最高，达到 91.80%（见图 4－2、图 4－3）。

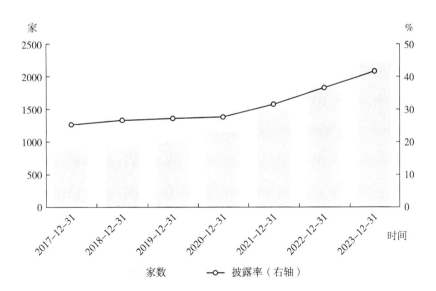

图 4－2 A 股上市公司专门发布 ESG 报告披露数量和披露率

（资料来源：Wind）

根据 Wind 评级结果，A 股公司中 ESG 评级处于领先水平（AA 级及以上）的公司数量为 86 家，占全部 A 股的 1.59%，1557 家上市公

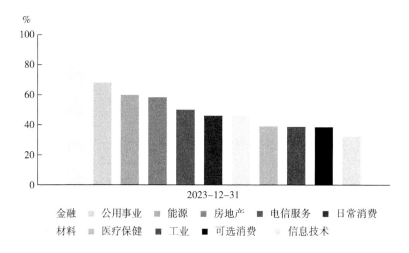

图4-3 A股不同行业上市公司中专门发布ESG报告的比例

（资料来源：Wind）

司处于良好水平（A与BBB级），占比为29.10%，另有69.31%的公司处于待提升阶段（BB级及以下）（见图4-4）。

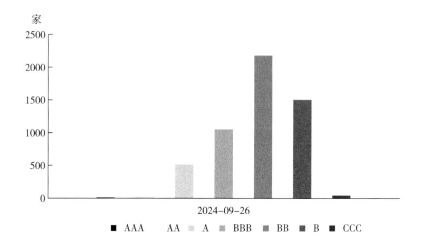

图4-4 A股上市公司Wind ESG评级分布

（资料来源：Wind）

相较于ESG本身的清晰定义，将ESG作为一种考虑因素纳入投资流程而定义的ESG基金产品，其界定方式相对模糊。基金管理与发行人要评价自身的 ESG 产品，一般通过其掌握的丰富信息，从投资目的、投资流程、投资标的等三个角度去动态管理和规范。投资者只能获得 ESG 产品相对有限的信息披露，因而只能被动依赖其他机构的认定与背书。在信息和标准、方法、成本等多重约束下，多数银行、基金、证券、保险公司尚未构建系统性的 ESG 投资风险管理框架和管理机制，难以在风险评估中有效融入 ESG 评价指标。

第五章

绿色金融产品创新的蓬勃生命力

目前，中国已经构建起以绿色贷款和绿色债券为核心，涵盖多种绿色金融工具的多层次市场体系，包括绿色信贷、绿色债券、绿色保险、绿色基金、绿色票据、绿色租赁和绿色信托等。其中，本外币绿色贷款和绿色债券的发行规模与余额均位居全球前列。

绿色金融产品的创新具有深远意义。绿色金融产品是检验绿色金融标准及其识别机制有效性的关键，也是衡量投融资机构"绿色成色"的重要指标。更重要的是，通过机制创新，绿色金融产品能够改变市场主体的行为偏好，进而形成新的市场反馈机制，拓展市场边界。金融科技为拓展交易空间提供了可能，而环境气候法律则为市场主体的行为划定了强制性底线。

全球绿色债券市场的持续创新

绿色债券市场的发展始于 2007 年，当时欧洲投资银行（EIB）面向欧盟 27 个成员国投资者发行了 6 亿欧元的 5 年期气候意识债券（Climate Awareness Bond）。作为世界首单绿色债券，它不仅主要用于可再生能源和能效项目，还创新性地将利率与良好环保领袖欧洲40指数（FTSE4Good 指数）挂钩，提升了全球投资者对气候问题的关注度。此后，欧洲投资银行、国际金融公司和世界银行等开发性金融机构主导绿色债券的发行。自2013年起，全球绿色债券市场进入快速发展期，2014年全球绿色债券发行额达到368亿美元，同比增长近200%。商业银行和非金融企业逐渐成为主要的绿色债券发行机构，越来越多的城市和地方政府也开始通过发行绿色市政债券和地方政府债券来支持城市公共事业和基础设施建设。2016年，波兰发行全球首只绿色主权债券，带动了绿色主权债券的迅速增长。图5-1展示了2007年以来全球绿色债券发行数量。

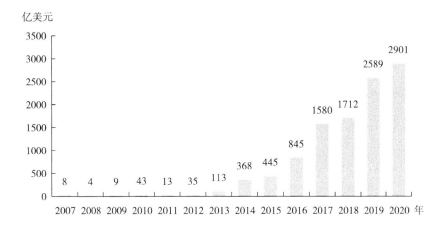

图 5 - 1　2007 年以来全球绿色债券发行数量

（资料来源：Wind）

截至2023年末，全球绿色债券市场规模已达到2.8万亿美元，形成了绿色用途债券、绿色收益债券、绿色项目债券以及绿色证券化债券四类格局。绿色债券的主题越来越多样化，除了传统的可再生能源和绿色建筑项目，还涵盖蓝色经济、转型债券等新兴主题，用途广泛涉及运输、水务、废物处理、土地使用、通讯和制造业等领域。

绿色债券市场的外延也拓展为 GSS + 市场。其中传统绿色债券占比 67.5%，新兴的可持续发展债券（Sustainability Bonds）和可持续发展挂钩债券（SLBs）则主要关注社会效益或结合环境与社会效益。随着投资复杂程度的显著上升，投资者对绿色债券的透明度和信息披露要求不断提高，越来越多的发行人选择进行外部审查，以确保其债券符合绿色债券的原则和标准。同时，对投资者的专业化要求也日益增加，专门投资于绿色债券的基金应运而生。2019 年和 2021 年，国际清算银行（BIS）分别主导成立了美元和欧元绿色债券基金，均由 BIS 资产管理公司管理，投资于高等级（评级不低于 A － 级）的绿色债券。

绿色债券是将环境外部性以投融资产品机制实现内部化的创新。如果债券资金投向具有环境气候正效应的经济活动，投资者愿意接受较低的利息，从而使发行人能够以较低的借贷成本从事绿色经济活动。多项规范的量化研究证明了这一效应的存在。例如，2024 年 5 月发表的一篇论文通过对全球绿色公司债券与传统公司债券的对比发现[1]，绿色公司债券的收益率要低 3 到 8 个基点；而投资人之所以愿意付出这样的代价，回归分析显示 2019 年欧盟对可持续资产管理行业的严监管起到了"加码"作用。

纽约联邦储备银行的 Lee H. Seltzer 等[2]则研究环境表现不佳或碳足迹较高的公司的债务活动，从"反例"证实了上述双层机制的有效性。研究发现，第三方评级机构（Sustainalytics）的环境评分和 CDP（Carbon Disclosure Project）提供的碳排放数据表现越差的公司，往往具有较低的信用评级和较高的收益率。为证实环境效应的存在，研究运用双

---

[1] John Caramichael，Andreas C. Rapp，The green corporate bond issuance premium，Journal of Banking & Finance，Volume 162，May 2024，107126.

[2] Lee Seltzer，Laura T. Starks，and Qifei Zhu，Climate Regulatory Risks and Corporate Bonds，Staff Reports Number 1014，April 2022 Revised January 2024.

重差分法比较《巴黎协定》前后环境表现行为欠佳的公司与其他公司债券的变化。《巴黎协定》签署后，这些原先环境行为表现不佳的公司发布的债券信用评级下降以及收益率差价上升都更为显著。为发现监管的放大作用，运用三重差分法检验发现，在环境监管强度大的州，《巴黎协定》签署后，其环境行为表现欠佳的企业债券评级更低、收益率更高。

值得注意的是，这一项研究还对 2016 年美国总统大选（共和党上台、美国退出《巴黎协定》）的影响进行了回归分析，发现环境行为表现较差的公司发布的债券在 2016 年美国总统大选之后确实出现信用评级回升、收益率下降的现象。不同类型机构投资者对《巴黎协定》的反应也不同：保险公司的投资期限较长，在《巴黎协定》签署后减少了对环境行为表现较差公司所发债券的持有量；共同基金的投资期限较短，在《巴黎协定》签署后维持或增加了对环境行为表现较差公司所发债券的持有量。

中国绿色债券市场发展后来居上

欧洲、美国和中国为主要发行绿色债券的区域和国家。其中欧洲的绿色债券存量最大，占全球的 53%，亚太地区和拉美地区的绿色债券发行增长最快。由于全球没有统一的绿色债券标准，不同统计渠道对各国的绿色债券发行、交易、存续情况的结果差异较大。按气候债券倡议组织口径统计，2023 年中国绿色债券的发行额达到了 835 亿美元，位居世界第一，德国和美国分别以 675 亿美元和 599 亿美元排名第二和第三；中国债券登记机构统计，经认证的绿色债券年度发行额达到了 8448 亿元人民币，即"贴标绿"债券；还有大量投向绿色项目且符合国内外相关绿色目录标准的非贴标绿色债券，即"投向绿"债券，其中未经认证的绿色债券发行规模为 8307 亿元（见表 5–1）。仅按"贴标绿"计算，绿色债券余额已达全部债券的 2%。

表 5-1　　　　　2023 年"投向绿"债券和贴标绿债发行规模统计　　　单位：亿元

债券分类	"投向绿"债券	贴标绿债	非贴标绿债
地方政府债	3536.57	0	3536.57
定向工具	16.40	16.40	0
短期融资券	2623.42	332.82	2290.60
公司债	1255.02	694.02	561.00
金融债	4058.00	4058.00	0
企业债	256.15	95.45	160.70
政府支持机构债	400.00	0	400.00
中期票据	2213.88	855.79	1358.09
ABS	2395.09	2395.09	0
总计	16754.53	8447.57	8306.96

注：私募产品没有公开披露相关信息，无法判断资金是否投向绿色产业，因此非贴标绿债中不含私募产品；表中总计数据依据原始数据计算，与经四舍五入的数据合计值略有出入。

资料来源：中国绿色债券环境效益信息数据库。

在政策的支持和市场各方的共同推动下，2023 年中国绿债市场不断创新发行方式和产品类型，市场参与主体更加多元，各种创新产品成功落地，有效扩大了绿色产业的支持范围。2023 年公开发行的贴标绿债的募投项目主要集中于清洁能源产业、基础设施绿色升级、节能环保产业领域。假设贴标绿债中未披露环境效益信息债券的平均单位资金环境效益与已披露债券一致做估算，2023 年公开发行的贴标绿债资金预计每年可支持减排二氧化碳约 3940 万吨。

从政策层面来看，多地推出了绿色债券财政补贴等扶持政策。如深圳按照发行规模的 2%，给予单个项目单个企业最高 50 万元的补贴；江苏按照年度实际支付利息的 30% 进行贴息，持续时间 2 年，单只债券每年最高贴息不超过 200 万元。与一般企业债相比较，发行绿色企业债不受发债指标限制，且允许非公开发行；上交所、交易商协会均设立绿色通道，提高发行注册效率。人民银行也加强了对商业银行绿色债券发行、承销和投资活动的考核力度。相关研究表明，绿色债券具有明显的发行溢价，幅度约 20 个基点。

在绿色债券的机制设计下，投资者和监管部门乃至社会公众能够较好地识别其环境气候效益，并因更加符合当前或未来的监管要求兼具政策效益；通过金融市场的机制建设，进一步将上述环境气候效益和政策效益转化为经济效益。

一是服务实体经济绿色发展能力提升。例如，邮储银行发行首单"基础设施绿色升级＋中欧共同分类"专题绿色金融债券，受到国际投资者高度关注。奇瑞徽银汽车金融股份有限公司发行全国首单汽车金融公司绿色金融债券。中国农业发展银行发行支持甘肃地区绿色产业发展主题绿色债券，是首次发行支持省域发展主题的绿色债券。二是跨境发行取得突出成效。中国建设银行境外发行"生物多样性"和"一带一路"双主题绿色债券。中国银行发行全球首批共建"一带一路"主题绿色债券，支持"一带一路"共建国家和地区的合格绿色项目。中国工商银行首次在中国香港、新加坡、卢森堡和迪拜四地发行全球多币种"一带一路"主题境外绿色债券。三是绿色债券作为融资担保品的功能得以加强。中央结算公司创设的"标准化绿色债券担保品管理产品"和"合格担保品范围扩容"服务得到深入应用，荣获第四届"国际金融论坛（IFF）绿色金融创新奖"。截至2023年末，绿色债券担保品池规模近8000亿元。为提高绿色债券二级市场流动性，外汇交易中心支持绿色债券线上发行和承分销，推出绿色回购、绿色篮子债券组合交易，鼓励做市机构开展绿色债券报价，推动设立绿色债券指数基金，构建绿色债券指数体系，联合编制市场首只社会责任债券指数，创新推出碳中和指数互换交易、国开绿色债券标债远期实物交割、ESG外币三方回购业务等，推动绿色债券交易活跃度持续攀升，2023年交易量保持30%以上的高速增长。外汇交易中心等机构共同按照《共同分类目录》标准对银行间市场的绿色债券进行贴标，并于2023年7月公开发布了首批193只符合该标准的存量绿色债券清单，此后每月更新发布清单，规模不断提升，受到了国内外市场高度关注。路透、彭博和万得已专设页面展示这类绿色债券信息，多家境内外资产管理机构开始探索基于这一标准和债券清单及其指数产品发行的资管产品。四是创新完善这一标准和债券环境效益信息披露指标体系和绿色债券数据库。绿色债券数据库作为国际首个绿色债券数据库，实现对境内外人民币绿色债券全覆盖，为市场参与各方提供可量化的数据参考。

金融机构发行的绿色债券是这一市场的"主力"，无论是按照债券类型、发行人类型和资金用途看，以金融机构通过债券募资再投向绿色项目的均达到或超过绿债市场的一半。如金融债发行规模占比为48%，金融行业的发行规模占比为65%。发行规模排名前三的四级行业分别为城乡公共交通系统建设和运营、风力发电设施建设和运营、新能源汽车关键零部件制造和产业化（见表5-2）。绿色债券信用维持在较高水平，反映了发行人和基础资产较为集中在政府和金融相关机构和项目。特别是已有评级的贴标绿债中AAA级占比达94%，可能因信用评级不理想的债项不会再追求"绿色"。

表5-2　　　　　　发行规模排名前十的绿色债券募投分领域

分领域编码	分领域名称	发行规模（亿元）
5.5.1.5	城乡公共交通系统建设和运营	1175
3.2.2.1	风力发电设施建设和运营	889
1.6.1.1	新能源汽车关键零部件制造和产业化	702
3.2.2.2	太阳能利用设施建设和运营	523
3.2.2.4	大型水力发电设施建设和运营	330
5.3.1.1	污水处理、再生利用及污泥处理处置设施建设运营	277
5.2.1.2	绿色建筑	186
3.2.3.5	抽水蓄能电站建设和运营	186
3.2.3.2	高效储能设施建设和运营	140
3.2.3.3	天然气输送储运调峰设施建设和运营	140

资料来源：中国绿色债券环境效益信息数据库。

从2023年绿色债券发行情况来看，其期限分布相对集中在1~5年期，其中3年期债券占比达59%，1年期绿色债券发行规模为14%。

"投向绿"债券中长期占比更高。在"投向绿"债券的发行期限中，3年期债券占比最高（35%），其次是1年期债券和30年期长期限债券，占比分别为21%和10%，整体期限结构相对较长。

根据已披露的绿债环境效益数据估算，2023年公开发行的贴标绿色债券预计每年可支持减排二氧化碳约3940万吨，减排二氧化硫2万吨，减排氮氧化物1万吨，为中国绿色发展起到了良好的支持作用（见表5－3）。

表 5－3　　　　　　　　2023 年中国贴标绿色债券环境效益估算表

披露指标	单位	环境效益披露值	环境效益估算值
替代化石能源量	吨标煤/年	12738672.19	14709783.12
节能量	吨标煤/年	2855514.94	3297361.36
碳减排量	吨二氧化碳当量/年	34115703.93	39394577.29
化学需氧量削减量	吨/年	83328.48	96222.27
氨氮削减量	吨/年	3963.40	4576.68
二氧化硫削减量	吨/年	20201.90	23327.83
氮氧化物削减量	吨/年	10232.94	11816.33
节水量	吨/年	13649509.29	15761558.07
颗粒物减排量	吨/年	1946802.97	2248040.38
水资源循环利用量	立方米/年	95.85	110.68
总氮削减量	吨/年	5078.91	5864.79
总磷削减量	吨/年	731.50	844.69

资料来源：中国绿色债券环境效益信息数据库。

从募投项目所属细分领域来看，产生碳减排效益排名前三的四级行业分别为风力发电设施建设和运营、大型水力发电设施建设和运营、太阳能利用设施建设和运营（见表5－4）；从投资产生环境效益的效率看，平均单位资金碳减排量前三的四级行业分别为充电、换电、加氢和加气设施建设和运营，地热能利用设施建设和运营，城镇集中供热系统清洁化建设运营和改造（见表5－5）。

表5-4　　　　　　　碳减排量排名前十的绿色债券募投分领域

分领域编码	分领域名称	合计碳减排量（万吨/年）
3.2.2.1	风力发电设施建设和运营	1133.54
3.2.2.4	大型水力发电设施建设和运营	557.17
3.2.2.2	太阳能利用设施建设和运营	463.56
3.2.1.2	太阳能发电装备制造	293.18
1.6.1.1	新能源汽车关键零部件制造和产业化	122.02
3.2.2.3	生物质能源利用设施建设和运营	83.87
3.2.3.5	抽水蓄能电站建设和运营	83.66
3.2.2.5	核电站建设和运营	74.66
3.2.3.3	天然气输送储运调峰设施建设和运营	58.97
1.5.3.1	城乡生活垃圾综合利用	45.85

资料来源：中国绿色债券环境效益信息数据库。

表5-5　　　平均单位资金碳减排量排名前十的绿色债券募投分领域

分领域编码	分领域名称	平均单位资金碳减排量（万吨/年）
5.5.4.1	充电、换电、加氢和加气设施建设和运营	101.16
3.2.2.6	地热能利用设施建设和运营	28.06
5.1.1.1	城镇集中供热系统清洁化建设运营和改造	18.62
3.2.1.2	太阳能发电装备制造	15.21
1.6.1.1	新能源汽车关键零部件制造和产业化	9.70
3.2.2.3	生物质能源利用设施建设和运营	6.27
3.2.1.1	风力发电装备制造	4.00
3.2.2.4	大型水力发电设施建设和运营	2.56
3.2.3.3	天然气输送储运调峰设施建设和运营	2.16
3.2.2.8	氢能利用设施建设和运营	2.08

资料来源：中国绿色债券环境效益信息数据库。

推进绿色债券市场建设的建议

绿色债券属于稀缺资产，支持绿色债券发行募集资金投向低碳节能环保领域，既可降低发行人融资成本，又可切实履行社会责任，助力国家早日实现"碳达峰碳中和"目标。因此,未来可以稳步扩大绿色债券发行规模,鼓励金融机构和非金融企业发行绿色债券。

一是鼓励应用金融科技赋能绿色债券市场发展。应用区块链、大数据、遥感监测、人工智能(AI)等方法和工具,对绿色债券的识别、监测、认证活动降本增效,提升数据的真实性。依托绿色债券数据库,提升绿色债券环境效益信息披露的标准化和数字化水平。鼓励绿色债券按照一致标准(如《绿色债券存续期信息披露指南》)和更高频率(季度或半年)、统一的绿色债券数据库集中进行存续期环境效益信息披露,以促进市场专业机构和公众监督。

二是吸取注册制改革的有益经验,提升绿色债券发行效率。对符合信息披露标准的绿色债券,可简化发行程序,实行优质绿色债券发行人直接注册发行。对环境气候效益认证、核查、评级活动给予一定的税收优惠或费用补贴。鼓励发行绿色地方政府专项债。鼓励运用证券化手段,对可穿透底层的绿色 ABS,提升发行规模。做好对非公开发行债券信息披露的监管,持续提升绿色债券信息披露质量,并为存续期环境效益的监测、分析提供便利。在绿色债券的标准认定方面继续深化探索,通过强制力较强的和更完备的信息披露以及更规范的第三方认证机制,建设和完善一个更加规范和透明化的市场,吸引更多的投资者进入市场。

三是发挥金融机构的专业优势和政府信用类发行的评级优势,拉动债券市场发展。帮助绿色科创企业发展壮大。大力发展适合中小微企业的绿色普惠金融债,鼓励银行发行绿色普惠金融债募集低成本专项资金,再以绿色信贷支持绿色项目,以满足中小微企业的绿色融资需求。

四是持续扩大绿色投资者队伍。分类加强和优化对金融机构绿色债券投资业务的考核,将绿色债券环境效益披露广泛应用于各类监管和市场机制对金融机构的绿色金融评估当中。可鼓励企业年金、养老金、社保基金、主权财富基金等投资绿色债券，设定最低绿色投资比例。可通过税收优惠、减提风险资本准备金、纳入各类融资担保品池等政策，提升绿色债券对投资者的吸引力。推动绿色债券指数衍生品的发展，研发以绿色债券指数、ESG 指数为标的的指数型基金。

五是促进中国绿色债券市场开放，实现境内外市场良性互动。以绿色债券为突破口，进一步推动中国债券市场开放。加强绿色债券业务、信息披露标准及规则的国际交流，推动绿色债券跨境交易。进一步便利境外投资者投资境内绿色债券，如对专门投资境内绿色债券或绿色债券指数产品的境外投资者，可考虑缩短其投资本金锁定期。持续更新中欧《共同分类目录》，扩大《共同分类目录》国别基础和覆盖的经济活动；持续更新符合中欧《共同分类目录》的存量绿色债券清单，鼓励发行人在发行前完成认证；与国际证券交易所、信息平台合作，对符合中欧《共同分类目录》的绿色债券进行识别认证，吸引境外机构投资。探索在绿色债券评估认证、环境信息披露标准等方面加强国际交流与合作。

绿色贷款市场的持续快速发展

绿色贷款在绿色金融体系中发挥了至关重要的作用。在 2020 年 9 月"双碳"目标提出之后，中国的绿色贷款规模、增速及占全部贷款的比重均持续攀升。绿色贷款余额从 2013 年的 4.9 万亿元持续攀升至 2023 年的 30.1 万亿元，已经成为全球规模最大的绿色贷款市场。2013—2020 年，绿色贷款余额年均增速为 13%；自"双碳"目标提出之后，2021—2023 年绿色贷款余额增速连续三年保持在 30% 以上的高位，显著高于同期 11% 左右的各项贷款余额增速，绿色贷款余额占比也从 2013 年的 7.1% 升至 2023 年的 12.7%。

绿色金融政策体系建设有效鼓励了绿色贷款市场的发展。经批准，中国人民银行等部门在 2016 年联合发布《关于构建绿色金融体系的指导意见》，提出了构建绿色信贷政策体系、建立绿色评价机制、推动绿色信贷资产证券化、明确贷款人环境法律责任等具体要求。依据这些要求，银行业协会制定了绿色银行评价方案，人民银行于 2018 年出台了绿色贷款专项统计制度及银行绿色信贷业绩评价制度，财政部在 2020 年将绿色信贷占比纳入国有商业银行的考核条件。2022 年 6 月，银保监会印发的《银行业保险业绿色金融指引》提出要调整完善信贷政策和投资政策，以支持清洁低碳能源体系建设，以及支持重点行业和领域的节能减碳。值得一提的是，为支持"双碳"目标的推进，人民银行于 2021—2022 年实施了碳减排支持工具，支持金融机构向具有显著碳减排效应的项目提供优惠利率贷款。人民银行 2018 年开始开展银行业存款类金融机构绿色信贷业绩评价，分两级对全国商业银行开展绿色信贷业绩评价，并将结果纳入宏观审慎评估。2021 年 5 月，人民银行发布了升级后的《银行业金融机构绿色金融评价方案》，将评价范围从绿色信贷扩展到绿色金融领域，受评价银行的范围在原有大型商业银行、政策性银行、股份制商业银行基础上，新加入了对城市商业银行的评价。

各银行也制定了一系列推动绿色信贷及绿色相关业务发展的制度、规划和标准。例如，工商银行制定了《中国工商银行投融资绿色指南（试行）》，建设银行发布了《绿色金融发展战略规划（2022—2025年)》，平安银行制定了绿色金融三年战略和五年规划，兴业银行印发了《兴业银行绿色金融属性认定标准（2022 年版）》等。同时，大部分银行都将开展绿色金融业务的情况纳入了绩效考核指标体系。各银行绿色金融的业务也从绿色信贷逐渐延伸到绿色债券、绿色基金、绿色理财、绿色消费等更加广阔的领域。

中国绿色贷款市场得以如此迅猛的发展，首先得益于中国大规模的绿色基础设施建设。表 5 - 6 列示了原银保监会与人民银行口径的绿色信贷投向。

表 5 - 6 　　　　原银保监会与人民银行口径的绿色信贷投向　　单位：亿元，%

原银保监会口径（2017 年）			人民银行口径（2023 年）		
	绿色信贷金额	占比		绿色信贷金额	占比
绿色交通运输	30151.67	46.2	按产业分		
可再生能源及清洁能源项目	16103.17	24.7	基础设施绿色升级产业	130900	43.5
工业节能节水	5056.64	7.7	清洁能源产业	78700	26.2
垃圾处理及污染防治	3722.9	5.7	节能环保产业	42100	14.0
自然保护/生态修复/灾害防控	3378.99	5.2	其他产业	49100	16.3
农村及城市水项目	1921.35	2.9	合计	300800	
资源循环利用	1603.18	2.5	按行业分		
建筑节能及绿色建筑	1347.79	2.1	交运仓储邮政业	53100	17.7
节能环保服务	672.18	1.0	电热燃气水生产供应业	73200	24.3
绿色农业开发	536.03	0.8	其他行业	174500	58.0
绿色林业开发	446.98	0.7	合计	300800	
境外项目	371.76	0.6			
2017 年绿色贷款余额	65313		2023 年绿色贷款余额	300800	

资料来源：原银保监会网站，人民银行网站。

中国绿色贷款市场发展的主力军是大型商业银行。尽管越来越多的中小银行开始在各类可持续报告中披露绿色贷款的数据，表明参与绿色贷款业务的银行数量在增加，但大型商业银行绿色贷款的比重却在不断上升，工商银行、农业银行、建设银行、中国银行的绿色贷款业务规模最大，其合计规模占全部绿色贷款余额的比重从 2013 年的 32.2% 大幅升至 2023 年的 54.6%。全国性股份制商业银行表现也很抢眼，如兴业银行 2023 年末的绿色信贷余额高达 8090.2 亿元，居全国第 6 位（见表 5 - 7）。

表 5 - 7　　　　　　　　2023 年各商业银行绿色贷款余额　　　　　单位：亿元

排名	银行	2023 年绿色贷款余额	排名	银行	2023 年绿色贷款余额	排名	银行	2023 年绿色贷款余额
1	工商银行	54000.0	15	浙商银行	2034.4	29	青岛银行	261.4
2	农业银行	40487.0	16	南京银行	1770.0	30	齐鲁银行	242.0
3	建设银行	38800.0	17	北京银行	1560.5	31	兰州银行	127.7
4	中国银行	31067.0	18	平安银行	1396.5	32	紫金银行	122.5
5	交通银行	8220.4	19	上海银行	1000.0	33	青农商行	108.0
6	兴业银行	8090.2	20	杭州银行	681.6	34	厦门银行	71.1
7	邮储银行	6378.8	21	渝农商行	619.8	35	无锡银行	70.0
8	浦发银行	5246.0	22	沪农商行	614.3	36	苏农银行	45.0
9	中信银行	4590.2	23	长沙银行	429.0	37	郑州银行	40.9
10	招商银行	4477.7	24	成都银行	405.1	38	张家港行	35.4
11	光大银行	3137.6	25	宁波银行	386.0	39	江阴银行	30.4
12	江苏银行	2870.0	26	重庆银行	361.0	40	常熟银行	26.3
13	华夏银行	2711.2	27	贵阳银行	313.4	41	瑞丰银行	18.8
14	民生银行	2642.4	28	苏州银行	301.8	42	西安银行	17.0

资料来源：各银行社会责任报告。

当然，这也从两个维度说明，在过去一段时间的绿色贷款市场发展中，对绿色科技创新、绿色生活消费等"小"分类支持少，"小"银行的贡献也受到制约。

参与绿色信贷业务的双方主体均存在不同的激励约束问题。高污染高耗能企业想获得绿色信贷，需在节能减排等绿色创新技术方面进行长期大规模的投入，这在短期很难对财务绩效有积极贡献。因此，这类企业进行绿色贷款融资的意愿偏弱。绿色相关的低碳节能环保等领域项目贷款周期长、经济效应不明显，利润相对较低，这类贷款的风险更大。

绿色信贷的信息披露能力也有待提升。银行绿色信贷的审批和发放必须与企业或绿色项目的环境评估数据作为基础，在分析企业环境保护状况、评估其环境及经营面临的风险之后，才能准确判断贷款发放的规模、成本甚至是发放的必要性。随着 2021 年底《企业环境信息依法披露管理办法》的出台，对部分企业（如重点排污企业、符合条件的上市公司、发债企业等）提出了强制性环境信息披露的要求；但仍有大量不受此限制的企业，其环境信息披露完备性、有效性和准确性均存在缺陷，这导致银行无法获取企业确切的环境信息，在一定程度上影响了绿色信贷业务贷前评估工作的开展。披露绿色信贷业务数据时，未详细披露其资金投入的细分领域、具体企业，以及相关绿色项目的跟踪运营情况。环保部门与金融部门尚未形成协调统一的信息披露与共享机制。这对于企业做出环保技术改进决策、银行评估企业的环境风险，以及社会公众监督企业和银行的绿色项目活动，都增加了难度。

因此，需要从制度层面不断提高环境与绿色金融信息披露的要求，不断加强跨部门合作与协调。金融机构反映最为迫切的，首先是完善对高污染、高耗能企业环境信息披露的要求，提高企业信息造假的成本。同时可以考虑建立部门间标准统一和数据共享的环境污染、能耗、碳排放与绿色投融资数据相结合的绿色信息平台，降低企业、金融机构与公众获取环境和绿色的难度，提升绿色业务开展的效率。此外，还需要持续加强和优化贯穿金融活动事前、事中、事后的全流程跟踪监管，尤其是资金使用的跟踪，形成健康良性的绿色金融市场环境。

加速形成的绿色保险政策与产品体系

绿色保险作为服务绿色发展的保险解决方案，是绿色金融的重要组成部分，正处于加速发展的起步阶段。从功能上看，绿色保险与绿色金融的其他部分一样，均致力于支持环境改善、应对气候变化和促进资源节约高效利用。随着绿色保险产品和服务以及绿色投资规模持续增长，其内涵不断丰富，可大致分为针对绿色产业的各类保险服务、传统保险对象的环境气候风险保障服务和保险资金的绿色运用三个板块。

中国保险行业协会发布的《绿色保险分类指引（2023 年版）》是全球首个绿色保险的行业自律规范，将绿色保险分为绿色保险产品、保险资金绿色投资和保险公司绿色运营三个领域，并进一步列举了 10 类服务领域（场景）和 16 类保险产品类别，涵盖 69 种细分保险产品类别，具体有 150 多款绿色保险产品作为参考。该分类指引还明确了保险公司绿色投资和绿色运营的量化指标和统计规则。

2023 年 12 月，中国保险行业协会发布的《保险机构环境、社会和治理信息披露指南》，明确了保险机构的 ESG 信息披露责任、监管要求和具体标准及路径。根据中国保险行业协会统计，截至 2023 年末，绿色保险业务保费收入 2298 亿元，占行业保费 4.5%，共计提供保险保障 709 万亿元。截至 2023 年 6 月末，保险资金投向绿色发展相关产业的余额为 1.67 万亿元，同比增长 36%。从整个行业背景看，绿色保险发展空间巨大，态势良好。中国保险业资产仅占金融业总资产的约 7%，仍低于国际平均水平（20% 左右）。中国重大灾害事故的损失补偿有 10% 左右由保险业承担，同样低于国际平均水平（40% 左右）。绿色金融大体可以纳入财产险范畴。财产险整体保费增速维持在 10% 以内[①]、承保利润得到显著改善，高质量发展态势初现。

2024 年 4 月，国家金融监督管理总局制定发布的《关于推动绿色保险高质量发展的指导意见》提出将建立绿色保险服务体系，并将加强重点领域绿色保险保障，鼓励保险公司积极围绕服务经济社会发展全面绿色转型，提供有针对性的风险保障方案，不断推动绿色保险业务提质增效；提出要完善绿色投资管理体系，强化保险资金支持绿色发展，加强绿色投资评估管理。

针对绿色产业和建设绿色基础设施的保险服务方面，主要指为清洁能源、绿色建筑、绿色交通运输、生态和环境保护产业等提供的物

---

① 2024 年上半年，中国财产险行业保费增速为 4.5%。

质损失风险、产品质量风险和损益波动风险等方面保障。这一领域绿色保险服务发展有两大特点。第一大特点是新能源车险快速成长，目前已至千亿级体量并保持快速增长势头。这类保险并非传统燃油汽车保险产品的简单延伸，而是针对新能源汽车"三电"（电池、电机、电控）系统和充电桩风险等保障需求，创新开发的财产与安全责任保险。第二大特点是较成熟的产品集中在环境责任险等少数产品，并从具有一定法定强制性逐步向商业性保险延伸。较为典型的强制环境责任险如在北京、青岛、湖州、苏州、天津、宁波等地试点的绿色建筑性能保险。

进一步的市场开发如对轨道交通施工中遇到的自然灾害和意外事故提供经济补偿及全流程风控服务；逐步地，光伏电站、深远海风电平台、核电项目等绿色能源项目建设运营中，开展了建筑工程险、安装工程险、机器设备损失险、质量类保险、发电量保证类保险、利润损失类保险以及设备供应链保险；还有为绿色低碳技术研发推广提供知识产权的确权、维权、用权和新技术落地提供的专利执行保险、专利被侵权损失保险、专利质押融资还款保证保险，以及产品质量安全责任保险、产品质量保证保险和首台（套）装备保险等。

如果把"生产"碳汇看作一种新型绿色产业，绿色保险可为碳汇资源安全提供风险保障。与传统财产保险相似，保险行业可以保障标的森林、红树林、海洋牧场等因自然灾害和意外事故所面临的财产价值风险；不同的是，碳汇保险聚焦森林、红树林、海洋的碳汇功能，保险赔款可用于灾后碳汇资源救助、生态恢复等支出，保障其生态环保价值。如人保财险在福建南平创新的银行贷款型森林火灾保险和全国首单林业碳汇价格损失保险，以及平安产险推出的红树林碳汇指数保险。在浙江省丽水市，人保财险签出了浙江省首笔碳汇林综合保险，通过"森林保险＋碳汇贷"形式，农村商业银行为80亩碳汇林提供质押贷款。该产品综合考虑林业碳汇未来收益权价值及林业商业保险保额确定授信额度，通过林业碳汇"未来收益权＋保险单"质押方式贷款，将保险与碳汇质押、碳汇融资有机结合。

由于气候变化指标创历史新高，导致绝大多数人类活动都需要更专业的环境气候风险管理工具，其中农业种植、海洋产业、基础设施与房屋建筑安全风险显著增加，巨灾风险和特定环境气候风险管理需求旺盛。这类绿色保险服务主要通过扩展保险责任和优化保险服务，开展巨灾保险、农业气象保险、环境责任保险等服务。国家金融监督管理总局统计数据显示，截至 2023 年末，全国已有 15 个省份 74 个地市开展综合性巨灾保险试点。不少地方还开发应对台风、暴雨、洪水的"风雨保""守护保"等专项产品，提升地方政府应对极端天气的能力。

由于农业生产易受气候灾害影响，农业投资可能造成温室气体排放、生物多样性损失和环境污染，农业保险是绿色保险设计的重点方向。《关于银行业保险业做好 2023 年全面推进乡村振兴重点工作的通知》鼓励和支持各类农业相关绿色保险创新和推广，优化农业保险风险管理能力，支持农业农村防灾减灾能力建设，完善农业保险大灾风险分散机制。相关险种包括农房保险、农村公路灾毁保险等。其中，各地结合当地气候特征及其对农业生产的影响，并将气象因子指数化、标准化、透明化而开发的农业气象指数保险是近年创新的重点领域。例如，广东种植业强降雨巨灾指数保险、浙江榨菜雪菜气象指数保险和杭白菊降水指数保险、福建茶叶低温指数保险和水产养殖台风指数保险、安徽水稻高温热害指数保险、江苏水稻收割期降雨指数保险等。

面临"双碳"目标下巨额绿色投资的需求，绿色保险投资的规模迅速扩张。一些保险资管公司依据国际主流评价框架，结合中国的政策环境及市场特性，探索识别并分析投资目标绿色与可持续投资属性，正在逐步建立有利于投资绿色债券和绿色产业的治理机制。

不过，绿色保险尚处于起步阶段，"大数法则"真正发挥作用还需要保险行业在规模和能力两个维度持续发力。这一阶段，由于绿色产品覆盖范围有限，市场认知不足，基础数据缺乏，保险公司在承保、风险评估和费率厘定等关键领域都面临极大挑战，还加剧保险行业本就普遍存在的逆向淘汰问题，即环境气候风险较高的客户更容易被吸引。这带来绿色保险的"三高"：成本高、尾部风险高和费率高。

绿色保险是拓展绿色市场边界的"生力军"

绿色产业正在改变保险的内涵的同时，绿色保险以其特有的机制作用，也在拓展经济绿色发展的市场边界。在衢州，本来由政府和社会公众承担的环境治理风险，由于绿色保险机制的巧妙设计，源头企业主动、积极承担。由于风险在源头上被减量，实现了总体帕累托改进。尽管源头企业的经营成本有所增加了，但政府只需要付出较少的治理成本，就可以对企业行为加以补贴甚至激励。

养殖户对病死猪的随意处置给公共卫生和食品安全造成了严重的威胁，成为长期困扰政府部门的难题之一。例如，2013 年 3 月上海黄浦江松江段水域出现大量漂浮死猪的情况，截至当月 20 日，上海相关区水域内打捞起漂浮死猪累计已达 10395 头。3 月 15 日，疑似死猪源头浙江省嘉兴市召开新闻通报会表示，一周内，嘉兴出动巡查人员 53377人次，船只 7793 船次，巡查水域面积 63991 公顷，排查养猪场（户）130051 场次，已收集乱弃死猪 3601 头，其中 80% 为小猪。可见，仅对偶发事件的应急处置就需要耗费巨量的政府资源。

为此，衢州创新了金融支持病死猪无害化处理"集美模式"：政府提供了两项重要补贴，一项补贴支持建立多家市场化的病死猪无害化处理公司，另一项补贴支持全覆盖零免赔的生猪财产保险①，以市场利

---

① 试点前，只有能繁母猪及 10 公斤以上生猪才能参保。若是小猪病死了，农户得不到赔偿，还会额外付出处置成本。

益引导无害化处理公司和养殖户主动开展死猪的统一、集中和专业处理，并主动收集报案病死猪情况，避免病死猪流入市场或被随意丢弃或不当处置。

在"政府引导、市场运作、保险创新、信贷扶持"的运作机制下，保险公司实现了可观的保费收入，生猪保险赔付率还有所下降；无害化处理公司能以最有效率的方式从农户处收集病死猪，无害化处理公司和养殖户都提高了可持续运营能力。

又如野生动物致害政府救助保险针对野猪啃食、大象破坏、毒蛇咬伤等野生动物肇事造成的人身和财产损害，可以对受害人的损失给予适当补偿，有利于保护野生动物资源，保障生态系统的生物多样性。2021年，社会广泛关注的云南象群北迁事件中，保险机构开发了政府救助保险，一方面通过监测象群活动、实地宣传培训、投喂食物等方式，积极从源头降低野象肇事风险，另一方面积极参与处理野生动物致害案件，不到半年时间即赔付了24笔共6.71万元。

由此例可以大胆设想，符合两个条件的绿色保险可以优先开发：第一个条件是源头风险减量的定量效果明显的，第二个条件是能找到至少一类环境效益明显的受益人（如政府部门）。如电动自行车自燃风险，很大程度来自不规范充电行为，因而可以探索地方财政为符合充电要求的电动车补贴保费。远洋保赔险、沿海内河保赔险、燃油污染责任险、内河危化品污染责任保险等污染风险保障类产品也有类似特点。

更普遍的可以考虑在传统保险产品中加入环境和气候风险因素。简单而言，凡是在原有险种中对火灾、爆炸、泥石流、滑坡等负有保险责任的，均可扩展环境损失保险。如已垦林地草原退耕还林还草保险，就是为退耕还林、封山育草试点地区提供包括环境气候因素在内的各类自然灾害风险保障。

上述思路是激励行为主体主动减少污染或高碳行为，进一步可考虑将保费补贴和实施差异化费率等政策工具用于激励个人和企业采取更多的低碳环保生活生产方式。为此，还需要如农作物化肥农药减量增效产量损失保险，为实施有机肥全替代化肥及农作物病虫害绿色防控技术试点工作造成收获期的农产品产量损失提供保障。进一步地，有保险机构在宁波开办了耕地地力指数保险，在耕地保护中引入保险机制：农户每年缴纳每亩地 16 元的保费后，如果监测显示其土壤有机质含量增长，就可以获得每亩最高 555 元的奖励。又如，稻麦秸秆离田补偿保险，分散秸秆因天气原因造成离田成本增加的风险，消除农户对秸秆离田方式的担忧。针对"虾稻共生""稻鱼共生"等绿色循环种养模式开发了专项农险产品，保险责任涵盖疾病、自然灾害、水域污染等，极大地调动了村民稻田养鱼养虾的积极性。

2024 年，《国务院关于加强监管防范风险推动保险业高质量发展的若干意见》中为绿色保险的进一步发展提出了一系列指导意见，既针对丰富巨灾保险保障形式、发展气候保险、引导保险资金为绿色低碳产业发展提供支持以及强化保险业基础数据治理和标准化建设、推动与相关行业数据共享等领域强化了顶层设计，又提出了新能源汽车商业保险等改革创新的重点。《中国人民银行 国家发展改革委 工业和信息化部 财政部 生态环境部 金融监管总局 中国证监会关于进一步强化金融支持绿色低碳发展的指导意见》要求完善气候变化相关重大风险的保险保障体系，包括为高风险客户提供防灾防损预警服务，鼓励保险资金支持绿色产业和绿色项目，推动保险机构建立气候变化相关风险评估预测模型，利用大数据等技术手段开展气候灾害风险分析。值得一提的是，这份文件还针对绿色保险发展提出了两项优化机制的政策安排，即优化保险机构长期投资能力考评机制和基于企业碳排放水平的定价机制。

投资基金的可持续主题

根据中国责任投资论坛的报告，截至 2023 年 9 月末，中国可持续公募基金规模已超过 5000 亿元人民币，数量 700 余只。公募基金是中国按照 ESG 理念开展投资实践并向社会公众提供 ESG 投资产品的主要行业。Wind 基于投资目标、投资范围、投资策略、投资重点、投资标准、投资理念、决策依据、组合限制、业绩基准以及风险揭示等信息，从中国的公募基金产品中筛选出纯 ESG 主题基金（以 ESG 为主要投资策略）、ESG 策略基金（以 ESG 为辅助投资策略）以及环境保护、社会责任和公司治理等泛主题基金。表 5-8、图 5-2、表 5-9、图 5-3 列示了国内 ESG 基金规模及数量。

表 5-8　　　　　　　　　　　　国内 ESG 基金规模　　　　　　　　单位：亿元

ESG 基金规模	2018 年	2019 年	2020 年	2021 年	2022 年	2023 年	2024Q2
纯 ESG	9.21	308.12	245.59	367.01	458.52	437.79	429.29
ESG 策略基金	11.87	3.96	1525.26	2060.34	1493.96	1179.94	1141.98
环境保护	313.61	452.01	1660.38	3524.46	2783.71	2254.50	2115.09
社会责任	388.39	1138.47	1009.68	1083.03	947.68	986.76	1233.27
公司治理	177.85	257.44	340.07	369.57	307.81	241.44	246.70
合计	900.93	2160.00	4780.99	7404.41	5991.69	5100.43	5166.34

资料来源：Wind.

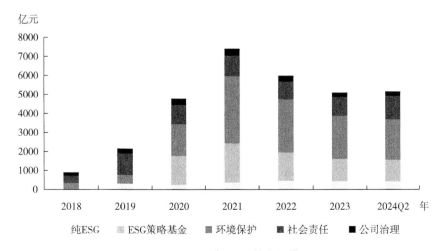

图 5-2　国内 ESG 基金规模

（资料来源：Wind）

表 5 − 9   国内 ESG 基金数量   单位：只

ESG 基金数量	2018 年	2019 年	2020 年	2021 年	2022 年	2023 年	2024Q2
纯 ESG	4	13	20	33	56	85	112
ESG 策略基金	2	3	20	75	104	119	120
环境保护	58	63	75	131	181	222	237
社会责任	33	41	47	56	57	60	66
公司治理	15	15	16	20	21	21	21
合计	112	135	178	315	419	507	556

资料来源：Wind.

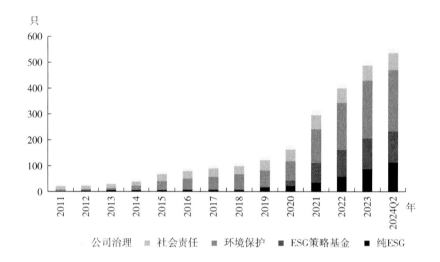

图 5 − 3   国内 ESG 基金数量

（资料来源：Wind）

中国银行类金融机构从 2019 年开始发行 ESG 主题理财产品。截至 2024 年 9 月，市场上存续 ESG 银行理财产品共 609 只，其中纯 ESG 产品规模占比最大，达 55. 67％。2024 年 ESG 银行理财产品整体热度仍高，截至 2024 年 9 月末已发行 369 只，较 2023 年 241 只增幅较大。

ESG 私募基金的主题则较集中于环境保护，纯 ESG 主题基金和社会责任基金的数量相对较少。其中，环境保护主题基金的起步较早，现在数量较为稳定，存续 43 只；纯 ESG 主题私募基金的起步较晚，截至 2024 年 9 月末，仅有 9 只纯 ESG 主题私募基金和 9 只社会责任主题私募基金存续。

金融科技赋能绿色金融

金融科技的内涵丰富，当前主流方向是探索数字技术为绿色金融赋能。2022 年 1 月，国务院发布《"十四五"数字经济发展规划》①，明确提出以数字技术与实体经济深度融合为主线，协同推进数字产业化和产业数字化，并在数字化转型过程中推动绿色发展。中国人民银行发布《金融科技发展规划（2022—2025 年）》②，强调金融机构应加快数字化转型，推动数字技术在经济、社会及产业发展中的广泛应用，深化金融科技与绿色金融的融合。《银行业保险业绿色金融指引》③ 要求银行和保险机构应积极推动金融科技的应用，以提高信息化和集约化管理水平，逐步减少碳足迹，最终实现运营碳中和；强调利用大数据、区块链和人工智能等技术，提升绿色金融管理水平，完善产品开发、投融资管理流程，特别是在小微企业融资和线上融资业务中，优化环境、社会和治理（ESG）风险管理。

实践中，已经初步形成以大数据、人工智能和云计算三大技术为支柱，物联网、卫星遥感以及区块链等技术实现突破性运用的态势，赋能领域从绿色信贷、绿色基金、绿色能源市场、绿色债券等，逐步覆盖到绿色保险、绿色信托、绿色租赁、环境权益交易、碳金融等。

针对转型金融面临标准不统一、识别难、管理复杂、信息披露不足等问题，金融科技通过为客户同步建立资金账户和碳账户，自动监

---

① 国务院. "十四五"数字经济发展规划［EB/OL］. https：//www.gov.cn/zhengce/content/2022 – 01/12/content _ 5667817. htm.

② 中国人民银行. 金融科技发展规划（2022—2025 年）［EB/OL］. http：//www. pbc. gov. cn/zhengwugongkai/4081330/4406346/4693549/4470403/index. html.

③ 银保监会. 银行业保险业绿色金融指引［EB/OL］. https：//www. gov. cn/zhengce/zhengceku/2022 – 06/03/content _ 5693849. htm.

测和分析污染活动及治理效果，整合财务和环境数据采集和评估流程，开展 ESG 评价，量化转型成效，防止"洗绿"和"假转型"。同时，支持产品创新、风险防控和信息披露。例如，成都数字农业平台将耕地和农户纳入系统，构建初始数据库，集成了农场、农资、作业、金融、销售等五大服务功能，形成了数字化农业生产、经营和管理新模式，构建了农业"双减"标准化模型，有效减少了农药和化肥的使用。中国银行浙江省分行在推动转型金融落地的过程中，利用数字化手段规范转型项目的目标、路径和进度，通过辅助尽职调查、提供转型建议、披露转型项目信息、管理绩效、构建转型金融标准体系和设置合理的转型目标，帮助信贷管理全流程高效支持碳密集行业的低碳转型，为银行提供了数字化风险管理工具。

在绿色金融与普惠金融融合发展领域，针对小微企业环境气候信息披露的数字基础设施不完善等痛点，利用大数据和卫星遥感等技术实时分析普惠对象的绿色行为，可提高监管部门和金融机构对小微企业环境行为的监测能力，帮助企业提供更精确和相对低成本的碳排放监控报告。如为了解决普惠型贷款认定难、绿色评定难和信息共享难等问题，中国人民银行台州分行推出了"微绿达"应用场景，通过建立绿色信贷识别系统和绿色生产资料库，实现流动贷款的绿色认定。这包括利用关键词匹配技术，简化金融机构的贷款认定流程、对重点行业的绿色场景进行详细梳理，提供绿色转型的参考。通过建立一套有效整合多方数据的小微主体绿色评价体系，缓解了普惠绿色金融中的信息不对称问题，帮助金融机构和政府更精准地支持小微企业的绿色转型。通过整合多方数据，建立信息共享机制。湖州市的 ESG 评价系统则实现了自动化、全面化和增值化地评估了融资主体的 ESG 表现，促进了当地绿色金融的创新。到 2022 年底，该系统已扩展至 1.95 万家企业，并且湖州的 10 多家金融机构已开始利用这些评价结果来支持产品和服务创新。

低碳转型方面，在碳排放管控的新常态下，碳资产管理成为企业关注的重点。特别是控排企业，需要在履约周期内优化碳管理并通过碳交易市场获益。金融科技帮助企业优化碳排放核算、碳资产管理和交易策略，从运行成本、环保效益等多方面提升企业的绿色竞争力。中国华电集团碳排放管理信息系统集成了企业的碳排放数据管理、国家自愿减排（CCER）项目管理、碳配额履约管理、碳交易管理、智能分析决策和监督考核管理等功能，实现对中国华电集团国内全部 30 家直属单位、下属 110 余家火力发电企业碳排放数据、碳排放权履约交易和碳资产管理的全面实时监管，大大提升了企业碳排放数据获取速度及可靠性，赋能企业碳交易管理和履约交易策略及开展能力建设。

在绿色保险产品和服务创新的典型场景中，可以通过应用遥感卫星、物联网、大数据、云计算、人工智能、无人机等技术和数字平台支撑，构建风险减量系统和巨灾风险管理体系，实现风险监测、预警演练和灾害救助的联动。如有的保险公司与新能源汽车主机厂商、科研院所合作探索建立跨公司风险数据平台，为新能源车险的研发、承保理赔、风险评估提供数据支持。有的保险公司通过地理信息系统完成农田和林地数据分析建模，实现对农业保险的"按图承保"和"按图理赔"。有的保险机构加强与动物防疫、兽医卫生监管力量协作，建立病死畜禽无害化处理与保险联动平台，提升保险理赔和病死畜禽鉴定、收集、无害化处理的效率。

发挥法律的强制底线作用

20 世纪 70 年代，美国纽约州的拉夫运河发生了严重的土地污染和饮用水污染，对当地居民的健康形成了严重的威胁。此次事件中，污染企业和发放贷款的银行都成为共同被告。最终美国国会在 1980 年通过了《综合环境反应赔偿和责任法》（CERCLA，又称超级基金法案），不仅建立了巨额的环境治理基金，还开创性地认定环境责任具有可追溯性，进行贷款或投资的金融机构必须对其客户造成的环境污染承担连带责任，并支付相应的环境修复费用。这促使美国银行业构建了应对环境和社会风险的管理体系。

由于中国还没有明确的金融机构环境法律责任条款，金融机构在环境风险判断失误造成经济、环境等损失时，是否承担和如何承担法律责任并无明文规定。另一个佐证是绿色保险产品设计中对责任对象的规定也有缺陷：如果按照《保险法》第十二条规定"被保险人是指其财产或者人身受保险合同保障，享有保险金请求权的人"，环境损失保险中恢复被破坏的生态环境就很难得到保险金的赔付。进一步看，虽然金融监督管理部门已经制定了环境风险评价等管理方法，但缺乏环境气候相关金融风险的法律责任规定，一定程度上导致了机构从事绿色金融活动的积极性不高。

因此，2016年中国人民银行牵头制定的《关于构建绿色金融体系的指导意见》就已经提出，要借鉴环境法律责任相关国际经验，立足国情探索研究明确贷款人尽职免责要求和环境保护法律责任，适时提出相关立法建议。

可见，继续完善环境保护法律框架体系，明确环保责任主体，提高各类主体的污染成本，特别是立法明确金融机构投融资活动造成环境污染的连带责任，倒逼企业与金融机构提升环境保护意识已成为共识。

实践中，要通过立法司法落实金融机构的环境责任还存在技术上的困难。比如，金融机构在投融资前开展尽职调查和投融资事中管理资金用途时，都面临掌握客户真实情况的成本高的问题；即使掌握了一定情况，如何把污染损害量化、再转化为金融风险的评估还缺乏细分技术标准，导致金融机构难以全面了解贷款、被投资或参保企业的生产经营风险，直接影响了对环境气候风险的准确评估和各类绿色金融产品的合理定价。

显然，条件不成熟时贸然要求金融机构承担连带责任，很容易造成金融机构过度谨慎的行为，客观上可能损害企业利益。

因此，当务之急仍是构建跨部门的环境气候信息交换机制，稳步提升环境信息披露制度的强制性。同时通过正向激励的方式，为绿色金融产品（贷款、保险、投资）提供一定的补贴和优惠等，激发企业的环境气候意识，形成机制闭环。

第六章

碳核算与可持续信息披露

信息披露是绿色金融体系的核心机制之一，对于规范绿色金融市场发展、保护各类投资者权益以及发挥市场激励约束作用具有关键支撑作用。当前，全球可持续信息披露框架正在形成，其中最为紧迫的任务是推动基于科学准确碳核算的气候环境信息披露。通过提供更充分的信息，能够实现更有效的气候环境风险定价，同时防范投融资活动中的"洗绿"行为，确保绿色金融体系健康运行。

为此，碳核算与碳足迹体系的建设正受到多重因素的推动，包括欧盟等地区的立法推进、全球产业链的强制要求以及实现"双碳"目标的内在需求。在这些因素的共同作用下，中国已在评价标准建设、认证和标识、线上服务平台搭建等方面取得了一定进展。

无论从全球看还是从中国看，面向支持可持续发展和绿色产业的碳核算与可持续信息披露体系建设仍面临大量基础性工作，包括制定全国乃至跨境更为统一的碳排放核算标准、构建颗粒度更小的本土碳因子数据库以及培育第三方核查认证机构。同时，可通过优先在部分重点行业和重要产品开展碳足迹试点，激发全产业链的减排能力，促进中国乃至全球绿色低碳经济的升级发展，有效应对绿色低碳贸易壁垒，防范供应链"脱钩""断链"风险，最终形成全球绿色经济大循环。

金融机构气候环境信息的复杂语义

金融机构气候环境信息披露，是指将金融机构的经营活动、投融资活动及其产生和受到的环境影响以一定形式记录和反映出来。金融机构气候环境信息内容，既包括金融机构自身经营活动和投融资活动对气候环境影响的相关信息，也包括气候和环境因素对金融机构带来的机遇和风险影响等信息。

要有效推动金融机构气候环境信息披露工作，需要理解金融机构气候环境信息具有多层相互交叉的复杂语义。

在金融市场实践中，最常见的气候环境信息披露是基于产品的，包括融资前对资金计划使用方向及其影响的披露，以及融资后资金实际使用及其影响情况的披露。进一步地，为了降低频繁发行类似绿色金融产品的披露成本、提高绿色说服力，往往会增加定期的、总结性的、基于发行主体的披露。在资本市场上，可以由金融机构发行金融债券融资后投入绿色项目，也可以由实体企业发行债券或股票直接投入绿色项目，披露的复杂性因而有所不同。为此，《温室气体核算体系》针对温室气体核算与报告设定了三个范围。其中，范围 1 指组织所有或控制来源的直接温室气体排放，范围 2 指组织使用所购买的能源（电力、蒸汽、供暖和制冷）产生的间接温室气体排放，范围 3 指组织所有或控制来源以外的、由于组织活动而产生的所有其他间接排放。就金融机构而言，其范围 3 即投融资活动相关的排放是其主要的排放构成。

以上仅仅构成了第一层次的复杂性。

第二层次，上述披露可以是基于自愿原则，也可以通过立法实现强制披露。考虑到金融机构为其机构声誉和产品竞争力，对披露有一定积极性，因而采取自愿模式可以减少制度成本。若为强制披露，则需要制定明确、合理、有效的披露标准，并配备核查与相应的约束措施。目前，中国执行分级强制披露企业环境信息的制度。生态环境部制定并从 2022 年开始施行的《企业环境信息依法披露管理办法》中强制要求披露环境信息的主体包括重点排污单位、实施强制性清洁生产审核单位、因生态环境违法行为被处罚的上市公司和发债企业。证监会要求重点排污单位强制披露环境信息，其余上市公司强制披露因环境问题受到行政处罚的情况，其余信息采取"不披露，就解释"的模式。中国人民银行《金融机构环境信息披露指南》鼓励金融机构自愿披露环境信息。中国企业社会责任信息也属于自愿披露范畴，如证监会鼓励上市公司积极披露巩固拓展脱贫攻坚成果、乡村振兴等工作具体情况。中国人民银行在 2021 年发布的《金融机构碳核算技术指南（试行）》也未对金融机构碳核算提出强制性要求。因此，金融机构环境信息披露多为选择性披露，优先披露环境效益较好的绿色项目和业务，或是综合考虑披露成本、披露效益以及对因信息披露内容过细可能带来的泄密风险，往往回避"非绿"领域和定量测算的部分。

考虑到提高环境和社会风险信息的透明度，规范金融市场发展和保护各类投资者，防范"洗绿"和道德风险，带动和促进服务对象提高信息披露质量，就应该尽可能采取强制性要求。中国如与 ISSB 国际准则接轨，对企业披露可持续信息将升级为强制性要求。

第三层次，涉及如何披露对金融市场风险定价具有实质作用的气候环境信息。从现行上市公司的财务信息披露制度框架看，若金融机构受到某一特定因素影响，并对其财务表现具有实质性影响，特别是对投资者的投资决策具有实质性影响，按照各国的证券法律都应该进行充分披露。显然，问题的关键是气候环境问题是否普遍性地对上市公司（乃至一般企业）产生了实质性影响，从而影响股东、投资者以及其他利益相关者的投资决策。因而，建立与一般财务信息披露协调一致的气候环境信息披露体系，是金融气候环境信息披露的必然内涵。这甚至无须等待额外的气候环境披露立法。

IMF（2022）指出，围绕气候风险建立健全的信息披露架构应由三部分组成：一是可靠和高质量的数据，二是一套协调一致的气候信息披露标准，三是使投资与可持续发展目标相一致的原则。可持续信息披露准则的重要性包括双重重要性和单一重要性。其中，双重重要性包括财务重要性和影响重要性。财务重要性是指要求企业披露可持续相关因素对于企业日常生产经营的影响，而影响重要性是指披露企业生产经营和所处产业链对社会和环境因素造成的效应；单一重要性仅要求企业披露可持续相关因素对于企业日常生产经营的影响，主要面向投资者、债权人和其他借款人。ISSB 准则主要强调财务"单一重要性"。目标是评估可持续相关风险和机遇对公司价值的影响，以指导投资决策。中国现有披露政策目标与 ISSB 国际准则不完全一致，中国现有监管政策以影响重要性为主，兼顾财务重要性。中国人民银行《金融机构环境信息披露指南》的政策目标在于促进金融机构提升环境风险管治水平，推动绿色低碳转型。生态环境部《企业环境信息依法披露管理办法》的政策目标是规范企业环境信息依法披露活动，加强社会监督，推进"双碳"转型。这从形式上超出了 ISSB 国际准则仅考虑财务信息"单一重要性"的披露目标，从实质上两者是一致的。

各国积极推动环境气候信息的披露

英国较早要求其上市公司强制性披露温室气体情况。英国政府于2008 年 11 月颁布了《气候变化法案》。该法案要求政府遵循《公司法》规定，制定实施强制性温室气体排放报告制度，并对企业的减排贡献进行评估。2009年9月，英国政府发布《温室气体排放披露指南》。2012年6月，英国政府颁布《强制性温室气体报告规则》，要求伦敦交易所的上市公司从2013年4月起必须公布上年度的温室气体排放量，其排放量的统计口径不仅包括英国境内的公司，也包括由这些公司实际经营和控制的全球范围内的排放源。

欧盟要求金融机构披露气候相关和环境风险并积极开展监管评估。在欧盟可持续性报告准则（ESRS）下，欧盟相继通过分类法规（the Taxonomy Regulation）和企业可持续发展报告指令（CSRD）等一系列关于可持续经济活动信息披露的法规条例。为进一步加强银行业机构对气候环境风险的披露，2020年11月，欧央行（ECB）发布了《气候环境风险指南》，明确机构应披露重要的气候环境风险和与之相关的政策、流程、管理定义、标准和方法，并参考《非财务报告指南：补充报告气候相关信息》，披露整个机构（包括下游）的温室气体（GHG）排放情况，以及风险管理的关键绩效指标或关键风险指标。欧盟《可持续金融披露条例》（*Sustainable Finance Disclosure Regulation*，SFDR）已于2021年3月10日全面生效，并对所有欧盟成员国产生直接法律效力。该条例从机构及产品两个维度，对基本所有类型的金融市场参与者和咨询公司提出了可持续投资信息披露的基本要求，并对专注于ESG投资的金融产品提出了额外的披露要求。2022年1月，欧洲银行管理局（European Banking Authority，EBA）又发布了可持续金融和ESG风险的披露实施技术标准（ITS），要求欧盟成员国所有上市的大型机构必须披露有关可持续和ESG风险信息并包括ESG风险的定性披露表、气候变化转型风险的定量披露模板、气候变化物理风险的定量披露模板、气候变化减缓措施的定量信息和关键绩效指标模板等。欧央行已将银行机构气候环境风险披露列为单一监管机制（SSM）的监管重点之一。2023年，欧洲中央银行再次对上一年度银行机构气候环境风险信息披露情况进行了监管评估，并发布了评估报告《透明的重要性：气候环境风险披露的实践与趋势》①。评估结果表明，银行机构在气候环境风险信息披露的存在性方面取得了有效进展，欧盟大型银行的披露情况总体上优于全球水平。表 6-1 列示了具体的评估维度。

表 6-1　2023 年欧洲中央银行对银行机构气候环境风险信息披露的评估维度

维度	定义
存在性	机构披露的气候环境风险信息是否具体，包括管理该风险的流程、治理安排、关键风险和绩效指标
实质性	气候环境风险管理的定义、标准和方法
稳健性	公开披露的信息与机构内部信息之间的一致性

据评估报告介绍，一家欧盟银行披露了大量关于投资组合的可持续发展和气候相关数据，涵盖人力资本、机构碳足迹、客户、社区参与等非金融领域，并同时对数据质量和第三方核验情况也分项进行了披露（见表 6-2）。

表 6-2　　　　温室气体（GHG）排放的范围及数据质量②

范围	排放来源	排放范围	数据质量	第三方验证
上游间接范围 3 排放	购买的商品及服务	集团业务消耗的纸张和水	3	有
	商务出差	集团业务使用的非自有交通工具	3	有
下游间接范围 3 排放	下游租赁	经营租赁资产	5	无
	投资	石油天然气贷款（范围 1、范围 2 和范围 3）	5	无
		矿业贷款（范围 1、范围 2 和范围 3）	5	无
		剩余贷款（范围 1、范围 2 和范围 3）	5	无

① ECB, The importance of being transparent：A review of climate – related and environmental risks disclosures practices and trends. April , 2023. 评估涵盖了欧盟 103 家重要银行机构和 28 家次重要银行机构，并与欧盟外的 12 家全球系统重要性银行（G – SIBs）的披露情况进行了比较。评估从银行机构关键领域披露的存在性、实质性和稳健性三个维度，具体细分为重要性、商业模式、治理、风险管理、指标和目标五个类别。
② 1 代表最高质量，5 代表最低质量。

还有不少国家和地区在积极推动相关工作。2021 年 12 月 16 日，中国香港绿色和可持续金融跨机构督导小组指出，目前正推动相关行业于 2025 年之前按照 TCFD 框架进行气候变化披露；香港证券及期货事务监察委员会和香港交易及结算所将继续与相关方合作，评估并适当采用国际财务报告准则基金会基于 TCFD 制定的可持续发展披露标准。2021 年，日本央行鼓励金融机构根据修订后的《日本公司治理准则》，基于 TCFD 框架，从定性和定量两方面加强信息披露。

中国境内金融机构环境信息披露能力取得长足进步，是绿色金融体系"五大支柱"之一。有关监管安排至少可以追溯到 2007 年开始银监会陆续出台《节能减排授信工作意见》《绿色信贷指引》《绿色信贷统计制度》等文件，要求银行业金融机构向监管部门报告绿色信贷的环境效益。2018 年以来，中国证监会多次修订《上市公司治理准则》，持续提升上市公司环境信息披露要求。中国人民银行积极推动金融机构提升环境信息披露能力，牵头制定环境信息披露标准，不断提高披露的科学性和有效性。其中，《金融机构环境信息披露指南》已正式发布，《上市公司环境信息披露》行业标准已立项。2021 年人民银行研究局组织专家和部分金融机构起草和试用《金融机构碳核算技术指南（试行）》，为金融机构探索科学核算自身经营活动和投融资活动的环境影响提出了具体方案，为碳排放信息及其他环境指标的测算与披露创造了条件。

为强化环境信息披露结果的应用，中国人民银行将环境执法信息纳入金融信用信息基础数据库，2021 年，全国共有 3.36 万户企业的环保处罚信息，被 789 家金融机构查询 132.79 万次，在协助金融机构预警相关贷款风险中发挥了积极作用。

绿色金融改革创新试验区金融机构率先开展环境信息披露。中国人民银行依托绿色金融改革创新试验区的工作机制，与各试验区人民银行、监管机构、相关金融机构和业界专家组成环境信息披露工作小组，开展专业人才培训和金融机构能力建设，提升部门协作水平。当年就组织各试验区共 200 多家金融机构完成环境信息披露报告试编制，反映了各地各类金融机构对环境气候信息披露的社会责任感和希望"领先一步"的积极愿望。这些机构既包括地方法人金融机构，也包括全国性商业银行的分支机构；既包括银行业机构，也包括保险、证券、财务公司、信托公司等非银行业机构。部分法人金融机构还结合经营发展战略需要，积极探索环境信息量化指标测算（见表 6-3）。部分在华外资银行也通过年报、社会责任报告等披露相关信息。

表 6-3 绿色金融改革创新试验区部分银行环境信息量化指标测算实践

序号	金融机构	典型做法
1	湖州银行	将环境、社会和治理（ESG）评级引入企业类信贷客户违约率测算模型，将评级结果深度运用到信贷全生命周期管理中
2	衢州柯城农商银行	采用第三方披露的方式，结合衢州碳账户建设的特点，利用碳账户数据，重点披露银行碳账户金融的产品，流程，制度创新情况和有贷款的贴标企业碳足迹
3	九江银行	披露投融资活动环境影响和经营活动环境影响
4	广州银行	对 18 个行业对公信贷客户的碳排放量进行了核算
5	贵州银行	在环境信息披露报告中设置赤道银行专题，强化了经营活动碳足迹管理、从总行和分行两个层面报告了温室气体排放总量等碳足迹指标
6	昆仑银行	披露自身经营活动节能减排情况，测算了投融资活动碳减排环境效益，将相关指标和第三方机构核算的中小企业"碳足迹"用于绿色普惠和转型金融业务

资料来源：根据公开资料整理。

同时，一些有能力、有意愿的非试验区金融机构，参照试验区金融机构环境信息披露的工作要求，主动因地制宜开展环境信息披露工作。一些地方通过出台绿色金融条例、编制绿色金融地方标准等方式，不断提升金融机构环境信息披露的针对性和有效性。作为上市公司或绿色金融债发行人，商业银行还通过年报、社会责任报告、环境、社会和治理（ESG）报告、绿色债券发行文件等规范披露环境信息（见表 6-4）。

表 6 – 4   非绿色金融改革创新试验区部分金融
机构环境信息量化指标测算实践

序号	金融机构	典型做法
1	招商银行	全面衡量其信贷投放产生的碳减排效应，在气候风险及投融资活动碳足迹计量上实现了突破
2	南海农商银行	对火电、化工、石化、陶瓷、有色金属压延加工、有色金属冶炼、铸造及其他金属制品制造等 7 个行业开展了环境压力测试，是目前国内开展环境压力测试覆盖行业最多的中小金融机构
3	株洲农商银行	发布环境信息披露报告，从定性和定量两个维度，对其绿色金融战略目标、治理结构、政策制度、产品与服务创新、环境风险与机遇、经营活动对环境的影响及投融资活动对环境的影响等内容进行了详细披露，并计算了自身经营活动产生的温室气体排放总量、典型项目贷款的碳减排量和非项目贷款碳足迹
4	新网银行	2021 年，新网银行首次发布环境信息披露报告，全面披露数字金融节碳成效。该行自成立以来（2016 年 12 月至 2021 年 6 月）通过数字化服务累计实现碳减排近百万吨

资料来源：根据公开资料整理。

国际可持续信息披露标准趋向统一

20 世纪 80 年代末，联合国贸易和发展会议（UNCTAD）下设的国际会计与报告标准（ISAR）政府间专家工作组在第七次会议上，首次对环境会计和环境信息披露的全球进展情况进行讨论。该工作组于后续会议陆续发表多份文件以形成环境信息披露指南规范。目前，国际上涉及环境信息披露的组织和规则较多。国际环境信息披露相关标准可以分为两大类，即专门针对环境信息披露的框架和在更为宽泛的可持续发展框架下对环境信息披露的要求。

普适于各类市场主体而非专门针对金融机构的标准已经历多年的发展。例如，气候披露标准委员会（Climate Disclosure Standards Board，CDSB）披露标准中的披露内容包括：治理、管理层的环境政策、战略和目标、风险与机遇、环境影响的来源、性能与对比分析、报告鉴证等，以气候信息披露为主。CDSB 披露标准原则性较强，操作性不强，实用性较弱，但其提出的可验证原则和报告鉴证程序备受关注。全球报告倡议组织（Global Reporting Initiative，GRI）披露标准中的披露内容包括：组织概况、战略、道德和诚信、管治、经济绩效、市场表现、间接经济影响、采购实践、反腐败、物料、能源、水资源与污染、生物多样性、排放、废弃物、环境合规、供应商环境评估、雇佣等 18 项内容，其中 6 项内容涉及气候环境信息。GRI 准则主要用于编制可持续发展报告，气候环境信息只是其中的一部分内容。CDP（Carbon Disclosure Project）成立于 2000 年，其性质为国际非营利组织。CDP 在 2003 年发布了第一份调查表，跟踪全球企业碳排放量和其他环境指标并提供相应数据，并用这些数据生成报告后提供给提交数据的公司和投资者。CDP 的披露框架包括战略管理、风险和机遇以及排放。

TCFD 由金融稳定委员会（Financial Stability Board，FSB）于 2015 年组建，为气候相关财务报告提供统一的框架。TCFD 要求公司以及其他组织披露与气候相关的四类核心信息：治理、战略、风险管理和绩效指标。2017 年，TCFD 发布《气候相关财务信息披露工作组建议报告》建议，企业披露与环境和气候相关的四类信息，借此评估由气候变化和低碳转型带来的风险和机遇，分析对其资产、负债和投融资过程中产生的财务影响。TCFD 框架具有单一性、可利用性以及更强的前瞻性，以过程为导向并对气候相关风险与机遇进行分析。截至 2021 年 10 月 6 日，TCFD 在全球范围内获得 2600 多个组织的支持，包括 1096 家金融机构，资产管理规模达 194 万亿美元。支持 TCFD 的组织遍布 89 个国家和地区，总市值合计 25 万亿美元。

可持续发展会计准则委员会（Sustainability Accounting Standards Board，SASB）披露标准是可持续发展会计准则委员会制定帮助公司向投资者披露财务重要、决策有用的可持续发展信息的会计标准。内容包括商业银行、保险公司、消费金融公司、资产管理、投资银行等可持续发展会计标准。以商业银行可持续发展会计标准为例，披露内容主要包括数据安全、金融包容性和能力建设、将环境社会和治理因素纳入信用分析情况、商业伦理、系统性风险管理等 5 大方面内容。表6-5列示了国际主要可持续发展信息披露组织及其标准。

表6-5　　　　国际主要可持续发展信息披露组织和标准介绍

组织标准名称	主要特征	简介
GRI 标准	最全面、最具影响力	GRI 全称为全球报告倡议组织，1997 年成立。2000 年发布了全球第一个可持续发展报告指南，简称 GRI 通用指南。通用指南包含 3 个标准，根据新版内容，分为 GRI 1 基础、GRI 2 一般性披露、GRI 3 实质性议题，是最悠久、最全面、最具影响力的可持续发展报告标准
SASB 标准	强调财务实质性披露	SASB 全称为可持续发展会计准则委员会，2011 年成立，覆盖五大可持续发展维度
TCFD 框架	行业使用率不断增长	气候相关财务披露工作小组（Task Force on Climate - Related Financial Disclosure，TCFD），2015 年在金融稳定理事会主导下成立，2017 年推出披露框架，包含治理、战略、风险管理、指标和目标四大板块，提出 11 条披露建议
IIRC 标准	综合报告框架	IIRC 全称为国际综合报告委员会，是由监管者、投资者、公司、会计准则制定者、会计专业人士和非政府组织组成的全球联盟。2013 年，IIRC 发布了第一版《综合报告框架》，2021 年 1 月，发布修订后《综合报告框架》，覆盖财务、环境、社会和治理信息。根据新版内容，企业需披露机构概述和外部环境、治理、商业模式、风险和机遇、战略和资源配置、业绩表现等内容
CDP 与 CDSB	发展与迭代	CDP 是一家位于英国伦敦的非营利组织，自 2000 年成立以来专注于推动全球减少温室气体排放及保护水和森林资源。通过问卷调查方式，鼓励企业和城市参与碳信息披露，其框架与 TCFD 要求一致，建立了全球最大的环境信息数据库。2021 年，CDP 进入中国，吸引超过 2700 家中国企业参与。 CDSB 全称为气候披露标准委员会，是 CDP 的衍生机构，由多个全球商业和环境组织组成，旨在推动企业气候变化相关披露。2020 年 9 月，CDP 与 CDSB 等组织联合发布意向声明，致力于建立综合性企业报告体系，包括气候相关的财务披露标准

续表

组织标准名称	主要特征	简介
ISSB	国际可持续信息披露标准集结者	ISSB 由国际财务报告准则基金会（IFRSF）于 2021 年 11 月在 COP26 上成立。2021 年，SASB 和综合报告框架（IIRC）合并成立了价值报告基金会（VRF），该基金会与 CDSB 一起在 2022 年并入 ISSB。GRI 也承诺其未来的标准制定活动将与 ISSB 相协调，共同成为国际可持续披露标准的两个"支柱"

2021 年 11 月 3 日，在联合国气候变化大会 COP26 上，国际财务报告准则（International Financial Report Standards，IFRS）基金会宣布成立国际可持续发展标准理事会（ISSB），以制定国际财务报告可持续发展披露准则（IFRS Sustainability Disclosure Standards，ISDS）。2023 年 6 月 26 日，ISSB 正式发布《国际财务报告可持续披露准则第 1 号——可持续相关财务信息披露一般要求》《国际财务报告可持续披露准则第 2 号——气候相关信息披露》，采纳了 TCFD 披露框架，旨在规范企业提供规范的环境信息披露、评估企业的财务状况和业绩、评估公司未来的短期、中期和长期现金流量价值、披露公司的管理战略和相关措施。通过企业信息披露报告使投资者能够评估企业在整个市场上应对气候相关风险和机遇的能力，促进市场资本配置和管理决策。这也标志着可持续信息披露迈入新的阶段。表 6－6 列示了 ISSB 的主要发展历程。

表 6－6 　　　　　　　　　ISSB 主要发展历程

顺序	阶段	时间	主要内容
1	前期筹备阶段	2021 年 11 月前	2021 年 2 月 24 日，国际证监会组织（IOSCO）向媒体发表声明，指出急需制定一套全球一致、可比和可靠的可持续性披露准则，并宣布支持国际财务报告准则基金会设立可持续发展准则理事会。2021 年 3 月 8 日，IFRS 宣布成立由五个国际专业组织组成的"技术准备工作组"，旨在整合和利用其技术资源和工作成果，为拟成立的 ISSB 制定和发布 ISSB 准则提供前期准备和技术建议。2021 年 11 月 3 日，IFRS 正式宣布成立 ISSB

顺序	阶段	时间	主要内容
2	征求意见稿出台及意见征询阶段	2021 年 11 月至 2022 年 7 月	2022 年 3 月 31 日，ISSB 发布了关于国际可持续披露准则的两份征求意见稿，目的在于响应通用目的财务报告使用者对更一致、完整、可比较、可验证的信息的要求，同时提供了一致的指标和标准化叙述性披露，以帮助使用者评估气候相关事项及相关风险和机遇。 2022 年 7 月 29 日，ISSB 结束了就首批两份 ISSB 准则的公开意见征询，累计收到来自全球监管部门及机构近 1400 多份反馈意见稿
3	细则再讨论阶段	2022 年 8 月至 2023 年 5 月	2022 年 9 月开始，ISSB 定期举办月度理事会议，就再讨论细则的修订进行决议。 2022 年 11 月开始，ISSB 不仅额外召开临时理事会会议，还在当月的月度理事会上就国际财务报告可持续披露分类标准的征求反馈意见情况进行了总结和分析
4	准则正式发布阶段	2023 年 6 月开始至今	2023 年 6 月 26 日，ISSB 正式发布首批两份可持续信息披露准则（ISDS）——《国际财务报告可持续披露准则第 1 号——可持续相关财务信息披露一般要求》和《国际财务报告可持续披露准则第 2 号——气候相关信息披露》，并于 2024 年 1 月生效。2023 年 7 月，IOSCO 官方发文宣布认可首批两份 ISSB 准则。 2024 年 1 月，ISSB 和国际会计准则理事会（IASB）召开了联合会议，就其中报告整合项目和可持续信息与会计信息的关联性相关的反馈意见进行了进一步的讨论，为 ISSB 决定未来两年工作计划及确定优先事项以及 IASB 决定管理层评论项目的方向提供基础。 2024 年 2 月 22 日，ISSB 在纽约举办国际财务报告准则可持续研讨会，并发布了首份"采用指南概述"（The Preview of the Inaugural Jurisdictional Guide for the Adoption or Other Use of ISSB Standards）。IFRS 还公布了一份正在进行和已经完成的司法管辖区征询意见清单，供各利益相关方了解

2021年，成立于2011年的可持续发展会计准则委员会（SASB）和综合报告框架（International Integrated Reporting Committee，IIRC）合并成立价值报告基金会（Value Reporting Foundation，VRF），该基金会与气候披露标准委员会（Climate Disclosure Standards Board，CDSB）一起在2022年并入ISSB。全球报告倡议组织（Global Reporting Initiative，GRI）也承诺其未来的标准制定活动将与 ISSB 相协调，共同成为国际可持续披露标准的两个"支柱"。图6-1展示了国际可持续信息披露标准组织间的合作关系。

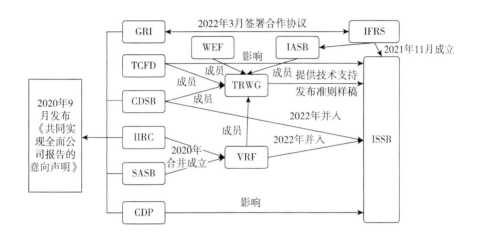

图6-1　国际可持续信息披露标准组织间的合作关系

碳足迹体系建设是推动碳核算的另一路径

碳足迹的概念由"生态足迹"（Ecological Footprint）[①] 衍生而来。最初，为刻画人类活动占用生态系统的广度，规定吸纳人类活动排放的单位二氧化碳所需的生产性土地面积为"碳足迹"。对碳足迹的主流理解已演变为人类活动产生的碳排放。国际标准化组织（ISO）将产品

[①] 生态足迹的概念由 William Rees 和 Mathis Wackernagel 两位学者提出，指某一区域承载人类活动消耗资源并吸纳其产生废物所需的生产性土地和水域面积之和。

碳足迹定义为基于生命周期评价法（LCA）测算的产品系统的温室气体排放，以二氧化碳排放当量（CO_2e）表征[①]，覆盖了原材料获取、产品生产、分销、使用、废弃回收等生命周期各阶段的排放。

其中，产品碳足迹（PCF）因便于刻画供应链上各主体碳排放关系，受到越来越广泛的应用，部分行业出口已经出台强制管理规范。如《欧盟电池和废电池法规》是欧盟落实 2050 年碳中和目标的措施之一，针对在欧盟上市的电池实施全生命周期的管理，将分阶段递进式落实。该法规明确对三类电池（电动汽车电池、轻便交通工具电池以及容量超过 2 千瓦时的可充电工业电池）强制开展碳足迹管理。如电动汽车电池的生产销售主体需要披露电池生命周期各阶段碳足迹值、支撑碳足迹结果的报告链接以及其他相关信息；未来，还须提供电池碳足迹性能等级标签，证明产品碳足迹值低于欧盟设定的上限值（见表 6 - 7）。

表 6 - 7 　《欧盟电池和废电池法规》生效后碳足迹管理分步实施表

电池类型	碳足迹管理分步骤实施内容及时间[②]		
	碳足迹声明	碳足迹性能等级	碳足迹上限
电动汽车电池	生效后 18 个月	生效后 36 个月	生效后 54 个月
可充电工业电池	生效后 30 个月	生效后 48 个月	生效后 66 个月
轻便交通工具电池	生效后 60 个月	生效后 78 个月	生效后 96 个月

除法律强制外，全球重要制造业领先公司开始自愿强化供应链碳足迹要求。如苹果公司自 2008 年起关注并核算自身碳排放情况，从公司运营碳排放和产品碳足迹两方面开展追踪。苹果公司的碳足迹实施主要基于 GHG Protocol 和 ISO 14040/14044 等国际标准。对于产品硬件碳足迹，采用了 LCA 评价法，在大部分重要计算中使用苹果公司的自

---

① ISO 14067：Greenhouse Gases – Carbon Footprint of Products – Requirements and Guidelines for Quantification and Communication.

② 具体实施时期还将视配套授权法案或实施法案出台时间而定。此外，对于带外部存储的可充电工业电池，各项要求的适用时间还将相应延后。

有数据；公司运营碳足迹纳入了直接排放（范围1），与所购电力、蒸汽、供暖或冷却相关的间接排放（范围2），以及商务差旅和员工通勤所产生的排放（范围3）。2022年，苹果公司考虑疫情影响，进一步调整了碳足迹模型，扩充运营碳足迹中的范围3排放源，如居家办公、第三方云服务等都纳入了计算范畴。

从其披露的碳足迹评估结果看，为实现2019—2020财年的碳中和，苹果公司通过提升能效、采购可再生电力项目，实现了范围1和范围2减排；通过参与保护和恢复森林、湿地和草原等项目，获得碳信用额度以中和了剩余的范围1、范围2和范围3的排放（共计324100吨）[1]。同时，苹果公司又提出在2015年排放量的基础上减少75%，以实现2030年产品全生命周期100%碳中和，带动整个苹果链实现碳减排。为此，公司制定了10年减排路线图，从低碳产品设计、可再生能源、提高能效、工艺和材料创新、碳移除五个方面积极推进（见表6-8）。

表6-8　　　　　　　　　苹果公司的碳中和路线规划

主要内容	具体措施举例
低碳产品设计	创新利用机器人进行产品拆解和材料回收，开发电子回收技术，采用再生材料制造产品组件
可再生能源	苹果侧重于可再生电力，目前已有超过250家供应商承诺使用100%可再生电力制造苹果设备产品
提高能效	通过中美绿色基金投资1亿美元优先用于供应商的能效提升项目
工艺和材料创新	通过投资以及与两大铝材供应商合作，为开发首个无直接碳排放的冶铝工艺项目提供支持，后续用于公司相关产品的铝外壳
碳移除	设立碳解决方案基金，在世界各地投资森林生态修复和其他基于自然的解决方案，与自然保护基金会、世界野生动物基金会等合作，保护并优化中国、美国、哥伦比亚等国家超过100万英亩森林管理

由于碳足迹的概念建立在产品生命周期的基础上，LCA也成为开展碳足迹核算和评价的主流做法，在全球范围内得到广泛认同和应用。

---

① 数据来源于苹果公司2023年发布的《环境进展报告》。

LCA 的实施分为目标定义和范围界定、清单分析、影响评价和结果解释四个环节，且四个环节之间存在反复交互和循环推进关系（见图6-2）。

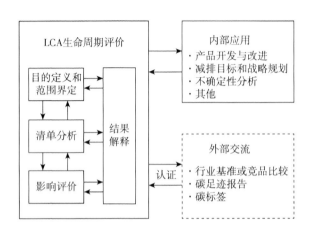

注：虚线框为非必备流程，依据企业自身需求自主选择。

图6-2 碳足迹管理全流程

具体来看，"目标定义和范围界定"环节明确碳足迹的核算目标和系统边界，需确定产品规格、功能单位、生产流程以及纳入核算的过程和排放源。"清单分析"环节明确物料清单和核算参数，涉及数据收集和质量控制，企业通常在此环节基于每个单元过程的活动数据和排放因子计算温室气体排放量[①]。"影响评价"环节关注碳足迹的环境影响（全球变暖影响），主要是将温室气体排放按全球变暖潜势值（GWP）转化为二氧化碳当量，并进行加总。最后一个"结果解释"环节则关乎结果分析评估及报告交流。通过比较各生命周期阶段、单元过程、投入品及能源对碳排放的贡献度和敏感度，企业可识别重点碳源和减排机会，并基于此制定减排目标和战略，以及开展不确定性分析以提高后续核算的精准度。此外，企业还可将核算结果与行业基

---

① 部分碳足迹核算标准（如 GHG Protocol）和管理软件将温室气体排放量计算归入"影响评价"环节。

准值或竞品进行比较，以标签或报告的形式用于同消费者、投资者等利益相关方的交流，而且不同的报告交流形式，往往伴随不同的认证要求，需选择合宜的认证主体和认证等级。

根据不同的认证要求，可选择相应的认证方式并形成认证报告。目前，国际上形成的较具代表性的碳足迹管理标准主要有三套，就碳足迹核算方法、结果分析应用、认证乃至披露交流等关键事项进行了规范，其底层逻辑均为 LCA 框架[①]。一是英国标准协会（British Standard Institute，BSI）发布的《商品和服务在生命周期内的温室气体排放评价规范》（PAS 2050）。作为全球首个产品碳足迹评价标准，PAS 2050 发布于 2008 年，方法和规则设置具体明确，并提供了配套实施指引，易于执行操作。PAS 2050 在 2011 年进行更新细化时，也主动参考了另两套标准[②]。二是世界资源研究所（WRI）和世界可持续发展工商理事会（WBCSD）制定的《温室气体核算体系：产品生命周期核算与报告标准》（简称《温室气体核算体系》，Greenhouse Gas Protocol）。1998 年初创的这一体系旨在建立标准化的温室气体核算方法。目前，温室气体核算体系的"三个范围"框架已成为企业温室气体核算的基石，被诸多绿色评价标准所引用。三是国际标准化组织 ISO 发布的《温室气体——产品碳足迹量化和信息交流要求及指引》（ISO 14067）[③]。2013 年发布的 ISO 14067 问世相对较晚，内容上也参照了 PAS 2050 和 GHG Protocol。ISO 14067 具备 ISO 14020[④]、ISO 14040 等其他 ISO 系列

---

① 基于 ISO 14040 系列标准，其中 ISO 14040（LCA 原则和框架）最早规定了 LCA 的方法学框架，ISO 14041 ~ ISO 14043 则在此基础上分别就各个步骤进行了细化阐释，这三项标准后发展为 ISO 14044（LCA 要求和指引）。

② PAS 2050 修订版在量化方法上考虑了与 GHG Protocol 的一致性，尤其在针对特定产品的规则上同 GHG Protocol 及当时正在制定中的 ISO 14067 开展了技术合作（GHG Protocol & PAS 2050 Factsheet，WRI & WBCSD）。

③ ISO 14067 原为技术规范（Technical Specification），于 2018 年完成修订并升级为国际标准，同时将碳足迹信息交流、产品类别规则（PCR）等内容并入 ISO 14026、ISO 14027 等相关标准。

④ ISO 14020 系列标准主要规定了环境标签及声明相关的认证和交流要求。

标准的支撑，体系完整、脉络清晰且层次分明，但该标准以条文阐述为主，且在部分核算方法和参数规定上稍欠明确，一定程度上影响了实际操作性。

三套标准在核算内容和要求上存在多方面实质性差异。一是涵盖的温室气体种类不同。PAS 2050 和 ISO 14067 纳入了 IPCC 规定的 60 多种温室气体，GHG Protocol 则仅覆盖《京都议定书》要求的 6 类温室气体以及后续追加的 NF3。二是豁免（cut-off）标准不同。虽然三套标准均体现了结果导向，以排放实质性贡献作为判断标准，但仅有 PAS 2050 严格做出了定量规范，明确排放量占产品碳足迹 1% 以上的活动或排放源应纳入核算，且加总核算结果应覆盖至少 95% 的预期排放，而另外两项标准存在主观裁量空间。此外，PAS 2050 和 GHG Protocol 还强调了归因原则，即追溯排放的肇因和源头以确定是否纳入，这也造成核算范围异于 ISO 14067。三是特殊排放处理方式不同，如对固定资产生产、场所运营、雇员交通产生的排放是否纳入核算规定不一。四是分配标准不同，即对涉及多种产品的生产过程或相关活动的排放量采取不同分摊原则。

三套标准均将认证作为提高碳足迹信息可信度的重要手段，但约束力度有所差异。碳足迹认证是基于产品碳足迹核算结果，对过程中碳排数据可靠性、过程完整性、核算真实性等进行核查审定的一个重要程序，其认证主体有企业内部鉴证部门、第三方机构等。PAS 2050 建议就对外交流的碳足迹信息进行认证，并要求在合规声明中披露认证级别（自证或第三方认证）。GHG Protocol 也要求在碳足迹报告中阐述认证主体、认证程序和认证水平，并提供了认证方法的详细指引。ISO 14067 包含碳足迹量化和信息交流两方面内容，根据信息交流形式对认证要求给出了详细规定，即用于碳标签、对外报告等公开交流用途的碳足迹信息必须经过第三方认证，若信息不予公开则不强制要求认证。

中国特色的可持续信息披露标准正在形成

随着中国绿色金融的快速发展和"双碳"目标的持续推进,金融机构气候环境信息披露工作取得积极进展,对标国际领先实践和突出中国特色成为推进这项工作不可或缺的两个维度。

2021 年,中国人民银行发布金融行业标准《金融机构环境信息披露指南》①,要求金融机构披露的环境信息基本与国际主流披露要求相一致。值得一提的是,为这一重要绿色金融标准的推出,牵头起草单位为中国工商银行和主要起草人殷红开展了大量的调研比较、国际交流和协调工作。2022 年,中国证监会发布金融行业标准《碳金融产品》,为市场更好地识别与使用碳金融产品,明确了与碳排放权相关的一系列术语概念和实施碳金融产品的相关要求。

2023 年 7 月,国务院国资委办公厅发布了《央企控股上市公司ESG 专项报告参考指标体系》,理念上与 ISSB 标准保持一致,构建了14 个一级指标、45 个二级指标、132 个三级指标的指标体系,全面涵盖环境、社会、治理三大领域所有重点主题,又结合国企改革设置了"创新发展""产业转型""乡村振兴与区域协同发展"等本土化指标。2024 年 4 月,中国证监会指导上海、深圳、北京三个证券交易所相继发布《上市公司可持续发展报告指引》②,在披露框架方面借鉴了 ISSB准则的"治理、战略、风险和机遇管理、指引和目标"四个核心要素。

① 该指南共 11 部分内容:年度概况,金融机构环境相关治理结构,金融机构环境相关政策制度,金融机构环境相关产品与服务创新,金融机构环境风险管理流程,环境因素对金融机构的影响,金融机构投融资活动的环境影响,金融机构经营活动的环境影响,数据梳理、校验及保护,绿色金融创新及研究成果,其他环境相关信息。

② 《上海证券交易所上市公司自律监管指引第 14 号——可持续发展报告(试行)》,2024;《深圳证券交易所上市公司自律监管指引第 17 号——可持续发展报告(试行)(征求意见稿)》,2024;《北京证券交易所上市公司持续监管指引第 11 号——可持续发展报告(征求意见稿)》,2024。

尽管各方积极性很高、行动力也很强，但可持续信息披露标准的制定和实施仍面临不少挑战。首要的挑战是现行的金融和环境监管要求具有多元化、"矩阵"式的特征。出于各自不同的监管职责，金融监管部门提出的可持续信息披露要求就不一致，生态环境部门有特定的披露要求，上市公司披露信息也有一套成熟的范式。如果金融机构存在跨境金融活动，还要满足多个司法区的不同监管要求。不同监管当局对披露频率、披露指标、披露质量、强制性的要求都存在很大差异。因此，金融机构在开展环境信息披露工作时，往往参考多个法规、标准和行业惯例，如《上市公司信息披露管理办法》、《金融机构环境信息披露指南》、TCFD 披露标准、碳中和层面的一般性国家标准等，增加了金融机构环境信息披露难度，降低了披露内容的可比性。

因此，中国财政部基于 ISSB 准则制定本土化的可持续披露标准，在 2024 年 5 月发布的《企业可持续披露准则——基本准则（征求意见稿）》（以下简称《基本准则》征求意见稿）就显得尤为及时和重要了，有望成为中国在可持续信息披露领域最基础的公共制度。从《基本准则》征求意见稿的文本和起草过程看，这一文件充分借鉴了国际准则的经验，体现了中国公共部门、从业人员的专业能力。与 ISSB 准则相比，无论是相同的内容，还是不同的部分，背后都有严谨科学的逻辑依据和现实考虑。

在整体披露体系设计上，《基本准则》征求意见稿提出将设置基本准则、具体准则和应用指南，共同构成国家统一的可持续披露准则体系，这也为未来纳入更多可持续发展议题预留空间。在具体披露框架上，遵循了气候相关财务信息披露工作组（Task Force on Climate – Related Financial Disclosure，TCFD）的四大主题披露框架，有助于更好地实现国内披露标准与国际标准的对接，尽可能降低境外上市企业的对接成本。

在披露实质性原则上，《基本准则》征求意见稿仍坚持了采用"双重重要性"原则。既关注了可持续相关信息对企业财务的影响，也关注企业活动对环境、社会等层面的影响。从而兼顾各类披露主体、投资者等财务报告的利益相关方以及政府部门、非政府组织和鉴证机构等多元化主体的关切，发挥好可持续信息披露对服务碳达峰碳中和等国家战略的作用。上述交易所发布的自律监管指引也应用了"双重重要性"原则。

在披露方式和步骤上，避免"一刀切"，而是采取区分重点、试点先行、循序渐进、分步推进的策略路径。针对不同行业、不同类型企业可采取差异化、渐进式推进的模式，制定了更加可行的过渡期和特定指标豁免披露规则和更加科学可行的路线图。

披露内容方面，具体准则和应用指南可以对《基本准则》征求意见稿没有规定的可持续影响信息提出额外的披露要求。有助于在对标国际主流披露指标体系的基础上，从国情出发，将环境治理与环保督察、资源循环利用、生物多样性保护、党建引领、乡村振兴、普惠小微、养老等具有中国特色的信息披露要求等内容纳入中国可持续信息披露指标体系。彰显中国特色和可持续发展成就，提高中国企业可持续信息披露的针对性、有效性和国际影响力。

可以预见，未来《基本准则》征求意见稿作为部门规章发布后，其强制性和权威性要高于行业标准和交易所制定的自律监管指引，也具有更加广泛的覆盖面，将统筹现行不同管理部门制定的可持续信息披露要求，降低重复披露、披露指标不一致、数据可比性不高等问题，明确企业开展环境信息披露工作的相关权利和义务，为企业依法依规、高质量披露可持续信息提供依据。

中国碳足迹体系也在加速形成

依托碳足迹可带动全供应链协同减排，促进国际国内绿色"双循环"。碳足迹管理涉及供应链上各相关主体的碳排放活动，有利于推动减排责任从高能耗、高排放企业进一步向上下游企业传递，引导全供应链协同减排，寻求全链条可持续共生，同时也便于政府科学制定扶持和补贴政策，促成减排成本在价值链上的合理分担，助力公正转型和发展模式的全局性变革，从绿色低碳维度实现内循环的提质升级。对外贸部门而言，加快实施碳足迹管理更是应对绿色贸易壁垒、化解供应链"断链""脱钩"风险的关键措施，关系到中国能否深度参与乃至引领全球绿色大循环。

碳足迹发展有助于通过市场机制引导消费端和供给端低碳转型。碳标签（Carbon Labeling）作为产品碳足迹评价结果的具象形式，可为消费者提供简明、直观、迅捷的低碳产品筛选指标，有利于在消费端广泛根植低碳理念，同时倒逼生产端绿色低碳转型，满足市场绿色需求，从而形成良性循环。通过碳足迹核算和贡献度分析，企业可针对性地制定减排策略，调整能源和物料使用，改进生产技术和工艺流程，优化流通、运输和存储，不断提高碳减排效率。

碳足迹也可为多层次碳账户建设提供数据积累和技术指导。产品碳足迹发展同企业碳账户和个人碳账户建设存在交织和重叠，一起推进有利于点面结合、相辅相成。如产品生命周期中原材料获取阶段、产品使用阶段的碳足迹可分别映射至企业（组织）范围3排放中类别1（购买产品和服务）、类别11（出售货物使用）下的排放。而个人碳账户受数据可得性约束，目前核算范围局限于节能节水、绿色出行、移动支付、垃圾分类和资源循环利用等低碳行为。若个人碳账户能实现对产品碳足迹的链接和引用，其核算范围可扩大至整个消费领域。

国内碳足迹体系建设起步虽慢，但目前已在评价标准建设、碳足迹认证和标识、线上服务平台搭建等方面取得了积极进展。例如，深圳市和山东省分别于2022年和2023年印发有关碳足迹标识评价的工作方案，规划了路线图和时间表，提出要在完成上百类重点产品碳足迹标识认证的基础上，实现健全标识认证制度、完善排放因子数据集和核算模型、初步实现多边碳足迹标识互认等目标。浙江省绍兴市、衢州市等中小城市从已有工作基础出发推动碳足迹体系，绍兴市编制了《化纤面料碳足迹评价技术规范》，探索针对纺织产业构建"碳足迹标识"认证体系。衢州市已上线了工业品碳足迹应用系统，能够根据企业基础数据自动、低成本核算产品碳足迹。亿科环境科技是专业从事生命周期评价解决方案的机构，不仅开发了全功能 LCA 专业软件 eBalance 和在线 LCA 评价与管理系统 eFootprint，还联合四川大学建筑与环境学院等单位创立了中国生命周期基础数据库（CLCD），是国内唯一可公开获得的 LCA 基础数据库。吉利控股集团自主研发了一站式数字化碳管理平台"吉碳云"，帮助吉利集团旗下 76 个主体核算组织层面碳排放，为吉利体系内 100 多款车型、上千个零部件核算碳足迹。该系统基于 LCA 方法论和 ISO 14067、PAS 2050 等国际标准，提供产品建模、碳排放核算、统计分析、数据库管理、合作企业管理等综合服务，企业可通过系统实现简便、高效、精准的一站式产品碳足迹核算及分析，一键生成碳足迹报告。四川省成都市于 2023 年 4 月发布了《推动外贸转型发展支持政策》，对全市出口企业年内取得碳足迹核查证书或报告的，给予核查、认证及相关服务费用 100% 支持。

金融机构气候环境信息披露面临的三个技术障碍

普遍的看法是，投融资活动的排放数据收集、核算与披露，也就是所谓"范围 3"是中国金融机构气候环境信息面临的最大挑战。目前，ISSB S2 准则全面披露温室气体范围 1、2、3 排放的要求。《G20 转型金融框架》提出，使用转型融资的主体应披露具有可信度、可比性、可验证性和有科学依据的转型计划；披露短期、中期、长期温室气体减排目标（包括中间目标和净零目标）和气候适应目标，以及减排活动的进展情况；披露范围 1 和范围 2 温室气体排放数据，并在可能的情况下，披露范围 3 温室气体排放数据；披露落实转型计划的公司治理信息；披露计量排放数据和其他转型指标的方法学；对于指定用途的转型金融工具，应披露资金用途；对于不限定用途的转型金融工具，应披露所支持转型活动的关键绩效指标。中国三大交易所的指引只要求主体披露范围 1 和范围 2 的排放量，范围 3 的排放则为自愿披露。

从全球实践看，即使在中国等绿色金融较为先进的经济体，金融机构信息披露多限于绿色贷款，尚未覆盖全部投融资活动。例如，根据中国人民银行绿色信贷统计制度要求，多数中国银行业金融机构仅核算并披露绿色贷款的标准煤节约量、二氧化碳减排量、化学需氧量、氨氮、二氧化硫、氢氧化物和节水等七项环境效益指标，普遍未披露绿色贷款的其他环境效益指标，也未探索测算"非绿"业务的环境效益指标。欧洲中央银行对欧盟 103 家银行的监管评估发现，2022 年仅有 16% 的机构较为充分地披露了其范围 3 融资排放量；即使在已披露范围 3 的欧盟银行中，其测量方法也普遍存在问题，数据的可靠性与可比性还有待加强。

范围 3 碳核算不是唯一的难点。在气候情景分析方面，不少金融机构也在"叫苦连连"。目前，监管机构尚缺少指导性乃至强制性要求，2024 年中国三大证券交易所发布的披露指引仅为鼓励自愿进行相关情景分析，弱于 ISSB 准则的要求。一些金融机构探索性的分析测算主要基于简单的碳价假设情景，缺乏真正的"敏感性"，普通金融活动的参与者很难有"代入感"，得出的结论在可靠性上也有欠缺。在这方面，欧盟银行在披露中更好地使用情景分析方法来评估转型风险和物理风险对其商业模式和战略的实际和潜在影响。例如，一家银行在披露中纳入了政府间气候变化专门委员会（IPCC）提供的标准情景（见表 6-9），评估其业务模式和战略对气候环境风险的抵御能力，并区分了转型风险和物理风险的影响。在国际公认的情景分析框架下，即使根据机构自身特点进行部分调整，也能确保该机构向投资者提供的信息具有可比性。另一家机构则披露了用于评估气候环境风险对其业务模式和战略影响的具体情景，告知利益相关者其信贷和投资业务可能受到的影响，以及机构战略在不同时间范围内可能的潜在变化。

表 6 - 9　　　　　　　　　情景分析下的物理风险评级

物理风险	风险评级	情景
极端高温	高风险	连续 30 天高温天气（ > 34℃）
	低风险	无连续高温天气（ > 34℃）
洪水	中风险	每 10 年发生超过 1 米的洪涝灾害
	低风险	每 50 年发生超过 1 米的洪涝灾害
地震风险	高风险	里氏 4.0 ~ 4.9 级
	中风险	里氏 6.0 ~ 7.9 级

资料来源：政府间气候变化专门委员会（IPCC）。

在数据质量核算、结果核查监督和不确定性分析等方面也有明显的短板。在信息产生环节，金融机构往往依靠前台人员的主观判断，不仅易出现错报、漏报，与中后台风控等环节的合作成本也很高。非银行金融机构的绿色金融业务尚处于萌芽阶段，往往借用商业银行的定性定量指标框架及其分析测算方法，适用性不高。在核查核证环节，第三方核查和认证机构作为碳排放核算的"看门人"，仍处于良莠不齐、鱼目混珠的初级发展阶段，既缺乏技术环节的规范标准和长期投入，也缺乏对于第三方核查认证机构及人员资质的指导性或强制性要求[①]。监管机构的能力也明显不足。气候环境信息较传统财务信息来源更复杂，对现有财务信息披露的监管尚需大力加强，遑论非传统的气候环境信息披露了。亟须完善行业发展规划、准入标准、人才培育等基础性制度规范，不断提升行业治理水平。

存在上述挑战的更深层次原因，是可持续披露的基础能力建设相

---

① 仅个别省市如深圳，明确提出了碳核查机构的备案要求。2016 年，国家发展改革委印发《关于切实做好全国碳排放权交易市场启动重点工作的通知》（发改办气候〔2016〕57 号），其附件 4《全国碳排放权交易第三方核查机构及人员参考条件》给出了一些具体要求，但也只适用于全国碳排放权交易中的核查。

对滞后，碳核算及披露的数据方法待完善。从排放源识别、核算方法学和排放因子选取规则等量化技术和方法看，国内外相关标准在范围1和范围2排放上无明显差异，但国际标准的计算方式和相应的缺省因子库建设更加科学和完善。例如，金融机构在核算其经营中交通碳排放时，财务部门一般不区分是否使用公共交通，而是仅仅统计交通费用，但两种方式的碳排放和减排潜力明显不同。碳因子数据库是碳足迹评价的计算基础，不少认证或核算机构使用瑞士的 Ecoinvent 因子库以及国内亿科环境的 CLCD 因子库。据反映，海外因子库的模型构建和因子设置计算同国内适配度不高，影响到核算准确性；国内因子库则存在收录单元过程和数据有限的问题，系统性完整性有所欠缺，迫切需要建设全国乃至跨境的权威科学的碳因子库。一些机构建议，有条件的地方可以结合产业集聚优势、"自下而上"地逐行业加以突破，在省级层面率先形成并动态维护碳因子数据库及核算模型，为全国构建统一的碳因子数据库提供参考。

基础数据库建设的难度大，金融机构获取碳信息数据难度更大，已获取的数据可靠性也不高。从披露需要看，投融资对象应向金融机构提供的数据涉及生态环境、工信和行业主管部门，目前尚无协调建设和持续提供数据的机制。金融机构并非专业审计机构，虽然可以主动发起对客户的尽职调查以收集信息，但其专业性导致数据可靠性可能欠佳。

基础能力建设未能支撑气候环境信息披露的另一证据，是中小银行披露积极性高，但更明显地受到成本约束。部分中小金融机构反映，第三方机构出具环境信息披露报告费用约为 20 万~35 万元，环境风险压力测试、碳核算等费用更高。在欧盟，次重要银行机构①在气候环境风险的披露不够充分，不达监管预期——表现在没有充分披露其面临

---

① 欧央行在 2022 年针对气候环境风险的调查，涉及 103 家重要银行机构（SIs）和 28 家次重要银行机构（LSIs）。

的重大气候环境风险以及对其商业模式的战略影响；没有充分披露其应对气候环境风险的治理安排；没有披露在可能更容易遭受物理风险的地区的资产份额，也没有披露其范围 3 排放量。大型金融机构开展环境信息披露牵一发而动全身，交叉上市金融机构还要兼顾境内外信息披露要求，其进展慢于中小金融机构。在绿色金融改革创新试验区，参与披露的多为中小型地方法人金融机构，大型金融机构分支机构参与较少，与其需经上级授权、难以自主决策有关。

金融机构碳核算刚刚起步

针对金融机构核算自身运营产生碳排放和持有的金融资产产生碳排放的需求，不仅国际上碳核算金融联盟（PCAF）以 GHG Protocol 为基础制定了《金融业核算标准》，国内监管部门也在推动这一领域的工作。PCAF 确立了"追踪资金"的核算原则，要求金融机构应尽可能地追踪信贷和投资资金去向，以了解并核算金融机构信贷和投资活动对实体经济的气候影响。银保监会 2020 年发布《绿色信贷项目节能减排量测算指引》，明确了绿色项目贷款及配套流动资金贷款节能减排量（包括温室气体排放量）测算方法。证监会在 2021 年发布《公开发行证券的公司信息披露内容与格式准则第 2 号——年度报告的内容与格式（2021 年修订）》，鼓励上市公司自愿披露碳减排措施和效果。中国人民银行则在 2021 年发布《金融机构环境信息披露指南》和《金融机构碳核算技术指南（试行）》，鼓励金融机构定量披露自身运营和投融资活动的碳排放量及碳减排量，并明确了金融机构可参照《工业企业核算通则》流程和要求，确定核算边界和核算方法，收集活动数据，选择或测算排放因子，计算并汇总自身的碳排放量；可参考《用能单位节能量计算方法》，采用后推校准法确定报告期内的碳减排量。

中国金融机构目前尝试采取的碳核算制度与碳核算金融联盟的

《金融业核算标准》相比，相同之处包括：内容上均覆盖金融机构自身运营和投融资碳核算，且将投融资碳核算作为重点；资产分类逻辑均根据资金流向和资金用途进行分类，并将金融机构对项目的投资额与项目总投资的比例作为归因因子，分摊折算该笔融资业务的碳排放量；核算使用的数据来源均为报告排放量（借款人可持续报告、ESG 报告）、生产活动排放量（按照企业合同、能源消耗台账、燃料技术文件、燃料清单等文件中记录的能源消耗品种与消耗量估算排放）、经济活动估算量三类。例如，浙江湖州主要采用基于物理活动获取碳排放数据的方法，依据企业用能发票信息倒推能耗数据和碳排放数据。浙江衢州综合使用基于报告和基于物理活动获取碳排放数据的方法，通过安装终端精准采集企业能耗数据、结合企业自主填报工艺碳排放信息，完成工业、能源等领域企业碳核算。

值得一提的是，中国金融机构的碳核算制度充分考虑并兼顾推动国内金融机构碳核算的核心目标、核算综合成本和能力建设、企业碳排放基础数据可得性和质量，以及与国家有关部门管理政策和标准的衔接等因素，使核算标准更具有可操作性和引导性。一是鉴于部分行业现金流季节性特征显著，中国部分金融机构将归因因子的分子由PCAF《金融业核算标准》的"年末未偿余额"调整为"贷款日均额"。鉴于"总资产"数据更容易获取，将归因因子的分母由 PCAF《金融业核算标准》的"股本＋债务总额""初始财产价值""公司含现金总价值"调整为"资产总额"。为提高金融机构减排动力，与 PCAF《金融业核算标准》主要关注项目融资减排方法学不同，中国对项目融资和非项目融资均提供了减排量核算方法。二是中国金融机构投融资碳核算既不限于绿色贷款，也不限于 PCAF《金融业核算标准》划分的上市股票和公司债券、商业贷款和非上市股权、项目融资、商业地产贷款、住房抵押贷款、车贷等类别，正向全部贷款过渡，包括高碳行业贷款甚至全部贷款。三是中国金融机构碳核算指南对纳入碳核算的金融资产设置了相应门槛，如对于报告期内运行时间或业务存续期不足 30 天的融资项目、月均融资额少于 500 万元的融资主体不予核算。为更好服务碳达峰碳中和目标，将金融机构碳核算覆盖的温室气体限定为二氧化碳，并将基础数据可得的全部行业纳入核算范畴，显著降低了金融机构碳核算成本，提高了准确性。在碳核算报告与披露方面，兼顾了监管部门要求及与其他相关制度的衔接，按日历年披露金融机构基本信息、碳排放量和碳减排量等关键信息。

目前，中国金融机构碳核算试点工作已经启动。部分银行业金融机构针对自身运营、高排放行业企业信贷和主要类别信贷资产等探索开展碳排放核算。部分银行业金融机构配合碳减排支持工具，对符合碳减排支持工具支持范畴的贷款开展碳减排效应测算。绿色金融改革创新试验区将碳核算纳入工作重点，运用数字技术赋能金融机构碳核算。金融机构碳核算国际合作不断深化，部分金融机构依托中英金融机构环境信息披露试点开展碳核算，逐步扩大碳核算范围，积极探索适用国内金融机构的核算方法学。

现有披露框架仍无法真实刻画金融机构面临的气候环境风险

更长期的挑战既不是简单披露汇总后的总资产"含碳量"，也不是假设的"碳价 100 元""温升 2 度"等虚拟情景，而是如何更真实刻画金融机构所面临的气候环境风险，并以此衡量和提升金融体系的气候韧性。

金融机构需要更加深刻地了解其投资组合、业务、客户和抵押品等相关的气候环境转型风险和物理风险，以及上述气候环境风险的传导渠道。定性的、笼统的了解是远远不够的。还需要对金融特定资产类别、特定业务类别、特定运营活动的气候环境风险进行定量描述，就像这些资产、业务、运营遭受违约事件、流动性丧失的影响的定量描述一样，金融机构需要开发特定的风险管理和定价工具。为便于分析金融机构可能面对的各种气候环境的情景，还要对上述可能情景下重要风险指标和价格变量的变化进行合理预期，对多种气候环境风险要素之间的相互联系进行分析判断，并最终整合到本机构的风险管理流程中。

欧洲中央银行监管评估认为，欧盟 103 家银行气候环境风险信息披露的总体质量仍普遍较低，未达到监管预期，主要体现在披露信息的充分性仍存在明显差异（见表 6 – 10、图 6 – 3）。

表 6 – 10　欧盟银行机构按《气候环境风险指南》的信息披露情况①　单位：%

事项	评估问题	2021 年	2022 年	
		披露占比	披露占比	充分披露情况
13	是否披露了其面临的重大气候和环境风险？	36	86	24
13.4	是否描述了转型风险对其商业模式短期和长期的潜在战略影响？	41	60	37
	是否描述了董事会对气候和环境风险的监督？	71	97	50
	是否描述了该组织识别、评估和管理气候和环境风险的流程？	71	92	41
披露 13.4 全部信息的机构百分比		39	58	21
13.5	是否披露了其范围 3 融资排放量？	15	50	16
13.6	是否披露了与气候和环境风险相关的关键绩效指标或关键风险指标？	49	75	46
披露 13.4—13.6 全部信息的机构百分比		6	34	6
13.7	是否披露了除气候风险外的其他环境风险关键信息？	25	35	17

资料来源：欧洲中央银行（本章其他未注明来源的图表均来自欧洲中央银行）。

---

① 充分：银行披露的气候环境风险信息符合《气候环境风险指南》13.4—13.7 事项，并在一定程度上符合 13.3；大致充分：银行披露的气候环境风险信息基本符合《气候环境风险指南》13.4—13.7 事项，但不全面；略显不足：银行披露的气候环境风险信息部分符合《气候环境风险指南》13.4—13.7 事项，但证据不足；不充分：银行未披露符合 13.4—13.7 的气候环境风险信息，或根本没有证据。

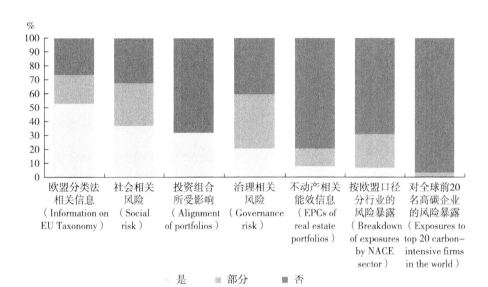

图 6 - 3　欧盟银行关于 ITS 不同风险敞口的披露情况

　　从欧盟调查情况看，74% 的被调查银行并未对其投资组合受到的气候环境风险进行披露。仅有 60% ~ 68% 的被调查银行披露了本金融机构自身活动形成的风险信息，缺乏交易对手方或投资资产所产生社会风险的估计和对自身财务影响等分析，也缺乏对管理上述风险的策略和方法。

　　在定量披露方面，欧洲银行监管局要求银行按欧盟经济活动统计分类（NACE）的行业来披露其涉及气候敏感行业的信贷投放的风险敞口，但仅少数银行披露了全部风险敞口，24% 的银行披露了部分信息；仅 21% 的银行按要求披露了不动产抵押贷款中抵押品的能效信息；约 32% 的银行运用《巴黎协定》资本转型评估工具（PACTA）等方法，按规定分行业披露了投资组合与潜在气候变化转型风险指标[1]的一致性；仅 3 家银行选择性地披露了对碳密集企业的风险敞口。

———————————

① 14% 的银行将国际能源署（IEA）2050 年净零排放情景作为一致性的评估基准。

在风险管理方面，全部受调查的欧盟全球系统重要性银行（G - SIBs）都开展了气候环境风险管理实践，并各具特色。但是，这些大型银行也只能将气候环境风险嵌入信用风险管理中，而未纳入市场、操作、流动性和战略风险管理。在指标和目标方面，尽管所有欧盟的全球系统重要性银行都加入了净零银行联盟（NZBA），承诺到2050年将其贷款和投资组合与净零排放保持一致，但大多数尚未及时披露其范围3融资排放量信息。图6-4展示了对欧盟和非欧盟 G - SIBs 气候环境风险管理的总体评估情况。

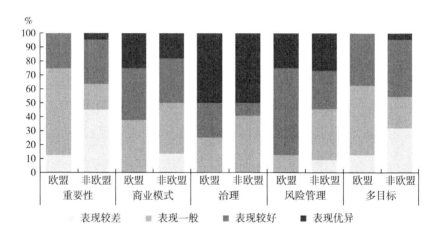

图6-4 对欧盟和非欧盟 G - SIBs 气候环境风险管理的总体评估情况

仅有约1/3的被调查银行对业务相关风险敞口的重要性进行了内部评估，约1/3的银行描述了转型风险和物理风险对其商业模式的战略影响，约1/3的银行调整了治理结构且董事会和高级管理层积极参与了气候环境风险的评估和管理。仅17%的被调查银行能够较为全面地披露相关信息，大多数银行对气候风险外的其他环境风险（包括污染、水和海洋资源以及生物多样性）披露仍存在盲点。2022年，35%的银行披露了其投资组合对至少一种其他环境风险的敞口信息（2021年该比例为25%），这些披露大多针对生物多样性风险，更少数银行披露了其投资组合暴露于水污染和森林破坏等风险的信息。

只有 6 家银行根据 NACE 行业代码披露了信贷投放中气候敏感行业的全部风险敞口细项，24% 的银行披露了部分信息；21% 的银行披露了不动产抵押贷款抵押品的能效信息；32% 的银行运用 PACTA 等方法披露了其部分投资组合与潜在气候变化转型风险指标的一致性。

小步快走推动金融机构开展环境信息披露

要提升金融机构提高披露能力，并最终转化为绿色金融的服务能力，一靠标准，二靠科技，三靠激励，循序渐进、小步快走，逐步实现强制性、全面、定量的环境信息披露。在披露范围上，可采取先内部核算，再向监管部门报告，最后扩展至向社会公开披露；在披露主体上，一方面可随着绿色金融改革创新试验区的拓展不断扩大参与机构数量，另一方面可鼓励全国更多金融机构根据自身能力自愿参与；从披露内容上，可从绿色资产的环境效益指标披露，逐步披露全部类型资产的更多环境指标，将金融机构碳核算范围逐步扩展至全部投融资活动。《基本准则》征求意见稿在国家统一的可持续披露准则体系中处于核心地位，应进一步完善现有披露要求的相关条款，加强其与《基本准则》征求意见稿的协调性。

以市场需要为导向，积极开发气候环境披露相关的行业金融标准是当务之急。当前，国际碳核算体系整体呈方向趋同、多元发展的态势，仅就产品碳足迹核算，通用的就有 ISO 14067、PAS 2050 和 GHG Protocol 等国际标准，这就决定了中国不宜采取完全跟随式发展策略，必须结合国内行业技术的整体水平和应用场景的实际需求，构建起全国统一的碳核算标准及其底层体系，使之适用于企业、个人、产品三类碳账户建设。在标准体系构建和应用相对成熟的基础上，逐步推动实现碳核算标准的国内外互认，进一步提升对碳排放数据的治理权和解释权。在不同应用场景下，金融机构可能依据国际、行业、地方或团体等各类标准正在开展气候环境信息披露。可在充分总结使用经验基础上，完善和正式出台金融业务碳核算和金融机构碳核算等技术标准；研发典型气候环境风险情景，支持具备条件的金融机构分析不同情景下面临的风险敞口，提升金融机构气候风险定价能力；不断完善信息披露机制，制定有效预案应对气候环境信息披露引发的市场反应。聚焦资产价值重估风险和流动性风险，做好整个金融体系和重点行业长期潜在风险应对。

结合可持续信息披露基础设施发展的实际情况，指导不同类型、不同规模金融机构分别制定环境信息披露时间表和路线图，探索建立适用于各类型金融机构的环境信息披露制度，对实施范围、缓释措施、条款适用性等作出妥善安排。避免设定过高的披露门槛要求，在特定行业准则和议题的选定上也应更多考虑具体的监管要求和市场关切。例如，如果暂时不能披露本机构对所有行业的气候环境风险评估方法和结果，可以鼓励其选择重点行业（如信贷资产占比前三的高碳行业）的相关情况，更简略的披露模式也可以是披露禁止投资清单。可以参照一些欧盟银行通过使用碳核算金融联盟（PCAF）和 PACTA 方法来计算信贷业务融资产生的碳排放总量，披露其投资组合中占排放份额最高的部分及其在行业中的相对位置。

部分欧盟银行在气候环境风险分析和披露方面表现较为优秀。如通过图表或表格等可视化程度较高的方式来披露关键要素，并在补充报告中提供更详细的说明。一家银行使用热力图表来直观显示不同情景下的气候环境风险对银行自身、客户和业务的影响程度，展示这些风险对银行稳定性和可持续性的潜在影响。面对欧美国家对进口产品设立的一系列绿色低碳壁垒，中国光伏、电池以及钢铁、水泥、铝等碳密集型基础原材料产业面临较大的环境气候政策风险。图 6-5 展示了欧盟银行在短期、中期和长期三种转型情景下的风险评估，图 6-6 展示了按客户所在行业分类的风险评估。

风险/业务领域	有序转型场景						无序转型场景						"温室效应"场景					
	转型风险			物理风险			转型风险			物理风险			转型风险			物理风险		
	ST	MT	LT	ST	MT	LT	ST	MT	LT	ST	MT	LT	ST	MT	LT	ST	MT	LT
信用风险	／	／	／					■	■									■
存款	／	／	／					■	■									
中小企业	／	／	／															■
抵押贷款	／	／	／															
零售/用户	／	／	／															
市场风险	／	／	／							／								
操作风险	／	／	／															
声誉风险	／	／	／															
流动性风险	／	／	／							／								
业务/战略风险	／	／	／															

图 6－5 欧盟银行在短期、中期和长期三种转型情景下的风险评估①

	转型风险			物理风险		
	ST	MT	LT	ST	MT	LT
农业、畜牧业和渔业		■	■		■	■
消费品						
非必需消费品						
能源/公用事业		■	■			
卫生部门						
制造业和工业						
基础设施						
材料		■	■			
采矿和冶金（不含石油和天然气）		■	■			
石油和天然气		■	■			
房地产						
服务						
技术与通信						
运输		■	■			
旅游业						
水泥		■	■			■
钢铁		■	■			
煤		■	■			

图 6－6 按客户所在行业分类的风险评估②

---

① 白色：低风险；斜线色：中低风险；浅灰色：中风险；深灰色：中高风险；黑色：高风险。ST：短期（4年以内）；MT：中期（4—10年）；LT：长期（10年以上）。
② 白色：低风险；灰色：中风险；黑色：高风险。

有的金融机构率先披露了如何将可持续发展目标嵌入高管绩效考核，包括高层管理人员可变薪酬与可持续产品规模数量、机构 ESG 评级和生物多样性措施等的关系（见表 6 – 11）。

表 6 – 11 薪酬计分卡

领域	比重（%）	目标	参考基准	类别
资产负债表		ROA	预算	价值创造
成本	70	成本收入比	预算	成本效率
风险管理		执行风险	目标	风险
利益相关者价值		提高/维持 ESG 评级	外部评级	可持续性
业务模型	30	绝对/相对贷款量	环境贷款、ESG 投资产品、可持续债券	可持续性

一家机构对气候环境风险敏感行业的风险敞口进行了全面的定量分析，通过表格反映了行业举措和气候相关报告标准，以及如何确定贷款中碳密集行业受气候相关的影响。一家机构在披露报告中将其贷款按行业分类，包括最易受气候变化影响的行业，如电力、石油和天然气、采矿和金属、运输、房地产和农业等，并结合客户分类系统得出 ESG 评分，以监测和管理与气候相关的风险。还有一家银行披露，根据客户填写的气候环境风险评估问卷，得出了客户当前的气候环境风险敞口水平、未来的脆弱性水平和经济影响三维度风险计分卡，在转型评估矩阵中确定客户的风险程度（低、中低、中高或高风险），并将该环境评分纳入对客户的信用评估。

加强可持续信息披露的数字基础设施建设是降低披露成本和监管成本的基础性工作，也是发挥政府公共服务职能的重要抓手。可以结合公共部门数字化平台建设的相关工作，实现部门间、机构间气候环境数据的共享，实现企业可持续相关信息的及时准确公布和信息交互。探索运用大数据、人工智能等科技手段，为金融机构和企业提供气候环境的行业知识，将提升碳核算基础能力融入金融机构和企业的日常经营管理。加强针对企业的碳排放核算方法的研究，鼓励行业自律组织或专业机构开发基于行业的气候环境效益和数据统计、管理工具，确保环境信息的真实性和有效性。

通过形成可持续信息披露的激励约束机制，培育可持续评级市场体系。探索制订可持续信息监管、评估方案，提升可持续信息的透明度和可信度。推广可持续信息披露理念，提高社会公众对可持续信息的认知度和参与度。鼓励开发可交易的可持续指数产品，为气候环境定价机制提供可靠的参照标准。鼓励金融机构基于可持续信息创新更多金融产品与服务，提高绿色贷款、绿色债券等金融产品所支持绿色低碳项目的有效性和精准度。借鉴欧盟要求企业提供独立鉴证的做法，着手制定具有中国特色的可持续鉴证准则，为可持续信息披露的可靠性提供制度保障。加快培育国内可持续信息相关第三方评价和鉴证市场，鼓励评级机构探索人工智能、大数据等技术手段应用，对环境披露数据进行核对校验。做强做大国内头部第三方机构，提升其专业能力和服务质量，更好服务中国"双碳"和可持续发展目标。

第七章

绿色金融与普惠金融的融合发展

统筹运用绿色金融与普惠金融政策工具，推动金融服务在实现生态价值、社会价值和商业可持续性方面的有机统一，是全面、准确、完整贯彻新发展理念的重要举措。从实践层面来看，首要任务是更精准地识别绿色金融与普惠金融项目，并建立有效的激励机制。这需要加快数字基础设施建设，探索创新生态产品价值实现机制，降低识别成本和监管风险，从而充分激发市场主体的内生动力。

落实中央金融工作会议精神，加快建设金融强国，坚持深化金融供给侧结构性改革，需要引导更多金融资源流向绿色发展和中小微企业领域。通过推动绿色金融与普惠金融的深度融合，实现普惠小微贷款的"绿色化"转型，同时确保绿色金融更好地契合中小企业融资需求，形成促进两者"双向奔赴"的有效机制，将为经济社会高质量发展提供有力支撑。

实践中绿色金融和普惠金融出现"交集"

在绿色金融和普惠金融发展的实践过程中，一线金融从业人员和政策研究者、制定者都发现，中国绿色金融和普惠金融分别取得长足发展的同时，也出现了越来越多、越来越明显的"交集"。

从统计指标上看，截至 2024 年末，本外币绿色贷款余额 36.6 万亿元，同比增长 21.7%；普惠小微贷款余额 32.93 万亿元，同比增长 14.6%。一方面，绿色金融所惠及的主体越来越广泛，在支持民营经济、小微企业、涉农企业等领域发挥着重要作用。另一方面，普惠金融产品被赋予更多绿色理念，融入更多绿色低碳的创新元素。商业银行运用贷款、租赁、保险、理财多种服务手段，满足绿色普惠融资需求，推出包括光伏贷、林业碳汇贷、碳账户、碳普惠贷款等创新产品，有效服务绿色普惠重点领域。例如，兴业银行通过创新"分布式光伏贷""茶易贷""林票贷"等产品，持续加大对小型污水处理、农村垃圾处理、工业园区分布式能源服务、景区服务等小微企业的支持力度。浙江安吉农商银行结合地方产业特色，以"行业投向""特色产品"为双向维度的绿色信贷分类标准。湖州银行创新推出绿色金融创新产品"园区贷"，在园区专业提升污染防治和水资源利用效率的基础上，为集中入园的"低、小、散"小微企业配套"二次贷""更新贷""快捷贷""动产质押贷"等产品。江西赣州银行通过"链养贷"产品向龙头企业推荐的生猪养殖农户提供绿色信贷资金支持，专项用于猪栏改造和养殖支出；龙头企业帮助开展散养生猪农户进行无害化改造和环境风险监测。

数字技术的应用与赋能，使得金融机构能以较低成本提供普惠金融与绿色金融相融合的服务。特别是政府统筹纳入企业在节能减排、环境保护领域数据，全面、高频刻画小微企业的环境行为，降低了银企信息不对称，使金融机构通过精准画像能更好识别客户，小微企业金融支持可得性增加，"洗绿"风险降低，为普惠金融、绿色金融发展减少了阻力。例如，浙江宁波普惠金融信用信息平台设立了绿色金融专区，通过汇集工业企业近三年碳排放数据、在企业信用报告中录入单位工业增加值碳排放等级、改造金融机构数据接口，实现企业"标绿"、绿色信贷数据统计等功能。台州普惠绿色金融服务平台"微绿达"在全市 30 余个部门提供 118 类、4000 余项、超 4.23 亿条信息基础上，聚焦当地模具制造和汽车零部件制造两大支柱行业，建立"绿色生产资料库"，探索结合场景智能识别流动贷款用途。截至 2022 年 4 月末，完成流动贷款绿色认定 5830 笔，涉及 4476 个市场主体，涉及金额达 294 亿元，其中符合绿色贷款标准的普惠流动贷款 5406 笔，智能认定成功率为 84.13%；推动台州普惠小微绿色贷款占绿色贷款比重由 2021 年 6 月的 3.31% 上升至 2022 年 4 月的 5.9%。

进一步的讨论发现，绿色金融和普惠金融在理念上是一致的，都关注公平，其中绿色金融强调"可持续发展"，更强调代际间的纵向公平，普惠金融强调"金融服务的可得性"，是群体间的横向公平。随着共同富裕以及碳达峰碳中和目标的提出，金融服务中的公正性越来越受到重视，绿色金融与普惠金融融合发展态势日渐明晰，发展潜力巨大。

引导绿色金融和普惠金融融合发展的政策逻辑

在政策实践和讨论中，大家普遍认识到绿色金融和普惠金融融合发展的必要性：一方面，绿色低碳转型将对煤炭等能源行业以及石化、钢铁、水泥、铝等煤电依赖度高的传统制造业等产生较大冲击，中小企业和弱势群体可能被动承担转型成本，影响其当下的持续经营能力。另一方面，在提供普惠金融服务时如果只关注中小企业和弱势群体的财务健康，就可能带来"碳锁定"，影响其长期的持续经营能力。目前，国际局势复杂多变，世界经济复苏动力不足，中国内需不足问题突出，推进绿色转型面临挑战更大，中小企业面临双重威胁，也期盼双重支撑。

尽管绿色金融强调解决环境外部性问题，是将环境、气候友好的正外部性内部化的重要工具；普惠金融侧重惠及融资主体的广泛性，是将服务弱势群体的正外部性内部化的重要工具。但由于两个领域都不同程度存在信息不对称、服务成本高和风险高，面临商业可持续与防范道德风险的难题，需要从产业政策、金融政策、财政政策等多方面出发，运用公共政策手段完善和规范市场机制，解决市场失灵问题。

因此，完全可以通过逐步完善适应绿色金融与普惠金融发展的顶层设计，使绿色金融与普惠金融齐头并进发展、交织融合蓄能。

实际上，在发展绿色金融、助力经济社会全面绿色低碳转型方面，中国人民银行等七部门在2016年发布的《关于构建绿色金融体系的指导意见》，是全球首个由中央政府部门制定的绿色金融政策框架，明确了绿色金融将积极支持环境改善、应对气候变化和资源节约高效利用三大方面，重点支持环保、节能、清洁能源、绿色交通、绿色建筑等领域。中国绿色金融发展走在国际第一方阵，已形成了支持绿色金融发展的良好政策和市场环境：通过完善绿色金融标准体系，强化金融机构监管和信息披露要求，逐步完善激励约束机制，不断丰富绿色金融产品和市场体系，积极拓展绿色金融国际合作，发挥金融配置资源、发现价格和管理风险的功能。随着碳达峰碳中和目标的提出，绿色金融有了新的指引，进一步组织金融机构开展气候风险压力测试，鼓励金融机构创新碳金融产品服务，研究制定转型金融标准、创设推出碳减排支持工具等方式，支持市场主体沿着清晰的路径向低碳、零碳有序过渡，服务好产业结构、能源结构、投资结构和生活方式的绿色转型。

在发展普惠金融、服务"三农"、小微等融资主体方面，国务院于2016年印发的《推进普惠金融发展规划》，确立了推进普惠金融发展的指导思想、基本原则和发展目标。人民银行综合运用多种政策工具，不断增强了政策的直达性、精准性。例如，发挥差别化存款准备金政策作用，持续对主要涉农机构执行较为优惠的存款准备金率，并适度下调支农、支小、扶贫再贷款利率水平；普惠金融定向降准范围由小微、涉农贷款拓展至普惠金融领域贷款，小微企业贷款考核口径扩展至单户授信 1000 万元以下。再如，为应对突如其来的新冠疫情给小微企业、个体工商户造成的冲击，分层次有梯度地运用一系列货币政策工具，并创设普惠小微企业贷款延期支持工具、普惠小微企业信用贷款支持计划两项直达实体的货币政策工具，保持了合理适度的货币供应量。相关部门还出台差异化的监管政策，不断加强对金融机构评估考核督导，持续开展涉农和金融精准扶贫政策效果评估，持续做好小微、民营企业信贷政策导向效果评估工作。

中央全面深化改革委员会第二十四次会议提出，"促进普惠金融和绿色金融、科创金融等融合发展，提升政策精准度和有效性"。2023年，国务院印发的《关于推进普惠金融高质量发展的实施意见》要求，发挥普惠金融支持绿色低碳发展作用。引导金融机构为小微企业、农业企业、农户技术升级改造和污染治理等生产经营方式的绿色转型提供支持，切实增强了人民群众对金融服务的可得性、获得感和满意度。在标准分类上，2019年，中国人民银行绿色贷款统计制度明确统计口径包括具有普惠意义的绿色个人经营性贷款。相关金融管理部门在工作层面也多次提出，统筹推进普惠金融与绿色金融、科创金融、供应链金融等融合发展。

绿色票据是普惠金融与绿色金融的独特融合

商业汇票①作为商业信用的规范形式，将企业内部债权债务与外部索债凭证及清偿承诺相统一，其中基于数字系统、明确绿色属性的商业汇票（简称绿色票据）受到政策与市场两方面的关注。人民银行和

---

① 根据《中华人民共和国票据法》，票据是指汇票（分为银行汇票和商业汇票）、本票和支票。商业汇票的出票人为银行以外的企业和其他组织。人民银行《支付结算办法》中明确规定商业汇票分为商业承兑汇票和银行承兑汇票。

银保监会分别将绿色票据纳入绿色贷款、绿色融资统计，但规模尚未清晰统计。中国人民银行2019年发布《关于修订绿色贷款统计制度的通知》，票据的贴现及买断式转贴现属于各项贷款统计范围。原银保监会绿色融资统计口径包括了表内贷款中的票据融资和表外融资中的绿色银行承兑汇票余额。商业汇票流程依次包含签发、承兑、贴现、转贴现、再贴现等环节。"承兑"是指金融机构为票据增加信用支持，由于票据具有支付能力，类似于发放信贷；"贴现"则是持票人凭承兑汇票要求金融机构按市场价格获得现金，是一种受限的证券交易；"再贴现"是金融机构将其已贴现的票据再出售给中央银行。

电子商业汇票（简称电子票据）契合小微企业"短、频、急"的融资需求，是典型的普惠金融产品，具有使用成本低、流动性高、标准化程度高等优点，对小微企业盘活应收账款和优化资产负债结构作用明显。中国人民银行发布《关于规范和促进电子商业汇票业务发展的通知》（银发〔2016〕224号）以来，以纸票为主、区域分割、信息不透明的票据市场快速发展为集中统一、安全高效、电子化的现代金融市场。电子票据在全部商业汇票中占比已超过99%。根据上海票据交易所对签发承兑等全流程的监测统计，2023年，签发票据的中小微企业21.3万家，占全部签票企业的93.1%，中小微企业签票发生额20.7万亿元，占全部签票发生额的65.9%；贴现的中小微企业32.0万家，占全部贴现企业的96.5%，贴现发生额17.5万亿元，占全部贴现发生额的73.6%。

目前，绿色票据主要在再贴现环节由上海票据交易所根据《绿色债券支持项目目录》等标准认定①，权威性较高。在操作中，中国人民银行再贴现业务系统中已加载了绿色票据功能，即金融机构办理再贴

---

① 为激励票据结算和融资活动的绿色转型，中国人民银行《关于上海票据交易所系统再贴现模块上线有关事项的通知》（银发〔2017〕216号）明确，"绿色票据标准比照《绿色债券支持项目目录（2015年版）》的相关规定执行"。

现业务前，可以通过上海票据交易所的业务系统补充登记票据的绿色属性信息，提供再贴现融资的人民银行分支机构就可通过该系统识别与统计绿色票据，从而使相关金融机构享受优惠政策。中国人民银行深圳、江西、北京等分支机构通过为绿色票据安排再贴现专项额度、设置绿色通道、鼓励金融机构给予优惠贴现利率等方式支持绿色票据发展（见表7-1）。

部分商业银行在贴现环节推出了绿色票据交易安排。如兴业银行推出"绿票通"产品，以低于市场贴现利率的价格为符合《绿色债券支持项目目录》的绿色企业办理绿色票据贴现。工商银行推出"工银i绿贴"产品，为符合国家鼓励支持的绿色产业客户办理绿色票据贴现。

表7-1　　　　　　　　　部分地区绿色票据识别与激励政策

认定原则	分支机构及工作方案	绿色票据定义	参照标准	激励措施
符合"主体绿"或"贸易背景绿"任一项	南京分行《关于开展绿色再贴现业务的试点方案》	票据签发企业或贴现企业为绿色企业的；票据承兑或贴现环节的资金真实用于支持绿色项目	多部门共建省级绿色企业名录库；绿色项目参照《绿色产业指导目录》和《绿色债券支持项目目录》	人民银行安排绿色再贴现专项额度。金融机构通过降低贴现利率等合理降低绿色票据的融资成本
	南昌中支《江西省绿色票据认定和管理指引（试行）》	符合以下条件之一：绿色主体签发或贴现的商业汇票；交易标的是绿色产品的商业汇票；交易标的是用于绿色项目的商业汇票	参照《绿色债券支持项目目录》制定绿色主体认定标准；交易标的标准参照《绿色债券支持项目目录》	人民银行给予专项额度和绿色通道，取消小微企业绿色票据出票日、贴现日、再贴现日的间隔限制
	济南分行《关于推广"绿色票据直通车"再贴现操作模式支持绿色产业资金融通的通知》	绿色企业或投资绿色项目的企业在商品交易和劳务供应中签发、持有的商业汇票	制定综合评价指标，符合条件的为绿色企业或绿色项目	人民银行为绿色票据设置绿色通道、简化操作流程、优先给予支持。鼓励金融机构适当给予优惠贴现利率

认定原则	分支机构及工作方案	绿色票据定义	参照标准	激励措施
基于绿色主体认定绿色票据	深圳市中支《关于开办"绿票通"再贴现业务的通知》	"绿票通"为利用再贴现政策工具，推出的支持绿色企业的绿色项目票据融资的再贴现快速通道服务项目	深圳绿金委协助审定承办金融机构资质、确定绿色行业及企业清单，金融机构票据自审，管理部门事后抽查	人民银行设立绿色通道、安排专项额度
	石家庄中支《关于推广河北省绿色票据再贴现"直通车"业务的通知》	主营业务或对应项目属于《绿色产业指导目录（2019年版）》和《绿色债券支持项目目录（2021年版）》中所示产业以及绿色服务的企业签发、收受的商业汇票	石家庄中支建立和发布绿色票据再贴现"直通车"名单库	人民银行安排专项额度、开通"特殊审批"通道。引导金融机构给予优惠贴现利率
	厦门市中支《关于开展"绿票通"业务的通知》	出票人或者贴现人为绿色制造企业名单内企业的票据	由市工信局每年确定并公布绿色制造企业名单	人民银行单列再贴现额度。金融机构贴现利率需低于同期同档次贴现加权平均利率
	成都分行《关于印发四川省碳减排票据再贴现专项支持计划工作方案的通知》	签发或收受企业主营业务为参照标准中所列节能环保产业、清洁生产产业、清洁能源产业、生态环境产业或基础设施升级产业	参照《绿色产业指导目录》和《绿色债券支持项目目录》	人民银行给予额度倾斜支持。鼓励金融机构给予优惠贴现利率、优先办理绿色票据贴现

　　绿色票据是中小银行对小微企业提供绿色金融服务的重要渠道。相对而言，目前绿色贷款和绿色债券主要有大中型银行服务于大中企业和大中项目。地方小型法人银行服务小微企业的产品结构不相同：2020年末，全国绿色贷款余额11.95万亿元，其中小型银行绿色贷款

余额 9421 亿元，仅占 7.9%。绿色债券因发行期限长、认证和用途管理成本高，不能较好地适应小微企业短期、高频的小额融资需求。绿色票据是小型银行支持小微企业、扩大绿色业务规模、获得政策支持的重要途径。

在发展中融合绿色金融与普惠金融的识别机制

绿色金融与普惠金融发展各有特点，特别是两者的识别和定价模式各有不同，不能简单套用或叠加。

总的来说，绿色产业项目的识别多依靠项目级别的技术类、动态数据，解决的一般是"是否绿"等环境气候效益评估的问题。所需数据的复杂性主要来源于绿色产业及技术领域涉及广泛，不同产业和绿色技术路线之间差异大。以绿色贷款为例，中国人民银行要求其投向需符合《绿色产业指导目录（2019 年版）》，资金投向多限于绿色产业中具有先进技术表现的项目。目前看，金融机构主要依靠行业部门提供的产业门类范围配套各类绿色环保技术标准加以识别。绿色金融的识别标准与定义目前主要依赖于各类产业部门制定和细化，未来还将更多纳入消费等领域的绿色经济活动的识别标准。在绿色金融、转型金融有序有效衔接背景下，《绿色低碳转型产业指导目录（2024 年版）》纳入低碳转型相关产业，需要适应低碳技术迭代快、碳排放管理方法不断成熟的趋势，并需要不断加入量化手段来予以有效识别。

要从金融服务和产品中识别出普惠金融服务和产品，已经有相对简单、易于操作和理解的成熟框架。普惠小微贷款的统计口径是 1000 万元（含）以下小微企业贷款和所有个体工商户贷款。识别模式是根据国家统计局发布标准认定是否为小微企业，在此基础上由贷款银行根据其实际贷款额度确定是否为普惠贷款。普惠金融的定义与认定标准也在发展。例如，金融服务惠及的普惠主体范围不断扩大，中国人民银行提出将普惠小微贷款的认定标准由现行单户授信不超过 1000 万元放宽到不超过 2000 万元。普惠领域的识别信息来自小微及涉农企业等主体客观、静态数据，解决的主要是财务成本的评估问题。目前普惠金融正在通过利用大数据等金融科技探索扩大另类数据等来解决客户识别和风险控制难题。

可见，推动绿色普惠金融融合发展，首要的是解决识别机制不同的挑战。识别普惠主体的融资用途为绿色，并结合对其财务分析加以合理定价，即是金融机构作为市场主体的基础能力。为克服普惠绿色双重服务成本带来的难题，不少金融机构采取利用数字技术赋能的办法，依托数字化平台推动绿色金融的标准内嵌、数据共享及智能核算与披露，既可以较低成本提高金融服务的覆盖面，又可以有效防止"洗绿""漂绿"风险。强化科技赋能，实现绿色金融政策在普惠领域的精准落地。例如，中小企业可以查看其自身的 ESG 报告，并对照采取措施，提升 ESG 表现。兴业银行创新推出"光伏贷"产品，专门为有意向购买光伏发电设备的农户提供金融支持，光伏企业销售设备、提供技术支持实现农户并网发电，农户售电收入用于还贷并获得剩余收益，有可能形成"多方共赢"的全链条服务模式。又如，新疆昌吉农商行开发了绿色小额农户贷款管理系统，构建绿色贷款风险防范体系和绿色产业可追溯大数据体系。通过"绿色金融卡"对信贷资金的交易过程进行跟踪，实现对资金用途和资金流动的有效监管。通过记录农业生产中的交易数据，为绿色农产品提供追溯证据，引导农户进行有机绿色农业种植。贵州农信系统开发绿色信贷自动识别、环境效益测算、环境风险管理工具、"碳账户"建设等系统建设，提升服务绿色普惠主体的能力。

实践中，一些地方政府、金融机构和第三方机构现行探索搭建绿色普惠金融信息数据库、项目库以及数字化应用平台，推动金融数据、企业数据、公共数据集成共享，精准对接绿色金融产品和普惠群体融资需求，并建立健全风险监测、识别和预警机制，持续关注用户数据安全和信息保护等问题，为普惠对象提供更便捷的绿色金融服务。例如，浙江湖州在湖州银行内部 ESG 业务平台的基础上，进一步引入外部数据，打造特色化 ESG 小微企业评价体系及违约率测算模型，多维度客观评价小微企业的可持续发展能力。不仅可以帮助金融机构对不同 ESG 表现的客户给予科学量化的利率，还可以引入地方政府的激励措施，加速小微企业低碳绿色转型和可持续发展。

因此，目前总的政策方向是鼓励和支撑金融机构发挥市场主体作用，加强绿色普惠金融产品的创新开发。

评估小微企业融资的环境气候效应面临现实制约

仍有绿色金融体系支持相对较弱的领域，如小微企业难以识别用途的短期贷款、针对个人的消费贷款、基于股权的金融产品等。截至 2024 年末，中国境内的全部贷款余额达到了 255.0 万亿元，其中住户（个人）贷款余额为 82.8 万亿元，企事业单位短期贷款和票据融资的余额合计 57.8 万亿元。可以粗略地说，超过一半的贷款融资由于具有"个人"或"短期"这两个"基因"的原因，天然难以被纳入绿色金融体系。这也是绿色金融与普惠金融融合发展所需覆盖的潜力领域，需要提供更多的制度供给。

例如，流动贷款是普惠金融尤其是小微信贷的主要形式，但流动贷款中的绿色贷款占比极小。截至 2022 年 4 月底，全国小微企业贷款（含个人经营性贷款）余额为 53.93 万亿元，占全部贷款余额比重的 25.96%；其中，流动贷款[①]余额达到 28.29 万亿元，占小微企业贷款比重为 52.46%。浙江台州的三家法人城商行[②]聚焦服务小微企业，其流动贷款占比更是达到了 90.83%，客户数占比超过 99%。2022 年第

---

① 在常规统计口径中，没有"流动贷款"分类，本书以小微企业一年内短期贷款和个人经营性贷款之和来大致估算。
② 台州银行、浙江泰隆商业银行、浙江民泰商业银行。

一季度末，全国绿色贷款中个人贷款余额748.14亿元，占所有个人经营性贷款余额的比重为0.42%。图7-1展示了台州小微及流动贷款结构示意图。

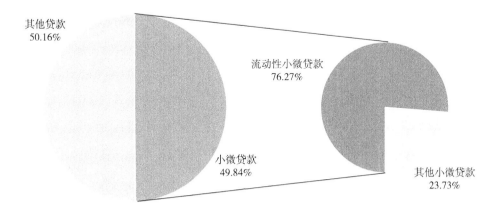

其他贷款
50.16%

流动性小微贷款
76.27%

小微贷款
49.84%

其他小微贷款
23.73%

图7-1 台州小微及流动贷款结构示意图

流动贷款和票据融资都具有用途不明确、额度小、期限短等特征，造成识别其"绿色成分"时操作难、成本高，企业和银行积极性均受到影响。台州三家城商行户均贷款仅为30万元左右，500万元以下贷款笔数占比超过99%，每个客户经理管户数量为500家左右，其短期贷款（含票据）占各项贷款的比重超过85%。调研表明，客户经理在对这种主流的小微信贷超过95%是以"用于生产经营、购买原材料、购买设备"等宽泛概念描述其用途。

绿色票据识别除了存在上述用途的认定难外，还涉及票据独有的真实交易背景确认与监管问题。一般认为，持票人行使权利时不必证明取得票据的原因，此即票据无因性原则。但从防范银行承兑可能面临信用风险的角度出发，监管部门要求金融机构通过查验合同、发票或电子订单、电子发票等，审核票据的真实交易关系和债权债务关系。这样，质疑者认为，当监管部门通过出台政策或直接对票据进行了绿色认证，就意味着在某种程度对票据的真实交易关系和债权债务关系加以了背书，使票据交易主体及其法律关系复杂化。

目前，通过商业汇票交易背景或主体来认定票据绿色属性的做法尚未得到监管认可，再加上金融机构能力和积极性参差不齐，绿色票据的认定仍处于探索阶段。

以特定供应链场景为突破的绿色识别方法

为了突破以普惠主体为主体的绿色金融识别难题，不少地方和金融机构基于本地产业和自身业务特点，通过科学解释、细化场景、指标优化等方式对现行绿色产业（项目）融资服务进行全流程"适应性改造"。例如，台州"微绿达"对生产运营全流程中可能出现的替代、减量、减污、增效、提质、回收利用等绿色场景进行梳理分类，包括原材料采购、设备采购、生产过程污染管理、产品流通及基础设施建设等（见图7-2）。为了达到流动贷款绿色认定易操作、可验证、可追溯的目的，详细列明（见表7-2）识别和佐证资料。

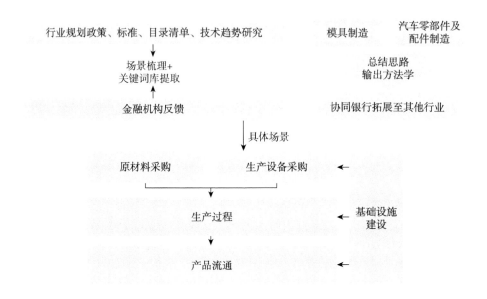

图7-2 台州"微绿达"普惠流动贷款绿色认定整体思路

表 7 - 2　　　　　　　台州市流动贷款绿色认定依据梳理示例

一级	二级	提示	《绿色产业指导目录》对应关系	证明材料建议	材料要求
原材料采购	购买回收钢	钢冶炼渣	1.7.2 废旧资源再生利用。包括废旧金属、废橡胶、废塑料、废玻璃、废旧太阳能设备、废旧纺织品、废矿物油、废弃生物质等废旧资源的再生利用	产品说明书；对照名单产品型号/采购合同	1. 参数符合《冶金炉料用钢渣》（YB/T 802—2009）； 2. 属于《国家工业固体废物资源综合利用产品目录》产品
	…	…	…	…	…
生产设备采购	…	…	…	…	…
…	…	…	…	…	…

为了使绿色识别科学、准确、客观，台州有关政府部门协助收集了依据信息。这些信息包括工信部门、设备制造业发达的地方政府、规模较大的行业协会等发布的绿色目录上千个，最后形成了一个"绿色生产资料库"。表 7 - 3 列示了中国有关生产设备能效提升依据目录信息。

表 7 - 3　　　　　　　中国有关生产设备能效提升依据目录信息

设备	推荐目录	发布单位
机床、锅炉、注塑机、电焊机、空压机、起重机、装载机、机械手	《国家工业和信息化领域节能降碳技术装备推荐目录》	工业和信息化部
	《"能效之星"产品目录》	工业和信息化部
	《节能机电设备（产品）推荐目录》	工业和信息化部
	制造业单项冠军名单	工业和信息化部
	《浙江省首台（套）产品推广应用指导目录》	浙江省经济和信息化厅、国家金融监督管理总局浙江监管局
	"浙江制造精品"名单	浙江省经济和信息化厅
	机械工业优质品牌产品	中国机械工业联合会
	中国机床工具工业协会先进会员（十佳）名单	中国机床工具工业协会

依靠现有交易背景审查的制度框架和票交所系统功能，完全可以在较低的制度成本和运行成本下，将绿色票据标识功能从再贴现环节扩展至承兑环节，试点全链条推动绿色票据发展。可以由金融机构在承兑环节对真实交易背景进行审查，资金用途符合《绿色债券支持项目目录（2021年版）》的票据认定为绿色票据。将绿色票据认定从再贴现环节前置到承兑环节，有利于从事后监督转变为事前引领，提高小微企业签发绿色票据的积极性。将绿色票据的贴现及买断式转贴现纳入绿色贷款统计监测与监督管理。

目前，上海票据交易所通过增加承兑环节绿色票据认证等功能，通过支持企业和银行在银行信用产生的初始环节就可以识绿定绿。通过对证明交易背景影像资料线上登记、存储和应用等功能，支持金融机构在办理贴现、转贴现、回购等业务时可查询识别票据绿色属性。

在个人消费贷款领域，也可通过鼓励金融机构开展重点绿色消费场景的绿色贷款服务。如与消费支付场景相结合，开发新能源汽车消费贷款、绿色建筑按揭贷款、绿色标识产品消费贷款等绿色普惠领域的零售金融产品，同时限制高碳排放、高耗能、高污染产品的消费贷款，倡导居民绿色生活。

总之，坚持市场化和服务实体经济导向，需要构建更为普惠的绿色标准体系。可以对现有绿色标准进行进一步细化和完善，降低绿色认定的难度和成本；针对现行标准未覆盖的、与小微企业发展阶段特色相适应的绿色场景和标准进行适当扩充；鼓励各地基于当地特有绿色产品的标识、标准、认证体系，更新完善节能环保原材料、生产设备、产品等各类目录清单。

为中小企业融资的环境气候贡献提供额外奖励

较多大型企业已将履行社会责任与实现可持续发展纳入经营和投

资的重要战略目标。但小微企业的行动和意识有所滞后，能力则明显不足。

额外性的基线应是由市场机制发挥作用的定价，如碳核算、环境气候披露、碳定价。碳定价一般由重点排放主体获得排放配额后交易形成，中小企业需要经由碳足迹等基础设施，在一定制度环境下传导形成相应的排放分配。在此基础上，如果额外减少，应加以激励或提供有针对性的金融产品。可探索在金融服务全流程中纳入对环境气候效益的考量以及对信息披露的要求，如针对小微转型主体规模小、产能低的特殊性，可考虑科学、自主、动态地界定转型标准，辅以得当的信息披露与转型关键指标要求，并建立与碳达峰碳中和目标激励相容的评价考核体系。在拓宽普惠领域抵质押方式时，可在纳入林权、土地使用权、农村土地承包经营权和农村住房财产权等农村产权的同时，纳入排污权、用能权、用水权、股权质押、知识产权抵质押等绿色产权，也可以在农村产权上叠加对其绿色属性的描述，例如在确认林权时计量其碳汇贡献，在确认农村住房产权时，对绿色建筑进行认定、登记和碳核算。为发展绿色小额贷款、绿色消费贷款、绿色个人经营贷款、绿色贸易融资、绿色票据等产品服务提供基础条件。

发挥制度优势，统筹发挥各类政策工具的激励作用，引导金融机构将信贷资源投放至普惠和绿色领域。比如，浙江衢州创新试点生猪保险与病死猪无害化处理联动机制，运用财政保费补贴，建立无害化处理中心，集中统一对病死猪无害化处理，人保财险衢州市分公司根据无害化处理证明进行保险理赔，大幅度提高了养殖企业通过保险实现无害化处置病死猪的积极性，生猪投保率、死亡生猪无害化处理率、死亡生猪理赔率均实现100%，实现生态效益和经济效益的双提升。吉安银行也建立了符合地方实际的绿色信贷环境和社会风险评估体系，对信贷客户开展绿色评级，并制定了"绿色优先、蓝色支持、橙色关注、红色退出"的四色管理办法及重点领域信贷风险情况滚动清单，提升绿色信贷资产风险的有效性和可控性。

生态价值实现是指建立产品生态价值的定价和交易的长效机制，以激励资源向这一领域配置。例如，政府以补贴和奖励的方式鼓励有机农产品生产，可以使生产者获得额外的生态价值溢价；又如，对破坏环境的农业生产者（如过度使用化肥、农药）进行惩罚，则可视为该类农产品有负的生态价值。目前，类似上述实践以行政行为为主要实现方式，金融活动的生态价值的实现存在定价难、可持续性差等问题。

关注脆弱性群体，防止"减碳伤民"。当前主要关注和服务于因绿色转型带来更高经营成本的高碳行业、依附于高碳行业的小微企业及其从业者以及现有绿色金融体系支持相对较弱的领域这三类群体。当前和未来一段时期，如何以重点行业绿色转型为切入点，在政策制定、财政资金引导、社会支持等方面持续完善相关机制，在推动国家重大战略决策实施、重点行业平稳有序转型过程中，尽可能降低中小微企业主、再就业较困难者、低收入家庭等群体承担更多转型成本将是一项重大课题。

对于有迫切转型要求的碳密集行业来说，随着公共环境整改要求和居民生态环境保护意识不断提高，这一行业不仅需要投入更多资金用于绿色生产和服务，可能进一步摊薄其利润，影响其财务表现。针对该类行业，可通过创新开发如转型信贷、转型基金、可持续发展挂钩债券等转型金融工具，提供与转型业绩挂钩的低成本资金支持。相比核心企业可以主动通过跨行业、跨区域实现绿色转型，依附于高碳行业的小微企业及其从业者群体转型更为被动，成本更高，转型失败的风险更大。在浙江湖州，政府支持和补贴的"园区贷"有效引导污染严重、治理成本高企的"低、小、散"小微企业集聚入园，统一的环保基础设施和清洁能源提升了生产过程中的经济效益和环境效益。湖州安吉农商银行为支持县域中小微企业推出"碳中和助力贷"，专项用于减排项目、清洁生产、低碳改造等，为企业建立专属"碳账户"，并将碳减排变动作为贷款周转降息的依据。当前，已发放"碳中和"助力贷超3亿元，为县域构建高效、清洁、低碳、循环的绿色制造体系作出了积极贡献。此外，发展绿色票据等方式，可以满足中小企业具有"短、频、急"特点的融资需求。在浙江衢州，为引导传统高碳高污染的养殖业绿色转型，政府出台了《关于金融支持衢州生猪产业绿色高质量发展的指导意见》，创新金融支持生猪规模化养殖、畜禽粪污无害化处理资源化利用、病死猪无害化处理以及有机肥市场技改升级，为现代畜牧业提供了"标准化规模养殖、废弃物综合利用、环境持续改善、产业布局优化"的新思路。

从发达国家实践看，实现绿色金融和普惠金融融合发展正反两方面的经验都需要吸取。例如，德国鲁尔和英国威尔士都曾是欧洲重要工业和煤炭资源聚集区，也都曾陷入严重的发展危机，出现了大量工厂倒闭，大量人口失业的现象。在持续不懈的政策干预下，目前两个地区已经成为环境优美、适宜居住和大量吸引新兴行业投资的地区。

第八章
生物多样性金融的中国方案

生物多样性是生物与环境共同形成的生态复合体，生态系统多样性、物种多样性和基因多样性使地球充满生机，也成为人类生存和发展的自然资本。更为紧迫的是，生态环境的退化及生物多样性的丧失，正在成为金融风险的重要来源。这不仅为发展生物多样性金融提供了底层资产，还使得生物多样性金融与绿色金融服务在战略方向上高度一致，在政策工具的运用上也存在诸多共性，政策效应往往相互呼应。

然而，与绿色金融已进入全面落地阶段相比，生物多样性金融仍处于起步初期。整个金融体系对生物多样性相关风险的识别能力尚需建立和提升，金融机构如何将生物多样性因素纳入现有金融资产风险收益定价体系仍处于探索初期，尚未建立有效治理机制并影响其行为决策。

在起步时期，金融部门可侧重识别和降低项目活动对生物多样性的潜在负面影响，在推动绿色金融高质量发展的同时，兼顾对生物多样性保护等可持续目标的有效支持。

全球生物多样性保护的政策与治理框架加速完善

1992 年 6 月 5 日，由联合国环境规划署发起的《生物多样性公约》（*Convention on Biological Diversity*）在巴西里约热内卢签订。自 1994 年起，每两年召开一次的缔约方大会是全球履行该公约的最高决策机构，其常设秘书处设在加拿大蒙特利尔。《生物多样性公约》指出，生物多样性是指所有来源的活的生物体中的变异性，这些来源包括陆地、海洋和其他水生生态系统及其所构成的生态综合体；这包括物种内、物种之间和生态系统的多样性[①]。

世界银行报告数据显示，包括农业土壤和森林等土地资产以及渔业和红树林等蓝色资产在内的可再生自然资本占低收入国家财富的 23%，占中等偏低收入国家财富的 10%。自然资本与其他生产资本以及人力资本一起构成人类的财富，并产生收入，推动经济增长和可持续发展。据测算，全球高达 44 万亿美元的 GDP（占世界 GDP 的一半以上）产生于高度或中度依赖大自然及其服务的行业，如制造业、农业和能源产业[②]，三分之二的粮食作物至少部分依赖动物授粉[③]。预计2030 年，粮食、土地和海洋利用、基础设施和建筑环境以及能源和采掘业的可持续转型，每年可以产生价值 10.1 万亿美元的商机，创造3.95 亿个就业机会[④]。

全球需要优先解决生态环境退化及生物多样性丧失等问题，金融体系也应避免这类风险对金融安全形成冲击。生物多样性丧失使人类面临的食物不足、清洁水源缺乏、空气质量下降、经济衰退等问题。

---

① https：//www. cbd. int/convention/articles/？a = cbd – 02.

② http：//www3. weforum. org/docs/WEF _ New _ Nature _ Economy _ Report _ 2020. pdf.

③ https：//www. weforum. org/reports/new – nature – economy – report – ii – the – future – of –
nature – and – business.

④ https：//www. weforum. org/reports/new – nature – economy – report – ii – the – future – of –
nature – and – business.

据评估，100 万种动植物物种面临灭绝威胁，而人类活动是主要原因之一①。据一项自 1970 年至今的持续监测，在全球近 3.2 万个种群中，野生动物种群下降了 69%，淡水物种种群下降了 83%，衡量世界生物多样性状况的"地球生命力指数"下降了近 70%，14 项关键生态系统服务正在退化②。

因此，在第十次缔约方大会上通过的爱知目标即"联合国生物多样性 2020 目标"③ 基础上，《生物多样性公约》第十五次缔约方大会（COP15）上，188 个国家达成了《昆明—蒙特利尔全球生物多样性框架》，提出了 2050 年内要实现的 4 个总体目标和 2030 年内要实现的 23 个具体目标④，提出到 2030 年恢复至少 30% 的退化生态系统。2023 年，国际生物多样性日将主题定为"从协议到协力：复元生物多样性"，呼吁针对生物多样性保护的全球合作将加速走向落地。

地球海洋表面积约三分之二在主权国家的管辖范围之外，也就是俗称的公海，再加上国际海底区域，即为国家管辖范围以外区域海洋。公海以及国际海底区域内的资源（特别是生物遗传资源）如何保护和开发，目前尚未纳入保护生物多样性的国际法律体系。随着海洋技术的发展，其间利益之争越来越突出。2023 年 6 月 19 日，经过近 20 年的艰苦谈判，联合国成员国在纽约通过了《〈联合国海洋法公约〉下国

① 生物多样性和生态系统服务政府间科学政策平台（The Intergovernmental Science – Policy Platform on Biodiversity and Ecosystem Services，IPBES），生物多样性和生态系统服务全球评估报告（Global Assessment Report on Biodiversity and Ecosystem Services），https：//www.ipbes.net/global – assessment.
② 世界自然基金会，地球生命力报告 2022，https：//www.wwfchina.org/publications.
③ 因在日本爱知县通过而得名。爱知目标共包括四个战略目标和 20 个具体目标。
④ 2050 年内要实现的四个总体目标侧重于生态系统和物种健康，其中包括：停止人为导致的物种灭绝，可持续利用生物多样性，公平分享裨益，以及落实和融资，包括填补每年 7000 亿美元的生物多样性融资缺口。2030 年内要实现的 23 个具体目标包括：保护 30% 的陆地、海洋和内陆水域，恢复 30% 的退化生态系统，实现入侵物种的引入减半，以及每年减少 5000 亿美元的损害生物多样性的补贴。https：//www.unep.org/.

家管辖范围以外区域海洋生物多样性的养护和可持续利用协定》。这一法律文件又被俗称为《公海条约》（High Seas Treaty）（尚需各国经批准后签署生效），将为各国各方提供重要的合作机制。文件共 75 条，除了解决如何公正公平分享公海遗传资源及公平地开展国际技术合作这一"内部性"极强的利益问题外，还涉及各国发展海洋保护区等可持续管理工具以及在国家决策框架中纳入环境因素等具有"外部性"问题。

后一类问题的解决有利于实现《昆明—蒙特利尔全球生物多样性框架》中商定的"到 30 达 30（30 to 30）"全球目标，即到 2030 年有效养护和管理至少 30% 的世界陆地和内陆水域以及海洋和沿海区域。例如，由于海水正在显著变暖，洋流也在变化，金枪鱼穿越太平洋、鲸鱼从极地地区迁徙到亚热带地区等觅食和繁殖活动等动线和时间正在发生变化。海洋酸化和食物网破坏等因素，使研究者观测到北大西洋露脊鲸（Eubalaena glacialis）向北进入加拿大海岸附近的新地区，并与渔业和航运发生额外冲突，导致生物大量死亡[1]。

前一类问题则以相对更为复杂的形式出现。例如，北大西洋中温暖的亚热带海水向北移动的墨西哥湾流和拉布拉多洋流分别携带热带和寒冷海水相遇，并沿着格陵兰岛周围和加拿大东海岸移动，形成了世界上最多产的鳕鱼和龙虾的渔场。这些资源丰富的渔场及其保护区的治理包括加拿大、西北大西洋渔业组织、东北大西洋渔业委员会等机构的管辖。东北大西洋海洋环境公约（OSPAR）设立了北大西洋洋流和埃大拉诺夫海盆地海洋保护区（NACES）来保护海鸟、鲸鱼和海底生态系统。此外，还有 20 个成员国的 700 个海洋研究所组成的国际海洋勘探理事会。一些研究希望建立能够从三维（纬度、经度和深度）观察和模拟海洋热浪等极端事件和物种移动，从而建立海洋物种移动

---

① https：//www.nature.com/articles/d41586-024-01720-2.

和种群动态规模的"全海洋网络"。

中国加速推动生物多样性保护主流化

中国是生物多样性最丰富的国家之一：拥有高等植物种类约 3.4 万种，占全球高等植物总数的 10%，居世界第 3 位；哺乳动物 686 种，特有率居世界首位。然而近年来，受栖息地丧失、生境破碎化、资源过度利用、环境污染和气候变化等因素影响，中国已成为世界上生物多样性受威胁最严重的国家之一。仅就植物而言，《中国生物多样性红色名录》评估的 34450 种高等植物中，受威胁特种共计 3767 种，占比 10.9%。

作为中国开展生物多样性保护工作的重要里程碑，中国政府于 1992 年 6 月 11 日签署《生物多样性公约》，全国人大常委会在当年 11 月 7 日决定批准该公约。2015 年，中国在《关于加快推进生态文明建设的意见》中明确了生态环境质量总体改善目标，并提出要积极参与国际协议制定并推动履约。2021 年，中国作为联合国生物多样性大会主席国领导大会实质性和政治性事务，积极推动"昆蒙框架"达成，促进形成保护生物多样性的国际共识。2021 年，中共中央、国务院发布《关于进一步加强生物多样性保护的意见》，提出要通过市场化、社会化投融资机制为生物多样性保护和修复提供支持。2022 年，生态环境部发布《"十四五"生态保护监管规划》，明确中国将在 2025 年前建立较为完善的生态保护监管政策制度和法规标准体系，为中国生物多样性保护提供制度保障。信息披露方面，中国优先明确重点领域和重点行业的生物多样性相关信息披露要求，并积极推动完善整体性的环境相关信息披露制度。2021 年 10 月，《生物多样性公约》第十五次缔约方大会（COP15）在昆明召开并通过了《昆明宣言》。习近平主席出席领导人峰会时指出："万物各得其和以生，各得其养以成"，强调"生物多样性是可持续发展的基础，也是目标和手段，要实现生态环境保护和经济高质量发展双赢"。作为生物多样性保护的重要制度创新，中国在青藏高原、黄河流域、长江流域等多地划定并严守生态保护红线，协同推进山水林田湖草沙综合治理的目标，保护了绝大多数珍稀濒危物种及其栖息地。

生物多样性金融的概念与政策取向基本成型

第十五次缔约方大会上，超过 50 家国内外银行业金融机构做出了《银行业金融机构支持生物多样性保护共同宣示》，将生物多样性金融的全球发展提上新的议程。要认识生物多样性金融的重要性和必要性，可以从两方面来考虑。

比较直接和广泛的考虑是希望金融系统能够弥补全球生物多样性保护领域所需的巨大资金缺口。据《生物多样性公约》秘书处估计，到 2030 年，全球每年用于保护生物多样性的资金需求约为 7110 亿美元。"昆蒙框架"就资金问题明确缔约方要合力缩小每年 7000 亿美元的生物多样性资金缺口。但目前相关领域的年度资金投入仅为 1430 亿美元，且近 80% 的资金依赖政府部门。根据保尔森基金会的统计数据，2019 年全球用于生物多样性保护的资金约为 1240 亿~1430 亿美元，远低于为实现到 2030 年保障生物多样性水平所需的 7220 亿~9670 亿美元的资金需求，每年的资金缺口约为 598 亿~824 亿美元。在 2019 年统计的生物多样性资金中，57% 来自国内财政税收，20% 来自自然基础设施投入，6% 来源于生物多样性抵消机制。官方发展援助和可持续供应链提供的资金比例都为 5%，而绿色金融产品提供资金仅占比 4%（见图 8-1）。经济合作与发展组织数据显示，全球每年约有 5000 亿美元的政府支出被用于对生物多样性有害的经济活动中，远远高于全球生物多样性保护资金支出。另外，发展中国家生物多样性保护资金的投入更为不足。这些国家的经济活动对自然资源的依赖和利用更多，但全球生物多样性投资中用于支持发展中国家的不到 10%。2011 至

2020 年间，中国生物多样性保护的核心资金投入总计约 2.16 万亿元人民币，占 GDP 的 0.24% ~ 0.29%，与同期发达国家对生物多样性保护投入占 GDP 比重（0.30%）相近，但总体而言资金主要来自政府财政支出，民间资金和国际资金占比较低。庞大的资金缺口需要进一步调动社会资本参与，也为金融业带来巨大机遇。

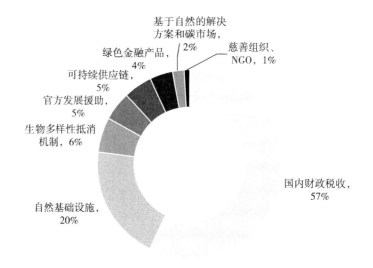

图 8 - 1　2019 年全球生物多样性保护融资来源分布

另一方面，生物多样性的丧失可以通过资产价值等多个渠道影响金融体系。例如，对于自然资本风险的识别、量度和监测能力不足可能降低相关风险管控效能，难以抵抗风险冲击。若造成生物种群消失就将直接打击生态旅游产业，使相关行业资产估值减少。又如，当法律要求自然保护核心区不得开展商业旅游，就可能带来转型风险。未来，企业未能及时有效履行生物多样性保护责任，就可能受到严厉处罚或被迫关停项目，导致巨额投资损失。全球中央银行、金融监管部门、金融机构等越来越关注生物多样性金融及相关风险管理，从提供资金支持、推动信息披露、探索自然风险量度工具等方面着手完善支持生物多样性保护的政策，鼓励金融机构加强投融资活动生物多样性影响的评估与管理，规避或减少对生物多样性保护造成的压力。

经过一段时间的实践，各方发现，生物多样性金融与绿色金融之间目标可协同、工具可共用和效应可共振。绿色金融指支持环境改善、应对气候变化和资源节约高效利用行业与项目的金融活动。生物多样性金融（Biodiversity Finance）是指对生物多样性的保护、可持续利用和恢复作出贡献的金融活动①。而环境污染、气候变化以及资源过度使用都是导致生物多样性丧失的驱动因素之一，生物多样性保护对以自然方式改善环境、应对气候变化和更多自然资源问题均具有关键作用。两种危机之间具有相互强化的机制，恢复和保护生物多样性与应对气候变化、改善环境、节约利用资源之间也具有相互助益的关系。可在绿色金融或可持续金融的相对成熟框架下推动投融资模式创新，丰富金融产品，完善风险管控，填补融资缺口。

世界银行集团下属的国际金融公司编制的《生物多样性金融参考指南》也在绿色分类基础上，为政策制定者设计生物多样性金融分类法和政策提供参考，为金融机构、投资者和企业识别投资机会以保护、维持或加强生物多样性和生态系统服务提供指南。

生物多样性金融的"捷径"

目前，在绿色金融的整体框架下，金融机构对生物多样性保护项目的支持不断拓展，金融支持工具日趋多样化，资金来源更加丰富，形成了财政、金融、实体企业、公益组织等协调推进生物多样性保护的局面。生物多样性金融有其独特涵义，但当下在绿色金融框架下生物多样性金融发展，是一条可以尽快实现金融服务生物多样性保护的"捷径"。IPBES和联合国政府间气候变化专门委员会联合报告指出气候和生物多样性的空前变化已经结合在一起，推动减缓气候变化与生

---

① 根据经合组织、世界银行集团2020年关于生物多样性和生态系统服务报告《为自然调动私营部门融资》，http：//pubdocs. worldbank. org/en/916781601304630850/Finance － for － Nature － 28 － Sep － web － version. pdf.

物多样性保护协同治理有利于最大化环境保护治理效能。

在迅速提升金融识别生物多样性项目的能力方面，中国已经发布的绿色金融分类标准中，《绿色产业指导目录（2019 年版）》《绿色贷款专项统计制度》《绿色债券支持项目目录（2021 年版）》等将"生态保护""生态修复"等生物多样性保护类项目纳入了支持范围，为金融支持生物多样性保护提供了依据。仅在《绿色债券支持项目目录（2021 年版）》中就有绿色农业、绿色渔业、天然林保护、森林资源培育、国家公园、湿地保护、海域综合治理、荒漠化治理、水生生物保护、矿山生态修复、地下水修复等 20 多项相关条目。2021 年发布《G20 可持续金融路线图》，将生物多样性纳入可持续金融覆盖范围，在可持续金融涉及的五大领域十九项行动中，有四项行动与生物多样性相关。

在建立激励相容的生物多样性保护机制方面，中国在生态文明建设的总体框架下，高位推动，顶层设计引领，多部门协同出台了一系列政策文件。党的十八大以来，在习近平生态文明思想引领下，中国坚持生态优先、绿色发展，陆续制定了《全国重要生态系统保护和修复重大工程总体规划（2021—2035 年）》《国家公园自然保护地建设及野生动植物保护重大工程建设规划（2021—2035 年）》《关于建立以国家公园为主体的自然保护地体系的指导意见》和《关于进一步加强生物多样性保护的意见》，确定了新时代生态保护修复总体布局，加快构建以国家公园为主体的自然保护地体系，划定并严守生态保护红线，协同推进山水林田湖草沙综合治理的目标。明确提出要通过市场化、社会化投融资机制为生物多样性保护和修复提供支持，包括建立以财政投入为主的多元化资金保障制度，鼓励金融和社会资本出资设立自然保护地基金，对自然保护地建设管理项目提供融资支持等。

地方和金融机构也充分利用这一政策契机，通过出台区域性激励约束政策，不断强化对生物多样性保护领域的金融支持。例如，青海发布《青海省银行业保险业发展绿色金融支持国家公园示范省建设三年行动方案（2020—2022 年）》，推动建立了国内首个由信托公司与生态保护基金会合作发起的慈善信托，信托资金全部用于资助三江源地区的生态资源保护项目。2021 年 9 月，中国银行发行全球金融机构首笔生物多样性主题绿色债券，规模 18 亿元，募集资金用于国内生态示范区建设、山区生态修复、生态水网等多个生物多样性保护项目。保险机构为福建闽江流域翠屏湖段的生态环境风险提供了保险保障。天津将绿色生态屏障建设等生物多样性相关产业纳入《进一步推动天津市绿色金融创新发展的指导意见》。云南采用由政府提供财政支持，企业提供公益类捐款，银行提供专项信贷资金，保险提供"人象冲突"补偿的合作模式，共同推动亚洲象保护。

开展生物多样性保护的根本目的，仍然是实现经济社会更高质量的发展。中国绿色金融的成功正是很好地平衡了保护与发展之间的关系。生物多样性金融产品创新在起步期也必然遵循这一内在规律。

比如，福建、浙江等地在发展竹林经济的创新绿色信贷"碳汇贷"模式，其中湖州通过引入低成本的绿色信贷资金，投入 100 多亿元实施全国首个竹林碳汇生态转化项目，18 万亩抛荒的毛竹林从碳源变成碳汇，促进竹林生态平衡，竹林植物物种已达到 70 余个。湖南张家界和安徽黄山等地通过"收费权质押贷款"支持自然保护区建设与旅游扶贫融合发展。湖州围绕废弃矿山生态修复，以矿山修复预期收益为依托，开发"绿色矿山贷""矿地综合利用采矿权质押贷"等绿色金融产品，累计提供绿色融资 38.6 亿元，支持废弃矿山修复 382 座、复绿2.5 万亩、复垦耕地 3.1 万亩，成为国家级绿色矿业发展示范区。盐城湿地保护项目获得亚洲开发银行 3690 万美元贷款支持，用于解决湿地和大丰麋鹿保护区的生物多样性破坏问题。宁夏引入世界银行贷款参与黄河东岸防沙治沙项目，使用世界银行贷款资金超 4 亿元，完成荒漠化治理面积超 70 万亩，有效控制了沙害侵袭导致的生物多样性丧失风险。新疆天山天池风景区采用绿色股权融资，完善天池生态旅游基础设施建设，修复天山天池生态环境。

国际上一些成功的生物多样性金融创新项目也符合这一发展规律。例如，世界自然基金会（WWF）在土耳其西南部 Büyük Menderes 河流域开展了一项水质提升项目，以缓解当地纺织产业造成的水域污染。该项目设计了可盈利的商业模型，通过帮助当地中小企业采用更为清洁的生产流程，节约水资源、化学试剂以及能源的使用，以实现降低生产成本和强化环境保护的双重收益。该项目采用一种混合融资机制，最大部分的资金来源于土耳其工业与技术部管理的一家开发性机构 GE-KA，可行性研究部分支出由产业链下游的买家和品牌商承担，当地银行为中小企业提供每户 9 万~20 万欧元的贷款，合计筹集了 360 多万欧元用于支持企业的清洁化改造。

生物多样性金融的两大关键创新

金融机构支持生物多样性保护需要破解的财务可持续性如何解决：需要金融机构支持的生物多样性保护项目和主体，与一般的绿色项目相比，往往存在商业模式不清晰、财务回报不足或周期过长等风险。相较绿色制造、绿色能源、环境保护等领域，不少生物多样性保护类项目的基础性、公益性、长期性等特点更为突出，风险更大、回报率更低、资金回收周期更长。在此基础上，金融机构如何在常规商业项目中准确识别生物多样性保护带来的风险和成本上升，并予以准确定价并创新搭配适当金融产品，则是更大的难题。认识到多种生物多样性风险的客观存在，采取生物多样性保护措施有可能创造更可持续的经济价值，也为金融带来新的发展机遇。世界经济论坛报告[1]显示，截至 2030 年，粮农、土地和海洋利用、基础设施建设、能源和采掘业的

---

[1] 世界经济论坛和 AlphaBeta 公司联合发布，《自然与商业之未来》（*Future of Nature and Business*），（2020）．

可持续转型每年可创造 10.1 万亿美元的经济价值，同时提供 3.95 亿个就业机会。中国金融机构在生物多样性保护领域已开展了诸多实践探索。例如利用绿色金融工具，2021 年 9 月，中国银行成功发行了全球金融机构首笔生物多样性主体绿色债券，规模 18 亿元，募集资金用于国内地区生态建设示范区、山区生态修复、生态水网、国家储备林、低质低效林改造等多个具有生物多样性保护效益的项目。该债券分为人民币和澳门元两个品种，期限均为 2 年期，其中 10 亿元人民币债券利率 2.75%，10 亿澳门元利率 0.6%。在这个过程中，金融系统需要不断提升对生物多样性的风险识别、管理和定价、交易等能力，并将这些经济价值最终反映在金融市场中。

可见，生物多样性金融成功的关键，是金融机构能够有效识别导致生物多样性丧失的关键因素。成功的项目需要通过项目设计和金融创新来有效识别、度量、减少、对冲或消除这些不利因素。目前，除了绿色金融关注的三大领域之外，生物多样性金融还有两大独有领域需要特别关注，也是其关键性创新的重点。

其一，是中国如何在实现经济发展的同时，减少或消除土地与海洋用途改变所带来的生物栖息地流失、破碎化和退化。农业开垦可能减少热带雨林、湿地湖泊、海岸线等重要生物栖息地，旅游、狩猎、养殖等现代化森林经济活动干扰生物种群的生存，城镇化、工业园区建设和公路铁路网发展不仅直接破坏当地生态系统，还通过大量引入外来物种、改变物种交互行动模式等威胁生物多样性。

其二，是在对内对外开放作为基本国策，努力建设全国统一大市场的同时，如何减少或消除入侵物种对本地生态系统的负面影响。外来入侵物种的扩散对所有类型的物种和生态系统持续构成重大威胁。而入侵物种可能是各类基础设施建设、经济发展项目按计划引入的，如种植业、养殖业、园艺绿化等。也可能在一些经济活动中无意引入了入侵物种，但同样都可能严重损害本地生态系统的健康。

当然，在绿色金融已经覆盖的三大领域，也可以积极探索生物多样性金融的支持模式。特别是绿色金融在助力减少减缓污染、气候变化和资源过度使用的同时，可以考虑由生物多样性金融支持采取应对措施。这些典型场景包括，生活及工业垃圾、塑料污染、过量农药农肥的污染对陆地、内陆水体和海洋等生态系统的生物多样性构成严重威胁；过度捕捞对海洋生态系统的威胁尤为巨大；极端天气事件更加频繁，降雨和干旱的规律被打破，对生物多样性正产生严重影响。

发展生物多样性金融需要优先解决信息获取并识别风险

生物多样性信息是观测市场主体落实生物多样性保护要求和评估生物多样性投资价值的基础。目前，需要尽快构建生物多样性基础调查体系和监测评估体系，通过掌握"基线"情况，针对不同生态空间，对生态系统、物种和生物遗传资源进行周期性分类调查，弄清本底和变化；通过将生物多样性监测纳入国家生态环境监测网络，统一进行监测和评估，评估趋势变化，打造智慧生物多样性监测体系。发展规范有效的生物多样性信息披露框架以及对生物多样性价值和风险的识别工具，是生物多样性金融发展的优先领域。

发表在《自然》上的一篇评论文章①介绍，在解决海洋生物多样性保护时，有关方面优先收集和分析海洋物种分布、迁徙模式、栖息地状况、环境变化等方面的关键信息。例如，厚嘴海雀、龙虾、剑鱼和北大西洋鳕鱼等物种的分布范围将随着气候变化而发生变化。收集和整合厚嘴海雀的分布范围将向北扩展，而剑鱼和北大西洋鳕鱼的分布范围将向东北扩展的数据，并使用计算机模型模拟未来气候变化下的物种迁徙模式；收集和监测北大西洋洋流（如墨西哥湾流和拉布拉多洋流）等海洋动力数据，并使用模型预测未来海洋动力变化对物种的

---

① To save the high seas, plan for climate change. 12, June, 2024. https://www.nature.com/articles/d41586 – 024 – 01720 – 2.

影响；以及需要开发更精确的物种迁徙模型和海洋动力模型，以便更好地预测气候变化的影响。

在金融领域，2022 年国际金融公司编制的《生物多样性金融参考指南》，是从金融活动角度建立生物多样性信息披露方法、提升对生物多样性项目界定和识别能力的重要尝试。中国人民大学、中国人民银行衢州市中心支行、开化县人民政府、野生生物保护学会联合编制联合出台的《银行业生物多样性风险管理指南》规定银行机构在尽职调查中要纳入生物多样性风险管理，划分出采矿、水利、农林牧渔、能源等 21 个生物多样性高敏感行业，该标准识别了可能存在生物多样性风险的高敏感行业和地区；提供了银行机构生物多样性风险管理级别分类。通过设立目录和划定项目投资额度的形式，对生物多样性风险敏感的行业或地区实施分类分级管理。比如，采矿业的勘探活动、开发建设活动和运营作业活动对陆地和水体生态造成极大的暂时性或永久性改变，道路修筑、使用、维护活动会对水体质量产生不利影响等。

生物多样性抵消的加入可加强生物多样性金融

要发展生物多样性金融，需要建立可持续利用和惠益分享的制度和机制，包括由国家出台惠益分享的管理办法。相关机制成熟前，生物多样性抵消（Biodiversity Offsets）[①] 是生物多样性保护和可持续利用的过渡性、补充性工具。其应用基于生物多样性的损失和补偿效果在某种维度均是可衡量的，这样才能通过保护、改善或建立足够的生态环境，以补偿因开发某项目产生的生物多样性损失。生物多样性抵消以污染者付费法为基础，是对经济活动的外部生物多样性成本加以内部化的机制，具有经济学理论上的合理性。

---

① OECD (2016), Biodiversity Offsets: Effective Design and Implementation, OECD Publishing, Paris, https://doi.org/10.1787/9789264222519 - en.

目前，全球已有 42 个国家设置了生物多样性抵消政策，但是实际予以实施的却不足 20%。具体的抵消模式可以归纳为三类。第一类模式为"替代性费用"（In-Lieu Fee）机制，即由一家专业的第三方机构从开发者处获取补偿资金，用于开展损害发生后的生态保护工作。这类模式原理很简单，即"破坏、补偿、恢复"形成闭环；但实施很困难：开展恢复工作的机构是否胜任并如何评价，补偿资金的金额是否合理，取决于技术、能力、意愿等诸多复杂因素。

由此制定的简化方案之一，是由政府部门介入，以提高公信力；同时打破"一对一"补偿模式，由政府部门统筹更大区域、更长时间内的开发活动与恢复活动。这类模式是由项目开发者向政府管理部门缴纳对环境破坏的补偿费用，并由政府部门统一实施生态保护。中国多项环境政策都体现了这一机制。中国目前所征收的森林植被恢复费就是生物多样性抵消机制的一种体现。根据 2007 年财政部和国家林业局《森林植被恢复费征收使用管理暂行办法》规定，凡因各种原因占用、征用或者临时占用林地的，用地单位应当按照规定向县级以上林业主管部门预缴森林植被恢复费。通过森林植被恢复费的征收，政府筹集形成森林资源保护专项基金，以便进一步用于森林生物多样性保护相关工作。2016 年发布的《湿地保护修复制度方案》提出"经批准征收、占用湿地并转为其他用途的，用地单位要按照"先补后占、占补平衡"的原则，负责恢复或重建与所占湿地面积和质量相当的湿地，确保湿地面积不减少"。正在推进的生态环保补偿制度也是公共部门探索解决生态保护责任权益问题的一项探索。2020 年 6 月颁布实施了《生物多样性补偿标准》用于保护区（地）建设，该标准适用于被污染或被破坏地区的修复等相关工作，涵盖了自然资源开发补偿、污染补偿、人兽冲突补偿、生态功能区补偿四大方面，遵循"谁开发、谁保护，谁破坏、谁恢复，谁受益、谁补偿，谁污染、谁担责"的基本原则，让生态破坏者和受益者给予补偿。2021 年 5 月，由中共中央、国务院发布的《关于深化生态保护补偿制度改革的意见》对相关工作设置了进一步的规划。围绕国家生态安全重点，该意见提出要健全以中央转移支付为主的纵向补偿制度以及跨省的横向补偿机制，通过对口协作、产业转移、购买生态产品和服务等方式，促进受益地区与生态保护地区良性互动。

中国在跨省流域横向生态保护补偿机制是又一比较成功的抵消机制。例如，黄河干流流域豫鲁段上下游的河南省和山东省达成协议，若该流域水质年均值在Ⅲ类基础上每改善一个水质类别，则山东省给予河南省 6000 万元补偿资金；反之，若水质恶化，则河南省给予山东省补偿资金。根据生态环境部统计，全国目前已签 13 个跨省份流域横向生态补偿协议，对于助推主要流域上下游的绿色发展，优化生物多样性水平作出了重要贡献。在明确权责的基础上将生物多样性保护产生的效应予以经济化。目前中国建立的纵向和横向流域生态补偿机制已经为生物多样性保护的市场化发展提供了创新思路，对于后续土地、森林、湿地等生态系统的生物多样性保护，政府部门还可尝试建立生物多样性保护的土地占补平衡机制，通过发达地区在经济相对落后地区的生物多样性资金投入，从而激励跨区域的生物多样性保护实践。

第三类模式是生态银行（Biobanking）机制，可以看作企业替代政府部门作为中间环节，改变"先破坏、再补偿、后修复"的次序，建立"先修复、再出售、后破坏"的抵消信用（offset credits）机制。美国的湿地缓解银行以及澳大利亚新南威尔士的生态银行先主动修复、建立、保护生物多样性，以此积累形成抵消信用，并在生物多样性损害发生时出售给需要购买的开发者。

部分省市的生态系统生产总值（GEP）核算经验为绿色金融工具的创新提供了基础。通过 GEP 核算，地方建立起生态效益的经济价值测算方法。尽管 GEP 核算技术和基础数据支撑体系仍需要发展，但量化良好生态所产生的经济价值已具备基本可行性。例如，浙江省丽水市青田县农商银行创新推出了全国首笔 GEP 贷，总额 500 万元，以

GEP 生态产品的使用经营权作为质押物，获取融资用于地方生态修复和生态经济发展，从而实现了生物多样性水平的维持与保护。

金融机构首先需要认识到生物多样性提高可为生态产品带来的经济价值，探索发行生物多样性债券、GEP 贷款等创新产品，支持生态友好型项目和企业的发展。对于受生物多样性水平影响的企业来说，技术上的革新和商业模式的优化应当尽早提上议程，通过制定企业的可持续发展战略等方式，将生物多样性等因素纳入考虑范畴，为其业务发展建立坚实的可持续的基础。可以参考国际相同行业内企业的做法，将国际最佳实践与本地生态环境情况相结合，探索出独特的绿色生态友好型发展道路，从环境和社会层面持续提高企业价值。

特别需要强调两点：首先，这一机制不能退化为简单的"花钱买破坏"。生物多样性抵消是缓解生物多样性损失策略的"最后一步"，即只有在采取一切合理步骤以避免和尽量减少项目开发的生物多样性损失之后，才能实施生物多样性抵消措施。其次，不是所有的生物多样性损失都可以得到抵消。当受影响的生物多样性是不可替代的或极其脆弱的，没有已知的保护方法来实现所需的抵消结果，用限制甚至禁止开发的方式仍可能是更好的工具。

构建和完善生物多样性治理体系。要将生物多样性纳入经济社会发展的主流，聚焦生物多样性保护、可持续利用和惠益分享，用系统的方法构建综合协调、逻辑清晰、科学智慧的生物多样性治理体系。

总之，作为协调、平衡推进生物多样性保护、可持续利用和惠益分享是生物多样性公约的三大目标，金融部门的加入将加快构建生物多样性治理体系，加快实现"绿水青山也是金山银山"，加快达成人与自然的和谐。

第九章

蓝色金融成为新"蓝海"

"我们人类居住的这个蓝色星球，不是被海洋分割成了各个孤岛，而是被海洋联结成了命运共同体，各国人民安危与共"。海洋是全球超过 30 亿人赖以生存的核心，是地球上所有生命的关键支撑系统，也是地球上最大的自然系统。目前，全球仍有大量未开发的海洋资源，尤其是海洋生物多样性所蕴含的潜在价值难以估量。

与陆地上相对成熟的环境气候治理相比，人类对海洋生态改善或恶化的认知和操作仍面临诸多困难。对于缺乏明确产权归属的海洋渔业资源、旅游资源和能源资源，开展可持续发展的机制设计更是面临诸多挑战。因此，短期内可以借鉴和发展绿色金融的理念、工具与机制，推动金融部门参与海洋环境效益的价值实现。从长期来看，为人类可持续发展开拓新的"蓝海"，将是蓝色金融的独特使命。

期待"回归"蓝色的海洋

在经合组织（OECD）2016 年发布的报告中，通过对 169 个国家的海洋经济数据库进行初步计算，全球海洋经济产出达 1.5 万亿美元，约占世界总增加值的 2.5%。从构成上看，海上油气占海洋产业增加值近 34%，其次是海洋和沿海旅游（26%）、港口活动（13%）、海洋设备（11%）、水运（5%）、全球海产品工业鱼类加工（5%）以及造船和修理（4%），而工业捕捞渔业（1%）、工业海洋水产养殖（0.3%）和海上风能（0.2%）所占份额较小。若将手工捕捞渔业（主要在非洲和亚洲）所产生的附加值估计数包括在内，将使捕捞渔业总额再增加数百亿美元。

经合组织曾预测[①]，全球海洋产业产生的增加值可能从 2010 年的 1.5 万亿美元翻一番，到 2030 年达到 3 万亿美元。其中，海洋和沿海旅游、捕捞渔业、海水养殖、海洋鱼类加工以及海上风电和港口活动预计将增长最快。发展中国家和近海国家、小岛屿国家更依赖海洋部门获得收入和就业。2015 年，上述 6 大海洋产业在中低收入和低收入国家分别贡献了约 11% 和 6% 的 GDP，而对高收入国家 GDP 的贡献不到 2%。海洋产业直接就业人数约为 3100 万，其中工业捕鱼和海洋旅游业是主要雇主。

由于过度捕捞、污染和气候变化，海洋及其提供的生态系统服务面临的压力已显著增加。世界气象组织报告显示，2021 年海洋暖化和酸化水平以及海平面上升速率均创下历史新高，大部分海洋在 2021 年经历了至少一次猛烈的海洋热浪。这使得海洋生态系统（如珊瑚礁、海草草场等）面临崩溃风险，并加剧全球鱼类资源枯竭。三分之一的鱼类资源被过度开发，估计 30%～50% 的关键海洋栖息地因人类工业化而丧失。随着新兴的深海采矿等海洋经济活动的更加活跃，这一压力还将持续增加，并导致海岸侵蚀、海平面上升、栖息地退化、海洋变暖和酸化、更频繁的极端天气事件和生物多样性减少，破坏海洋支

---

① OECD (2016), The Ocean Economy in 2030, OECD Publishing, Paris, https://doi.org/10.1787/9789264251724 - en.

持可持续发展的能力。发展中国家将面临更大的风险，低收入的小岛屿国家可能在海洋风险中受到多重打击①。

因此，联合国《2030 年可持续发展议程》列明"保护和可持续利用海洋和海洋资源以促进可持续发展"的目标（SDG 14），将减少海洋污染，保护海洋和沿海生态系统，尽量减少海洋酸化，终止非法和过度捕捞，增加对科学知识和海洋技术的投入，以及遵守要求安全、可持续利用海洋和海洋资源的国际法等列为全球优先事项之一。这一可持续发展目标的实现也有助于减贫和维护粮食安全（SDG 1，2）、促进社会经济增长（SDG 8）、支持气候行动（SDG 13）等目标的进展。

然而，在联合国 17 个可持续发展目标中，保护和可持续利用海洋及海洋资源（SDG 14）是获得资金投入最少的可持续发展目标②。解决海洋经济、海洋污染防治与生态治理面临的资金缺口问题，发展蓝色金融迫在眉睫。越来越多的国际组织和金融机构开始陆续推出蓝色金融相关产品，加大对海洋经济和蓝色经济的资金支持，对海洋经济、蓝色经济融资的研究和实践日益增多。欧盟委员会、联合国环境规划署金融倡议（UNEP FI)③、世界银行集团国际金融公司（IFC）等相继发布了针对可持续蓝色经济的融资原则、倡议和标准，不少金融机构开展了蓝色金融创新实践。中国也有金融机构参照绿色金融标准探索发行了蓝色债券，支持绿色涉海项目。

自 20 世纪 70 年代以来，科学家陆续发现在世界各大洋的洋底热液喷口和冷泉区存在着独特的海洋生态系统，极具生物多样性。这些极端环境下生物多样性的新发现对生命科学领域带来了新挑战，同时也带来重大的经济价值。部分发达国家率先开发海洋科技和生物技术，

① 《蓝色经济的潜力》，世界银行，2017 年。
② 《蓝色金融指引》，IFC，2022 年 6 月。
③ UNEP FI. Diving Deep：Finance，Ocean Pollution and Coastal Resilience［R］. 2022.

将深海基因资源运用到医药医疗、美容护肤和保健养生等领域，获得巨大的商业利益，并引发了与发展中国家的争论。争论焦点在于，深海基因资源应适用人类共同继承财产原则，全球共同分享这些深海基因资源开发利用活动所带来的惠益；还是适用传统的公海自由原则，按先到先得获得利益。为解决这一争论，联合国大会于 2004 年决定成立不限名额的非正式工作组，并在 2024 年通过了《海洋生物多样性协定》（BBNJ），设立新法律制度，构建新机制。可见，以深海基因资源为代表的海洋资源问题，不仅是科学问题，也是关系到各国利益的政治问题和国际法、海洋法问题。

略显尴尬的"蓝色"经济

一般认为，海洋经济是基于海洋产业及其延伸产业链的经济活动。海洋经济受国际法、技术发展水平、海洋保护政策导向以及各国国情、资源禀赋、合作意愿、经济发展阶段等诸多复杂因素影响，国际上关于海洋经济、蓝色经济和蓝色金融的研究与实践仍处于探索阶段。不同机构对"蓝色"内涵的理解存在差异。这使得各方对海洋经济的理解和诉求不尽相同，蓝色金融缺乏统一的标准体系和政策框架，也制约了金融服务海洋经济的积极性。

蓝色经济作为较为成熟概念出现的时间并不悠久。最初可以理解为海洋经济的"高级版本"，即指将现代科学技术引入海洋经济，着眼于海洋资源的综合开发利用，可分为传统海洋产业以及新兴海洋产业。如 OECD 报告①就将海洋经济分为传统和新兴产业两类，前者包括航运、捕鱼、渔业加工、港口、石油和天然气开采等，新兴产业包括海洋风能、潮汐能、波浪能、深海采矿、海洋养殖、海洋生物技术、海洋监测等。

---

① OECD (2016), The Ocean Economy in 2030, OECD Publishing, Paris, https://doi.org/10.1787/9789264251724 – en.

　　蓝色经济的再次"进阶"是指引入绿色、低碳等可持续发展理念，被赋予海洋环境治理保护与海洋经济发展协调并重等新内涵（见表9-1）。这一阶段，海洋生态系统服务、降碳固碳、海岸保护、国际海洋空间规划管理、海洋资源可持续利用、废弃物治理和生物多样性保护等产业被纳入蓝色经济范畴。在此基础上，在空间上实现了由海洋和沿海地区向地域更广的相关领域拓展，在发展模式上实现了由单纯追求数量型海洋经济增长模式向更加关注质量型的可持续海洋经济发展模式的升级。

表9-1　　　　　　　　全球主要"蓝色经济"的界定

提出组织或单位	提出时间	对蓝色经济的界定
联合国可持续发展大会（RIO+20峰会）	2012年6月	可持续地利用海洋资源以促进经济增长，改善生计和就业，同时保护海洋生态系统的健康，首次在蓝色经济中将海洋生态价值纳入经济模型和经济决策，形成等同于绿色经济的可持续发展框架
第四届东亚海大会部长论坛《昌原宣言》	2012年7月	以海洋为基础的经济模式，采用绿色基础设施和技术、创新的融资机制和积极的体制安排，以实现保护海洋和海岸保护以及增强其对可持续发展的潜在贡献（包括改善人类福祉，减少环境风险和生态灾难等）双重目标
世界银行（IBRD）[①]	2016年	可持续利用海洋资源促进经济增长、改善生计、就业和海洋生态系统健康，各经济部门在健康海洋中的可持续协同发展
世界银行（IBRD）	2017年	强调在可持续利用海洋资源促进经济增长、改善升级和就业的同时，保护好海洋生态系统和水资源的可持续协同发展。蓝色经济注重在实现基于海洋资源经济增长的同时，最大限度维持海洋生态环境健康，并非对传统海洋经济的简单否定，而是在海洋经济中加入了可持续发展因素

---

① The World Bank. (2019) World Bank and Credit Suisse Partner to Focus Attention On Sustainable Use of Oceans and Coastal Areas – the "Blue Economy".

续表

提出组织或单位	提出时间	对蓝色经济的界定
联合国环境规划署金融倡议（UNEP FI）①	2018 年	可持续的蓝色经济②是一种旨在促进经济增长、维护和改善各行各业生计，同时确保海洋资源能够可持续使用的经济。是一种基于循环、协作、韧性、机会和相互依赖的经济。它的增长是由于减少碳排放和污染、提高能源效率、利用自然资本、阻止生物多样性丧失等相关投资以及这些生态系统的效益所驱动，不包括不可再生的采掘业（如近海石油和天然气以及深海采矿）
欧盟委员会（EC）③	2021 年 5 月	有助于实现欧洲绿色新政、有助于向碳中和目标转型、有助于欧盟循环经济发展和生物多样性保护。涵盖与海洋和海岸相关的所有行业和部门，既包括基于海洋环境（如航运、渔业、能源生产）的部门，也包括基于陆地（如港口、造船厂、陆基水产养殖和藻类生产、沿海旅游）的部门；既包括传统的海洋部门，也包括相关创新部门（如海洋可再生能源、蓝色生物经济、生物技术和海水淡化等）。可持续蓝色经济通过副产品和供应链网络与陆地经济联系在一起
国际金融公司（IFC）	2022 年 1 月	可持续利用海洋资源，促进经济增长、改善生计和就业，同时，保护海洋生态系统和水资源的健康
第三届"一带一路"国际合作高峰论坛《"一带一路"蓝色合作倡议》	2023 年 10 月	将推动海洋资源可持续利用、编制和实施海洋空间规划、养护海洋生物多样性与韧性、促进海洋健康与清洁、加强海洋领域应对气候变化、深化海洋科学技术合作、提供海洋公共服务、提升公民海洋素养、构建蓝色伙伴关系等内容纳入可持续蓝色经济范畴
北京绿色金融与可持续发展研究院	2023 年	旨在改善人类福祉和社会包容，大幅降低环境风险和生态代价，将海洋生态环境保护与海洋经济发展相统一、可持续的海洋经济。既包括能源、航运、渔业、海水养殖、旅游等传统意义上的海洋经济部门，也包括碳储存、海洋海岸保护和生物多样性养护等目前尚未市场化的人类活动。

---

① UNEP FI. The Sustainable Blue Economy Finance Principles. ［EB/OL］. 2018.
② 参见《可持续蓝色经济金融倡议》。
③ The 2018 Annual Economic Report on EU Blue Economy，https：//blueindicators. ec. europa. eu/published – reports _ en.

例如，OECD 报告①认为，海洋经济也可分为基于海洋的产业（如船舶、渔业、海上风能、海洋生物等），以及海洋提供的自然资产和生态系统服务（鱼类、大洋航线、二氧化碳吸收等）——两类活动互相关联、互相依赖。又如，欧盟重视海洋经济的长期、可持续、包容性增长，提出可持续蓝色经济概念，赋予海洋经济更多维度和更广产业领域。欧盟委员会指出蓝色经济是与蓝色增长相关的经济活动。蓝色增长指源自大洋、海洋和海岸带的明智（smart）、可持续和包容性的经济和就业增长。"明智"指为了在未来充分发挥潜力，海洋经济活动需要相互结合，在发挥协同效应和构建产业集群效应中形成明智的结合，其中创新是关键；"可持续"指海洋经济活动需要可持续发展，需要采取综合的途径，长期关注和应对世界资源、气候和环境挑战，也需获得地方、国家、欧盟、国际政策支持；"包容性"指海洋经济活动需包容性发展，能提供就业机会，促进全民参与，特别是地方和沿海人群参与。欧盟蓝色经济活动分为三类：初创阶段的活动尚需大量的投资和扶持，包括蓝色生物技术、海洋可再生能源、海洋采矿业等；成长阶段的活动正在创造新的就业机会，包括海水养殖、海上风能、邮轮、海上监视监测等；成熟阶段的经济活动是蓝色增长的坚实基础，包括海运、海洋油气、滨海旅游、建筑施工、航道疏浚、造船等。不同经济活动之间的协同效应是充分释放蓝色经济潜力的关键。

从蓝色经济的两次概念"升级"中可以看出，由于蓝色经济并未普遍的排除海洋化石能源的开采和使用，"蓝色"的概念与"绿色"相比略显尴尬。根据 OECD 海洋经济数据库，2010 年全球海洋产业增加值保守估计约为 1.5 万亿美元，占世界总增加值的 2.5%，但仍以航运、捕鱼、渔业加工、港口、石油和天然气开采等传统海洋产业为主。

① OECD（2016），The Ocean Economy in 2030，OECD Publishing，Paris，https：//doi.org/10.1787/9789264251724-en.

其中，离岸石油和天然气贡献了海洋产业总增加值的近三分之一，是最大的海洋产业部门。海洋和滨海旅游业贡献了海洋产业总增加值的26%，也主要使用传统的化石能源。

进一步看，海洋产业链还处于加速延伸的时期。如果利用新的技术手段来观察海洋产业的基础设施及其产业链、供应链，可以更清晰地看到对气候环境不那么友好的海洋经济活动仍在扩张。例如，英国普利茅斯海洋实验室一项研究借助谷歌地球的卫星图像[①]对全球港口填海造地的足迹进行了量化研究，发现30年来全球前100个集装箱港口中有65个港口正通过沿海填海共增加了约978平方公里面积（相当于目前全球港口占地面积的22%）。

"自上而下"明确蓝色金融内涵

欧盟委员会、世界自然基金会（WWF）、世界资源研究所（WRI）和欧洲投资银行（EIB）（2018）发布《可持续蓝色经济金融原则》（*Sustainable Blue Economy Finance Principles*），提出投融资活动决策时可自愿采纳的14项原则，是全球首个通过经济金融活动促进海洋可持续发展的原则框架。欧盟委员会对蓝色经济和蓝色金融的定义涵盖了与海洋和海岸相关的所有部门和跨部门经济活动，包括经济金融、社会和环境、自然资本、土地资源、污染物与碳排放、生物多样性、循环经济等。

根据已经达成的共识，国际开发性金融机构率先开展了蓝色债券发行融资和支持海洋经济可持续发展的实践。世界银行（2018）发行全球首只蓝色债券，支持塞舌尔可持续海洋与渔业发展；并于同年发起蓝色信托基金（PROBLUE），作为其整体蓝色经济计划的一部分，

---

① Dhritiraj Sengupta & Eli D. Lazarus, Rapid seaward expansion of seaport footprintsworldwide, Communications Earth & Environment 4, Article number：440（2023）.

用于支持全球不同地区可持续渔业和水产养殖管理、海洋塑料与垃圾应对、旅游海运及近海可再生能源、政府海洋管理四个关键领域。北欧投资银行（Nordic Investment Bank，2019）发行"北欧—波罗的海"蓝色债券①，支持海洋塑料废物治理、水资源管理保护和海洋可再生资源等领域。亚洲开发银行（ADB）（2021）发行首批以澳大利亚元和新西兰元计价的蓝色债券，为亚太地区海洋项目提供资金。

在初步实践并受到金融市场参与者欢迎的基础上，国际金融公司（IFC，2022）发布《蓝色金融指引》，制定了全球首个蓝色资产分类标准和蓝色活动清单，将其蓝色金融支持领域更具体地界定为 9 大类别 40 个子行业，重点支持联合国可持续发展目标的目标 6（"为所有人提供水和环境卫生并对其进行可持续管理"）和目标 14（"保护和可持续利用海洋和海洋资源以促进可持续发展"）。

目前，国际上关于蓝色金融主要有两套主流标准体系：一类是原则性、框架性标准，主要以 SBEFP 为代表，为可持续蓝色经济金融发展提供 14 条原则框架；另一类是 IFC 和 EC 等分别制定的蓝色金融具体操作性标准，这类标准除明确蓝色项目分类外，还对募集资金用途管理、项目评估、报告等提供了更具可操作性的标准，但不同标准在支持领域、评估认定标准和保障措施等方面存在较大差异。例如，IFC《蓝色金融指引》将蓝色金融视作绿色金融的子集，以国际资本市场协会的《绿色债券原则》（GBP）、贷款市场协会的《绿色贷款原则》（GLP）为基础，所筛选合格项目、对募集资金、项目评估和选择、募集资金管理、报告等内容应同时遵循 GBP 和 GLP 有关绿色金融的规定；EC 蓝色经济可持续性标准则重新构建了蓝色经济可持续性管理框架（BESF），包括通用管理框架（包含共同指标）和 30 个分部门管理框架，为 EC 蓝色经济投资倡议提供标准依据。此外，多数国家尚未明

---

① NIB issues first Nordic – Baltic Blue Bond，https：//www. nib. int/releases/nib – issues – first – nordic – baltic – blue – bond.

确本国蓝色经济和蓝色金融标准，部分国家蓝色经济和蓝色金融存在多个标准并行、混用问题，不仅加大了金融机构合规开展蓝色金融的难度，也不利于与国际标准的衔接互认（见表9-2）[1]。

表9-2　　　　国际组织有关蓝色经济/可持续蓝色经济分类目录

机构名称	项目名称	投资支持领域（大类）
EU	欧洲蓝色经济年报	A. 成熟蓝色经济部门 　1. 海洋生物资源； 　2. 离岸油气； 　3. 港口活动； 　4. 造船和维修； 　5. 海洋运输； 　6. 海洋旅游 B. 新兴蓝色经济部门 　1. 可再生能源； 　2. 深海勘探； 　3. 海上平台； 　4. 生物科技； 　5. 海水淡化； 　6. 环境保护； 　7. 生态服务； 　8. 自然资本； 　9. 海洋防务和安全； 　10. 海洋研究和教育
IFC	蓝色金融指引	1. 供水； 2. 用水卫生； 3. 海洋友好和水友好产品； 4. 对海洋优化的化学品和塑料相关行业； 5. 可持续航运与港口物流行业； 6. 渔业、水产养殖业和海产品价值链； 7. 海洋生态系统恢复； 8. 可持续旅游服务； 9. 离岸可再生能源设施

---

[1]　谭小芳，钱薪竹，尹诗璐. 国际蓝色债券框架的比较分析 [J]. 债券，2023（11）.

续表

机构名称	项目名称	投资支持领域（大类）
UNEP FI	SBEFI	1. 海产品（包括渔业和水产养殖）； 2. 海上运输； 3. 港口发展； 4. 沿海和海洋旅游； 5. 海洋可再生能源 （不包括生物勘探、蓝碳和生态系统服务等对可持续蓝色经济具有重要意义但仍处于新兴阶段的部门）
ADB	海洋融资倡议（OFI）和健康海洋行动计划	1. 卫生； 2. 海洋塑料； 3. 绿色港口； 4. 航运； 5. 沿海复原力
IBRD	蓝色经济倡议（2020）健康和多产的海洋	1. 渔业和水产养殖管理； 2. 包括垃圾和塑料在内的海洋污染治理； 3. 旅游业； 4. 海运； 5. 近海可再生能源； 6. 其海洋和沿海资源管理能力提升服务
EIB	蓝色可持续海洋战略	1. 沿海可持续开发和保护； 2. 可持续海产品生产； 3. 绿色海运； 4. 蓝色生物技术
保护私人投资联盟（CPIC）	—	1. 沿海复原力； 2. 森林景观保护和恢复； 3. 流域管理的绿色基础设施； 4. 可持续农业集约化； 5. 可持续沿海渔业

拓展蓝色金融的中国实践

中国对海洋经济的重视程度不断提高，逐步确立了发展海洋经济、保护海洋生态环境和建设海洋强国的战略，蓝色金融也随之加快发展。

中国是全球较早系统提出海洋经济统计分类体系的国家，率先实现海洋经济统计工作制度化运行[①]。2003 年国务院发布的《全国海洋经济发展规划纲要》，作为指导海洋经济发展的首份纲领性文件，为调整完善中国海洋产业、优化海洋经济区域布局、推进海洋生态环境与资源保护进行了系统部署，使中国海洋经济长期产业结构单一、资源开发不受约束、海洋产业各领域彼此孤立的局面开始得到扭转。中国在《海洋及相关产业分类》（GB/T 20794—2006）[②] 中明确指出，海洋经济[③]是指开发、利用和保护海洋的各类产业活动，以及与之相关联活动的总和。海洋经济由海洋产业和海洋相关产业构成，包括 12 个主要海洋产业、海洋科研教育管理服务业和海洋相关产业。《海洋及相关产业分类》（GB/T 20794—2021），将海洋经济活动更新为 15 个主要海洋产业、海洋科研教育、海洋公共管理服务、海洋上游相关产业和海洋下游相关产业五大类。

党的十八大之后，围绕推动海洋强国战略，中国陆续出台一系列海洋发展规划和配套支持政策。《全国海洋经济发展"十二五"规划纲要》（2012）提出"推动海洋金融的多元化发展，加快改革海洋经济投融资体制"等任务要求。党的十九大报告（2017）将加快建设海洋强国、发展海洋经济、保护海洋生态环境提到新高度，将海洋渔业、海洋交通运输业、海洋生物医药业、海水利用业等确立为国民经济新的增长点。《"十四五"海洋经济发展规划》（2021）进一步明确建设中国特色海洋强国的目标。为改进和加强对海洋经济发展的金融服务，中国人民银行等八部门联合印发《关于改进和加强海洋经济发展金融

---

① 《2022 年中国海洋经济统计公报》，自然资源部，2023。

② 国家海洋局：《海洋及相关产业分类》（GB/T 20794—2021），中国标准出版社，2022。

③ 2003 年《全国海洋经济发展规划纲要》最早对海洋经济进行了官方界定，是指开发利用海洋的各类产业及相关经济活动的总和。自然资源部发布的最新版《2022 年中国海洋经济统计公报》，将海洋经济界定为开发、利用和保护海洋的各类产业活动，以及与之相关联活动的总和。

服务的指导意见》（2018），原中国银保监会印发《关于推动银行业和保险业高质量发展的指导意见》（2020）。

地方政府和金融机构在蓝色金融实践方面也进行了积极探索。山东省发布《关于改进和加强海洋强省建设金融服务的意见》（2019），从健全与海洋经济相关的金融组织服务体系、创新融资方式和产品服务体系、健全政策协同保障机制等方面提出多项改革举措，支持海洋经济发展。兴业银行、青岛银行、南方基金、福建海峡银行等国内金融机构相继加入《可持续蓝色经济金融倡议》，承诺遵守《可持续蓝色经济金融原则》。中国银行巴黎分行和澳门分行陆续发行双币种（美元和人民币）贴标蓝色债券，募集资金用于境外海洋相关污水处理项目及海上风电项目。青岛水务集团（2020）发行绿色中期票据，募集资金用于海水淡化项目，成为境内首单蓝色债券。青岛银行构建了"五维度"蓝色金融服务体系。

金融机构开展蓝色金融仍处于探索起步阶段，未对蓝色金融加以政策上或法规上的界定。笼统地说，为便于理解和操作，可以把蓝色金融定义为金融服务海洋相关的气候应对、环境保护和资源节约利用等活动，并兼容更多其他可持续发展目标（SDGs）。这一定义对标的是中国绿色金融的定义，自然就可以把蓝色金融作为绿色金融的一个组成部分，利用绿色金融较为成熟的政策体系、机构体系、产品体系和标准体系推动海洋经济可持续发展。

市场主体通过参照相对成熟的绿色金融标准，发行蓝色债券、发放蓝色贷款等，支持识别度较高和技术较先进的可持续蓝色经济项目。例如，金融监管部门将蓝色债券界定为创新型绿色金融产品，中国绿色债券标准委员会发布的《中国绿色债券原则》（2022）将蓝色债券纳入绿色债券子品种，重点投向可持续型海洋经济领域，用于支持海洋保护和海洋资源可持续利用相关项目。

然而，中国绿色金融体系目前的分类目录及相关的激励政策、创新工具均重点关注陆地经济活动，无法满足海洋相关产业和领域日益增长的融资需求，在防范海洋经济金融风险方面也缺乏有效工具。对于原则上属于绿色项目大类，但在具体细项中尚未包含其中的蓝色项目，以及涉及具体技术门槛尚不明确的蓝色项目，金融机构由于缺乏在相关产业、技术、核算等领域的专业化能力和专业化人才，对合格项目的识别、潜在风险预判以及后续资金风险管理等方面存在明显技术和人才短板，制约了金融机构开展蓝色金融的积极性。

北京绿色金融与可持续发展研究院（2023）依托《绿色债券支持项目目录（2021 年版）》，研究制定了《山东省蓝色产业投融资支持目录》，创新推出中国版金融支持蓝色产业目录。宁德农商行设立全国首家蓝色专营支行，建行深圳市分行成立全国首家海洋渔业支行，威海蓝海银行成为全国首家以服务海洋经济为特色定位的民营银行。金融机构通过完善内部组织结构，持续优化蓝色金融服务。2022 年 6 月，国际金融公司（IFC）联合亚洲开发银行（ADB）、德国投资与开发有限公司（DEG）和法国开发署经合投资公司（Proparco）合计为青岛银行筹集 1.5 亿美元蓝色银团贷款，专门用于服务海洋友好项目和清洁水资源保护项目。

海洋活动外部性的刻画

相对陆地而言，海洋环境治理的外部性内生化路径尤为复杂。一方面，海洋资源开发利用具有显著非排他性和非竞争性特征。大量的渔业资源、旅游资源、能源资源没有产权归属，优质的海洋生态会普遍性地给人类带来福利。另一方面，海洋环境影响具有隐蔽性和滞后性。海洋生态的改善或恶化都可能是长期、多方面因素共同作用的结果，很难归因于单一行为。因此，海洋环境效益不仅难以量化，更难以与某一具体行为形成可量化的因果联系。

　　温室气体排放及其减排，是气候变化及应对气候变化人类活动外部性的重要指标。但是，要制定政策以减少海洋活动的负外部性或是增加正外部性，首先应设计客观、科学和易于观测操作的蓝色指标。从已经开发的绿色经济或蓝色金融标准来看，水资源利用、塑料或其他污染物清除、海岸保持、生物多样性保护等是目前主要关心的领域，相对绿色领域而言蓝色指标更难以聚焦。

　　同样地，推动蓝色金融规范发展还需在更加明确的法律法规对海洋经济金融行为加以约束，减少破坏性行为的错误激励，便于更低成本地引导金融进入"蓝色"领域。与陆地经济活动相比，蓝色经济外部性涉及面更广，责任主体和责任划分更复杂，在资源、环境和数据管理等方面难度更大，决定了与之配套的蓝色金融也面临更多元化的风险挑战。海洋经济涉及的法律法规和行政管理制度与陆地不同，陆地经济基于行业分类的司法体系和行政管理模式、基于环境效益的管理机制及配套管理工具，无法直接适用于海洋经济，增加了蓝色金融风险管理的难度。研究发现，全球 72% ～ 76% 的工业捕鱼船只和 21% ～ 30% 的运输和能源船只活动未出现在公共跟踪系统中①。

　　由于国际国内鲜有针对蓝色金融的专门立法和管理办法，相关实践更多采取"自下而上"自发推动模式，其合规性及与其他金融政策的协调性和衔接性有待论证。现行主流蓝色分类目录，多为蓝色相关产业和项目的简单罗列，缺乏对蓝色相关技术先进性、环境额外性等基准线或技术阈值要求，无法体现蓝色金融所支持项目对蓝色经济可持续发展的贡献。例如，海洋油气开采业尽管属于传统海洋经济范畴，但因缺失体现相关行业排放技术水平的指标，金融机构出于应对气候变化、海洋污染防治目标考虑，金融支持趋于保守谨慎。再如，碳汇

---

① Fernandos, Paolo , David Kroodsma, lennifer Raynor, Tim Hochberg, Pete Davis, lesse Cleary LucaMarsaglia, Sara Orofino, Christian Thomas & Patrick Halpin, Satellite mapping reveals extensive industrial activityat sea, Nature 625, 85 – 91 (2024).

渔业尽管兼具经济和生态等多重效益，但因缺乏系统的应用理论、成熟的模型标准和海洋碳汇环境额外性核算方法学等，不利于蓝色金融相关产品创新和市场化定价。上述法律法规、技术、方法学、激励约束机制和考核评价机制等配套设施缺失和不完善，制约了蓝色金融的规范、可持续发展。

为此，需要在信息披露、环境效益核算等领域同步推动配套工作。一些组织正在进行海洋经济量化评估工作，例如经合组织统计的可持续海洋经济数据库[①]收集了 169 个沿海国家的海洋产业数据，包括增加值、就业人数和物理资本存量等指标；联合国支持的政府间生物多样性和生态系统平台（Intergovernmental science – policy platform for biodiversity and ecosystem services，IPBES）支持海洋生物多样性量化评估工作，其指标包括物种数量和多样性、物种灭绝风险和生态系统功能等；经济生态系统和生物多样性项目（TEEB）[②] 作为一项全球倡议组织，开展了对海洋生态系统服务经济价值的评估工作，其指标包括碳汇价值、渔业产量价值和水质净化价值等。

提升金融机构蓝色金融能力建设

"十四五"时期，中国从国家到沿海省市均对海洋生态保护与海洋经济发展提出了中长期战略规划，涉及大量海洋生态保护、海洋新兴产业布局等内容，随之也产生了广泛的金融需求。当前，金融机构发展多元化可持续蓝色金融产品和服务，有效降低蓝色经济发展风险，面临历史最佳机遇期。

涉海产业和海洋环境治理具有投资规模大、周期长、风险高等特征，蓝色经济活动更易受极端天气等特殊自然风险影响，具有资金和

① OECD (2024)，"Sustainable Ocean Economy"，OECD Environment Statistics（database），https：//doi. org/10. 1787/4c44ff65 – en（accessed on 08 December 2024）.

② https：//teebweb. org/.

技术密集、风险高、科技研发门槛高、创新成果转化难度大等特征；蓝色金融面临更严重的期限错配、抵押品管理难和收益不确定等难题，对金融工具创新、风险防控等提出更高要求，市场参与积极性不足，更需要财政、产业、资源管理等方面的支持政策。

因此，加快构建蓝色金融基础性框架，有利于发挥好蓝色金融在海洋强国战略中的应有作用，实现金融在推动海洋经济发展、优化海洋经济空间布局、加快培育现代海洋产业体系、提升海洋科技自主创新能力、协同推进海洋资源开发与保护，不断增强蓝色经济可持续发展内生动力，更好参与全球海洋治理，共建海洋命运共同体乃至人类命运共同体。

这需要加强金融与财政、产业、海洋、交通、科技、生态环保等部门的协作与配合，明确蓝色金融与绿色金融、海洋金融的功能定位，做好蓝色金融与海洋相关产业的衔接，推动蓝色相关技术和数据共享。在借鉴国内外现有蓝色金融倡议、指引和标准基础上，研究细化适合中国国情的可持续海洋相关产业投融资活动目录，为金融机构和其他市场参与者合规开展蓝色金融业务提供指导，防范"漂蓝"风险和其他涉海风险。更具体地，应当结合海洋产业和蓝色金融自身特征，加快构建蓝色金融信息披露机制、激励约束机制、评价认证机制、海洋生态与环境效益核算机制和风险评估机制。

一些海洋资源丰富、海洋产业特色突出的省市，正探索在蓝色金融"双重重要性"取得突破：第一重重要性是指金融部门能为各类海洋经济活动提供有效融资支持，包括通过各类开发性、政策性、商业性金融机构通过蓝色贷款、蓝色债券、蓝色保险、蓝色基金、蓝色碳汇等市场化工具有效识别投资机会和管理涉海金融风险，特别是与科技金融相结合，提升蓝色产业的生产率。第二重重要性是指金融投资要服务海洋生态环境保护，包括防止过度捕捞和破坏海岸海底、减少温室气体排放、保护海洋生物多样性等，应鼓励金融机构开发专门的蓝色风险管理工具。

借鉴绿色金融发展的重要经验，这些地区可以鼓励有条件的金融机构创设蓝色金融事业部或专营机构，专事服务海洋经济项目与海洋生态保护；鼓励金融机构、科研机构、相关智库和市场中介机构加快培育具有海洋科研背景、海洋经济对口的专业人才队伍，为支持可持续蓝色金融创新提供智力储备。

同时，持续深化蓝色金融国际专业合作，建立健全国际蓝色金融市场规则和基础设施，探索完善蓝色金融监管框架，推动海洋生态保护与海洋经济公正有序转型。目前，国际主流蓝色金融的产品仍限于蓝色债券，主流蓝色金融的投融资机构仍限于极少数大型金融机构和国际金融组织，蓝色债券在国际主流债券市场中占比不高，广大潜在投资主体对蓝色金融工具的认知程度有待提高。可以支持中国在内的海洋大国或岛屿国家、国际金融组织在上海发行人民币蓝色主权债券，并在绿色主权债券逐步纳入国际储备资产的政策框架下，为各国国际储备提供多元化优质投资产品。进一步地，可以支持各类金融机构和涉海企业发行人民币蓝色债券。

第十章
碳排放的价格与边际价格

从经济学角度看，若能精准量化人类活动所排放的二氧化碳（温室气体）及其引发的福利损失，便可要求其行为主体承担相应的成本（即实施碳定价），从而借助市场化手段应对气候变化问题。然而由于难以准确、全面估计福利损失，上述理想机制难以完全实现。不过，通过对边际福利损失进行定价，而非对全部损失定价，仍可促使行为主体减少碳排放，而非完全抵消其排放行为。当前有的多种边际碳定价方式均依赖于完善的企业碳核算体系和产品碳足迹管理体系。此外，将碳定价纳入金融资产定价体系，能够优化金融资源配置，有效防范和管理金融机构面临的气候相关风险。中国正在快速推进基于碳核算的绿色金融和转型金融体系建设，并已取得初步成效。

碳排放权交易和碳足迹管理分别以排放主体和产品为对象，前者着重约束重点排放主体，后者则通过供应链上下游的相互制约形成逻辑关系。中国在碳排放权交易市场和碳足迹体系的标准制定与认证环节已取得显著进展。然而，仍需在碳排放核算标准的完善、本土化碳因子数据库的构建以及第三方核查认证服务机构的培育与管理等方面开展大量基础性工作。同时，要进一步引入金融机制，全面激发市场主体的减排潜能，尤其是通过科技创新推动绿色低碳升级，深度参与乃至引领全球绿色循环发展。

难以测算的理论碳价

在科斯产权制度为代表的新制度经济学派理论框架中，假定完全竞争、信息共享乃至零交易成本的条件，人们可以准确认知到温室气体排放给他们带来的福利损失，也就是能够计算出碳排放的社会成本。这样，就可以要求排放者给予某种形式的补贴（如更便宜的商品价格），以形成新的均衡。这里的理论碳价即单位碳排放的各期社会成本（Social Cost of Carbon，SCC）的折现值[①]之和。

然而，理论上的均衡在实际中难以实现，首先是几乎不可能准确度量碳排放的社会成本。这是由于二氧化碳排放造成的伤害具有跨时空性、不确定性和滞后性。不少气候经济学家尝试采取成本收益法和边际成本法等方式进行估算。其中，成本收益法主要通过综合评估模型（Integrated Assessment Model，IAM），捕捉碳排放导致温室气体浓度变化对全球平均地表温度和降水的影响，进而估计对农业和海平面的生物物理影响及相应的 GDP 和消费损失。在此基础上根据社会效用和时间偏好假设评估减排效益，比较分析减排带来的损失和减排带来的未来的效益增加。气候变化综合评估模型又可进一步分为最优化模型、可计算一般均衡模型和模拟模型。最经典的是著名气候经济学家 William Nordhaus 在 1992 年发布的 DICE 模型。

估算出各期社会成本只是实现理论碳定价的第一步。争议更大的是如何将未来的损失贴现。贴现率作为衡量代际公平性的主要参数，又成为各界讨论的焦点。较低的贴现率使得未来损失贴现的现值很大，

① William D. Nordhaus, *Revisiting the social cost of carbon*, November 2016.

意味着在气候政策上主张立即大幅减排。较高的贴现率使得未来损失的现值相对较低，意味着在气候政策上主张渐进式采取行动。英国经济学家 Nicholas Stern 采用的贴现率为 1.4%[1]，Nordhaus 认为 3% 的贴现率更为合适[2]。2009 年以来，美国三届联邦政府组织专家组测算碳排放的社会成本时，选取的贴现率存在相当大的差异。此外，综合评估模型为了简化起见多把贴现率处理为外生的固定值。一些研究认为需要采取动态的贴现率，且在长期贴现率会随时间下降至最小值。

因此，各方对于碳成本的估算结果从 37 美元/吨[3]到 266 美元/吨不等。这也说明理论中完全竞争的市场条件只是理想目标，现实中由于存在信息障碍和扭曲，难以达成共识。据研究，目前约 23% 的全球温室气体排放量被碳税、绿色溢价（Green Premium）及碳排放权交易等 73 个碳定价机制覆盖[4]，约 58% 的碳排放未被定价[5]。

两种尚不成熟的替代碳价方案

新制度经济学派希望在不完美条件下，分析资源配置低效问题，从激励和约束两个角度实现制度创新。其中，以罗伯特·埃里克森为代表的法律经济学派，将科斯理论在不完美条件下重新阐释，即产权的最重要特征在于其外部性，只有通过法律等公共政策约束，将负外部性内化为企业的成本。现实中的碳定价机制都将某一确定碳排放行

---

[1] Nicholas Stern, The Economics of Climate Change The Stern Review, Cambridge University Press 2007.

[2] Nordhaus, William. 2007. A Review of the Stern Review on the Economics of Climate Change. Journal of Economic Literature 45: 686 – 702.

[3] William D. Nordhaus, Revisiting the social cost of carbon, November 2016.

[4] World Bank. 2023. State and Trends of Carbon Pricing 2023. Washington, DC: World Bank. ©doi: 10.1596/978 – 1 – 4648 – 2006 – 9. License: Creative Commons Attribution CC BY 3.0 IGO.

[5] Effective Carbon Rates 2023: Pricing Greenhouse Gas Emissions through Taxes and Emissions Trading, OECD.

为的负外部性在一定程度内化为排放成本的制度。

碳税即政府对企业的排碳行为征税。征收碳税的代表性国家主要有北欧的芬兰、丹麦、挪威、瑞典等。其优点是简单直观，市场主体可将其减排收益与事先确定的碳税税率相比较，确定其对减排技术的投资预期，这有利于促进低碳技术创新。但确定最终降低排放量的实际效果并不确定。因为只要碳排放收益能够覆盖碳税，企业还会持续增加碳排放。碳税的价格信号更为明确，交易成本较低，但增税的制度成本极高，减排效果也不确定。

绿色溢价指的是当前行业零排技术和有排技术之间的成本之差，即排放者或使用者愿意为购买碳排放量所支付金额的上限。绿色溢价高的行业往往意味着碳中和技术还不够成熟，更加迫切地需要激励技术创新。中金公司基于绿色溢价测算的中国平价碳成本约为 377 元人民币（约 58 美元）/吨①。目前，尚缺少利用绿色溢价的具体政策工具。

碳排放权配额价格的信号作用

根据《京都议定书》，有关国家为落实国家应对气候变化政策和温室气体排放控制目标，设定一定时限内的碳排放总量控制目标，并以配额的方式分配给重点排放单位，获得配额的企业可以在二级市场开展交易。

这一机制的制度经济学涵义很明确：承认排放主体拥有一定排放权，同时通过市场交易形成了碳排放权价格，并以此价格信号来引导和鼓励企业开展节能减排。与行政指令、碳税、补贴等控排方式相比，通过明晰产权、自由交易的方式对外部性定价，可以使碳排放权配额的价格兼具有效性、流动性、稳定性，具备广度、深度和弹性，在实

---

① 彭文生，谢超，李瑾：《同一碳排放，不宜统一碳定价》，2021 年 3 月，https：//mp. weixin．qq．com/s/jstHNgyqPY9UNcEOVrBlBA．

现碳定价和控排减排目标上具有明显优势。建立于 2005 年的欧盟碳排放权交易体系有效降低了碳排放，还激发了电力部门的组织创新（Rogge，2016）[①]。碳排放权配额价格每上升 10 欧元/吨，碳排放在长期内平均减少 7.3%[②]。

一是碳排放控制目标（即配额）可根据政策需要较为灵活地设定，既便于"进入"，也易于"退出"。可以灵活设置一定期限（如每年）、特定地区、特定行业甚至特定主体的碳排放配额。减排任务重的时候，可以加大对年度配额的限制。例如，目前全国碳市场对发电企业的配额安排中，前两个履约期的配额分配基准都是按照每年匀速下降 0.5% 来设定，但在设置第 3、4 个履约期的基准值，考虑到"十四五"时期全国碳排放强度目标进度因疫情等因素有所滞后，因此将年度基准值按照每年下降 1% 设置，以加速完成减排目标。未来，当年度配额逐年下降乃至"归零"时，即实现了"碳中和"，碳市场自然退出，也可以按地区、行业等设计不同的退出时间表。

二是支持微观主体开展与传统财务决策相容的碳决策。市场主体通过自主分析和综合判断，既可以选择加大投入实施绿色改造，也可买入排放配额进行排放，也可采取混合策略。由此可见，碳排放权价格也体现了排放主体在一定时期、一定条件下的边际排放成本。这种决策方式自主、灵活、稳定可持续。

三是可以及时提示宏观部门调整或对冲相关政策，是重要的宏观经济指标。政府部门可以通过观测碳排放权价格变动和交易活跃程度，判断社会减排投入与减排目标之间是否协调。例如，若某一行业的减排目标过高，可能造成资源相对更多分配在技术改造而非正常生产上，

---

① Rogge K. Reviewing the Evidence on the Innovation Impact of the EU Emission Trading System [J]. Ecological Economics，2016，70（3）.

② Effective Carbon Rates 2021：Pricing Carbon Emissions through Taxes and Emissions Trading，OECD.

体现在碳价上升。这暗示该部门的产出数量和价格都可能受到较大冲击，需要及时调整减排政策或予以对冲，达到优化绿色资源配置、降低减排成本的目的。

四是兼容开展跨境跨市场跨主体控排合作，是国际通用语言和减排工具。理论上，只要某一碳市场机制中单方面承认另一市场的配额对本市场有效（或部分有效，或附条件有效），并不需达成双边或多边协议，就可能实现跨境跨市场的碳排放权流通。例如，一些碳市场都设置了碳信用抵消机制，中国的全国碳市场就可以使用核证自愿减排量（CCER）来部分替代碳配额。《巴黎协定》第六条第二款规定，缔约国可通过双边或多边协议将碳减排或碳清除项目的成果进行跨国转移，并允许用于国家自主贡献等目的。

五是碳排放权具有内在价值和交易价格，具有财产和金融证券属性，可用于公正转型。气候相关的转型风险是工业化以来若干年形成的，缓解这一风险更有利于下一代人，但转型成本更多地由这一代人承担，且越有责任感的群体承担的成本越高，越是中低收入人群受影响程度越高。这带来了公正转型的问题，合理分配碳排放权可缓解这一问题。这加强了碳排放权交易的财富分配功能，吸引银行、养老金、证券公司、对冲基金等专业投资者积极参与这一市场。2019 年，欧洲 EEX 交易所中碳金融衍生品交易量达到 4.26 亿吨，其中 EUA 期货交易量 1.67 亿吨，同期对应的碳配额现货交易量只有 5000 万吨[①]。

中国碳市场的艰难探索

中国高度重视利用市场化机制推动温室气体减排和绿色低碳发展制度创新，将碳市场作为中国实现碳达峰碳中和目标的重要政策工具。

中国碳市场由试点碳市场起步。2011 年，中国开始筹建地方碳交

---

① EEX group, Annual Report 2019, 2020.

易试点，2013 年地方碳市场陆续启动运行。10 多年以来，环境学者和经济学者对这一进程中碳交易机制发挥的作用进行了广泛持久的学术研究和政策讨论。例如，一项对中国 2010 至 2016 年碳交易试点前后地级市碳排放强度的研究表明，碳排放权交易对试点城市碳排放强度的降低具有统计意义上的显著作用①。

统一的全国碳排放权交易市场自 2017 年开始筹备和建设，于 2021 年 7 月上线启动交易。目前这一市场已经经历了两个完整的履约期，作为重点排放单位的 2257 家电力企业（第二个履约期）被强制纳入交易。仅就唯一纳入的发电行业而言，就已经覆盖二氧化碳排放量约 51 亿吨，使全国碳市场成为全球覆盖碳排放量最大的碳市场。《碳排放权交易管理暂行条例》经国务院第 23 次常务会议通过，自 2024 年 5 月 1 日起施行。

经过 4 年两个履约周期的运行，全国碳市场排放核算、报告、核查、配额分配、注册登记、交易、履约清缴等关键设施与关键环节运行良好。企业参与碳市场交易的积极性明显改善，交易量稳步升高、交易价格稳步抬升。截至 2024 年 4 月末，全国碳市场累计运行 676 个交易日，配额累计成交 4.46 亿吨，成交额达 262.03 亿元。

第 2 个履约期中，企业参与交易的占比达 82%，较首个履约期增长近 50%；总成交量与总成交额分别较首个履约期增长 47% 和 125%。2024 年 4 月 24 日，碳市场收盘于 100.59 元/吨，碳价突破百元大关，较开市价格上涨超过一倍。目前，第 3、4 个履约期的制度安排已经明确②，优化简化配额核定公式和流程，并引入了配额结转政策。中国的

---

① 周迪，刘奕淳. 中国碳交易试点政策对城市碳排放绩效的影响及机制［J］. 中国环境科学，2020（1）.

② 生态环境部发布《关于做好 2023、2024 年度发电行业全国碳排放权交易配额分配及清缴相关工作的通知》，并印发实施《2023、2024 年度全国碳排放权交易发电行业配额总量和分配方案》。

强制碳市场正在有计划地覆盖更多重点行业，如下一步准备纳入钢铁、水泥、铝冶炼行业。

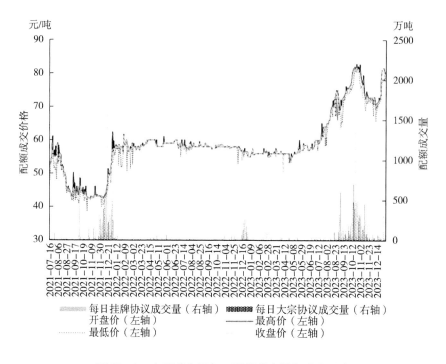

图 10-1 中国碳市场每日配额成交量与成交均价

一是碳市场交易量和整体流动性不足，惜售现象明显。无论是相较于国内试点还是欧盟碳市场，全国碳市场的交易活跃度都处于低位，前两个履约周期交易换手率约2%~3%，不但显著低于同期欧盟碳市场500%左右的换手率（欧盟碳市场的现货交易换手率水平也远高于全国碳市场），也低于不少碳交易试点的换手率。交易活跃度较低带来的负面影响就是流动性严重不足，价格也容易失真，在部分企业因为预期不明等多方原因会选择"惜售"或者观望的态度，导致真正想买配额履约的企业，在履约日期临近的时候要么很难买到，要么支付高额的居间成本，增加了市场交易的难度和成本。配额结转规则的暂缺，导致企业缺乏长期且稳定的政策预期，拥有配额盈余的企业惜售。发电企业配额分配基准值的不断下调，导致配额盈余缩小，缺口进一步增大，在现有配额存量有限和预期未来配额逐步缩减的情况下，重点排放单位出于未来履约考虑，会更加珍惜自己的配额而选择惜售。

二是市场交易结构不合理，隐性交易成本较高。从交易主体类型和交易产品看，目前全国碳市场仅允许2000余家发电行业控排企业参与交易，交易主体、交易产品和方式均比较单一，虽然交易量和价格都有提升，但全国碳市场的活跃度整体上仍然较低，整体上看来流动性不高。从2021年开市以来，虽然基本上每天都有交易量，但共有221个交易日的成交量在1000吨以下（其中小于等于10吨的交易日高达56天），尤其集中在2022年与2023年上半年，太小的交易量除了勉强维持交易不断线之外，碳价信号代表性明显不足，甚至存在交易操纵、碳价格信号"失真"风险。两个履约期市场交易数据呈现明显的"潮汐现象"，交易高度集中在履约截止期前，履约驱动型交易特征仍然明显。从交易量构成看，第二个履约期配额大宗协议交易占比进一步提升，第二个履约周期大宗协议交易量为2.22亿吨，占配额总交易量的84.3%，比首个履约周期占比增长1.5%，在碳市场交易中占据主导地位。大宗交易主要通过集团内部的配额调配、不同控排企业之间直接洽谈或者通过居间磋商的方式实现，交易过程不够透明，大宗协议价格平均低于挂牌协议5%左右。

三是受制于碳排放数据的真实性和准确性。企业碳排放数据质量及其披露是全国碳排放管理及碳市场健康发展的重要基础，是碳市场的生命线。对于重点排放单位应当按照规定公开披露的排放量、排放设施、统计核算方法等信息，需要依靠各级环保部门抽查和核对。由于企业自身的碳核算能力和监管资源等限制，碳排放数据质量从源头上就有待提高，再加上抽查样本数量较少，易诱发数据造假现象。对比看，欧盟碳市场建立了一整套较为有效的信息披露、监管和第三方核查制度，是欧盟碳市场在全球范围内碳交易体系治理水平相对领先的一个重要基础。2005年迄今，欧盟一万多个排放设施碳排放监测、报告和核查（MRV）及配额的相关数据，主管部门各类政策规章及其重要制定和决策过程，均可从欧盟碳市场官网公开查得。表10-1列示了中国碳市场两个履约周期信息披露情况及其与欧盟碳市场的对比。

表10-1　中国碳市场两个履约周期信息披露情况及其与欧盟碳市场的对比

分类	相关信息	不同市场和阶段公开信息详情		
		全国碳市场第一履约期	全国碳市场第二履约期	欧盟碳市场
市场交易信息披露	配额发放总量	/	/	√
	交易价格	√	√	√
	交易量	√	√	√
	交易结构	√	√	√
控排企业信息披露	控排企业名单	√	√	√
	企业碳排放量	√	√	√
	配额清缴情况	√	√	√
	碳排放设施信息	/	/	√

更基础的挑战来自企业碳排放获得巨大的环境效益和长期的经济效益，但面临当期的经济压力。企业要采用先进的减排技术、计量仪器和工艺设备，这往往伴随着高昂的投资成本甚至转型失败的风险。以上年度各类别机组平衡值为基础，在充分结合行业减排目标、企业履约压力、政策鼓励导向等因素的基础上，继续按照全行业配额基本盈亏平衡、略有缺口的原则设计，在推动企业减排的同时，不给企业造成较高的履约压力。能源、化工、交通等高碳排放行业的结构调整可能导致部分传统产业的萎缩，同时需要培育和发展新的绿色产业。产业结构的转型需要时间和资源投入，短期内可能对经济增长产生一定的冲击。比如，即将纳入扩容范围的几个行业中，像钢铁、水泥等行业由于近期受到产能过剩、房地产行业不景气等多种因素的影响，经济压力比较大，在这样的背景下，既要扩容纳入这些行业，又要防止成为压垮这个行业一些企业发展的一根稻草，需要在纳入时机、纳入行业过渡期安排、配额分配等方面综合统筹考虑，使碳市场并与其

他减排兼容的调控机制配合使用，推动能源结构转型、产业升级和环保技术创新。坚持温室气体排放控制与经济社会发展相适应的原则推动全国碳市场的建设运行及逐步完善。

碳排放权市场定价机制仍存在缺陷

与此同时，应该看到，碳交易形成市场价格是碳减排的边际成本，而不是碳排放带来的社会成本。碳排放权交易不是额外收取一点费用，而是利用市场机制帮助市场主体合理决策。其有效性在以下 3 个方面容易受到影响。

一是碳交易可能脱离有效区间，难以形成合理均衡定价。如果碳排放权的价格弹性过高，就可能造成碳价暴涨急跌，这意味着企业投资低碳技术的回报预期并不确定，使碳价失去引导减排决策的作用；如果碳排放权的价格弹性过低，导致碳价过于迟钝，难以激发市场主体的减排动力。极端情况下，若出现碳排放权"有价无市"，或控排主体普遍受到未完成配额的处罚，变成了"付费即可排放"，将使碳价失去信号功能。欧盟在 2009—2013 年以免费分配为主，就曾因配额发放过度导致碳价大幅下跌。中国碳市场也在酝酿建立有偿分配制度，有利于使碳价更接近碳减排成本。目前，中国尚未制定明确、可量化的碳达峰、碳中和时间表和路线图，除个别行业外的市场主体还没有减排的直接压力。当前全国碳市场配额的分配基于排放强度，再加上分配时间滞后、配额可"预支"等因素，不利于企业和市场对交易形成影响技术投入的决策机制和较为长期的减排预期。此外，一定时间内的配额总量设定和分配、经济波动等外部环境变化，监测、报告、核查（MRV）和核算①、登记、披露等交易成本等因素，都可能推动碳

---

① 目前，中国采用核算法而非实际监测法来核算温室气体排放量，以国家发展改革委 2013 年至 2015 年分三批发布的 24 个行业的温室气体排放的核算方法与报告指南为依据，在具体核算时，中国采用计算简便、权威性高且应用广泛的排放因子法。

排放权供求曲线移动。

二是碳排放权市场中交易主体和产品单一容易导致流动性不足，影响定价效率。中国仅纳入了电力行业控排企业开展现货交易，其他行业企业和金融机构不能参与交易，也无衍生品交易。现货交易存在期限集中、缺乏有效的价格稳定机制和碳期货等价格风险对冲工具等问题。叠加缺乏中央对手方或做市商制度，难以保证市场运行的可预测性和有效性。国际部分碳市场设置了价格或供给调整机制①，如欧盟为应对需求侧冲击和配额过剩，建立了市场稳定储备机制（Market Stability Reserve，MSR）；美国区域碳污染减排计划（RGGI）通过成本控制储备（CCR）和排放控制储备（ECR）两种机制设置了价格上限和下限②。中国大型排放企业的财务硬约束状况及其决策逻辑的变化，也将影响碳价形成及相应的价格传导机制。例如，目前碳排放权配额与CCER 在会计处理中被确认为碳排放权资产③，不按照金融资产或无形资产的机制进行定价、抵押和处置。虽然试点地区和金融机构陆续开发了碳债券、碳基金、碳排放权抵质押融资等产品，但碳金融仍处于零星试点状态，缺乏系统完善的碳金融市场。当然，引入金融机构参

---

① PSAMs 包括碳价格支持法（carbon price support）和拍卖底价法（auction reserve price），间接方法包括排放储备控制法（emission containment reserve）和市场稳定储备（market stability reserve）。碳价格支持法（carbon price support）是在 ETS 确定的碳价之上，再对排放征收一个固定的排放税，以确定排放主体需支付的最低价格。拍卖底价法（auction reserve price）是通过在拍卖排放配额时设定最低价格的方式稳定碳价。如果竞拍者的出价均低于最低价格，则不能交易任何配额。排放储备控制法是当配额价格低于设定的门槛值时，从拍卖中撤回部分配额，并将其直接注销。这也就意味着当配额价格下跌时，其供应就会收紧。市场稳定储备（market stability reserve）指的是，当流通中的配额数量大于设定的门槛值（上限）时，将部分配额收回；当流通中的配额数量低于另一门槛值（下限）时，将此前收回的配额再释放出来。OECD iLibrary ∣ Carbon pricing design：Effectiveness, efficiency and feasibility：An investment perspective（oecd - ilibrary. org）.
② RGGI Inc, RGGI Model Rule, 2017.
③ 财政部《关于印发〈碳排放权交易有关会计处理暂行规定〉的通知》（财会〔2019〕22 号）。

与交易等做法有利于提升市场活力，但也带来了风险，需要强化监管。如金融机构的投机行为会导致配额价格出现较大波动。近期，中国碳市场也引入了配额结转政策，企业可将其拥有的盈余配额结转为下一年度配额，而且还设置了"净卖出量越多，可结转配额量越大"的鼓励交易的机制。

三是碳减排成本可能产生溢出效应和累积效应，影响减排效果的同时带来通货膨胀压力。溢出效应是指高碳行业企业可将高碳生产的环节转移到非控排企业（如控排区域外的企业），或是将减排成本转嫁给上下游，使控排失灵。累积效应是指气候变化对经济的长期供给冲击可能叠加碳交易支出，进一步提高能源价格和其他高碳商品价格。据测算，欧元区减排目标收紧，增大了欧元区中期通货膨胀预期上升的风险（Osterloh，2020[1]）。一种典型的溢出效应和累积效应产生的现象，可能体现为跨部门资产搁浅，即化石能源部门生产减少，可能减少下游一系列行业的经济活动，甚至包括绿色经济活动。由于存在劳动力市场摩擦，短暂拖累整体劳动生产率与产出水平，造成部分行业和地区的失业率上升。发达国家多数行业排放成本占比小，经济产出与劳动生产率受影响较小[2]，甚至有的化石燃料生产大国在快速转型期的净工作岗位变动也可能是积极的[3]·[4]。但碳排放权交易对劳动生产率、整体产出乃至社会公平仍可能有明显影响，包括消极供给冲击、

[1] Osterloh, Steffen. (2020). "The implications of fiscal measures to address climate change". Published as part of the ECB Economic Bulletin, Issue 2/2020. https：//www. ecb. europa. eu/pub/economic－bulletin/focus/2020/html/ecb. ebbox202002＿04～a7d137cb35. en. html.

[2] Osterloh, Steffen. (2020). "The implications of fiscal measures to address climate change". Published as part of the ECB Economic Bulletin, Issue 2/2020. https：//www. ecb. europa. eu/pub/economic－bulletin/focus/2020/html/ecb. ebbox202002＿04～a7d137cb35. en. html.

[3] Pollin, R. (2015). Greening the global economy. Cambridge, MA：MIT Press.

[4] Bastidas, D. , & Mc Isaac, F. (2019). Reaching Brazil's nationally determined contributions：An assessment of the key transitions in final demand and employment. Energy Policy, 135, 110983. https：//doi. org/10. 1016/j. enpol. 2019. 110983.

绿色行业出现新的过剩、对消费者福利损失及公共财政缺口①。小微企业生产经营行为、个人生活消费行为中的碳核算难度大，也可能通过产业链、供应链产生累积效应。

核证自愿减排的价格信号更为微弱

1997 年通过的《京都议定书》② 引入了清洁发展机制（Clean Development Mechanism, CDM）、联合履行（Joint Implementation, JI）和排放贸易（International Emissions Trading, IET）三个国际自愿市场合作机制。其中，清洁发展机制允许发达国家与发展中国家合作进行项目级的减排量抵消额的转让与获得，使发达国家在实现减排的同时也帮助发展中国家提高减排能力。特别是清洁发展机制明确，允许缔约方"通过此种项目活动获得的经证明的减少排放"（certified emission reductions, CER 或 CERs）③，即所谓的核证减排量，也称为"碳信用"。2001 年《马拉喀什协议》确定了清洁发展机制的相关规则，随即启动了方法学与项目申报，并在 2004 年完成了首个项目注册。中国作为清洁发展机制的重要参与者，在 2005 年即注册了首个项目。

清洁发展机制下项目的减排量要产生真实可预期、有激励的价值，既需要有对项目的需求方，如转换为国际碳市场中的碳排放配额，又要为购入者提供明确可信的定价模式。但遗憾的是，不仅国际碳市场对此类项目的需求不断下降，清洁发展机制本身的可信度也面临挑战，合格项目的数量急剧减少。中国自己的自愿减排市场——中国核证自

---

① Jean Pisani Ferry, Policy Brief 21 – 20: Climate policy is macroeconomic policy, and the implications will be significant (piie. com).

② 联合国气候变化框架公约第三次缔约方会议（COP3）在日本京都通过，并于 2005 年 2 月 16 日正式生效。

③ United Nations Framework Convention on Climate Change（UNFCCC）. Kyoto Protocol to the United Nations Framework Convention on Climate Change. （1997 – 12 – 10）https：//unfccc. int/sites/default/files/resource/docs/cop3/l07a01. pdf.

愿减排量（Chinese Certified Emission Reduction，CCER）[①] 从 2012 年开始探索（其实施流程见表 10-2），也因交易量小、项目不够规范等问题，2017 年起暂缓受理新的项目和减排量申请，仅安排已签发的减排量继续交易[②]。根据广州碳排放权交易中心的报告，这 5 年中通过审定项目 2871 个，已备案项目 1315 个，其中已签发项目 391 个，签发量约7700 万吨，累计成交 70.92 亿元人民币。

经过一段时间的制度建设和系统开发，生态环境部、市场监管总局等部门密集发布了《温室气体自愿减排交易管理办法（试行）》和《温室气体自愿减排交易和结算规则（试行）》等。2024 年 1 月 22 日，全国温室气体自愿减排交易市场重新启动，与 2021 年 7 月启动的全国碳排放权交易市场互为补充、互为联通，共同构成了"强制＋自愿"的国家碳市场体系。

根据相关规定，允许进入交易的温室气体减排量即国家核证自愿减排量需符合以下三个条件[③]：产生温室气体减排量的项目符合要求；项目的减排效果进行了量化核证；减排量已注册登记。值得一提的是，中国原沿用《京都议定书》对六种温室气体的范围规定即二氧化碳、甲烷、一氧化二氮、氢氟碳化物、全氟化碳和六氟化硫。而新的规定列入了第 7 种温室气体三氟化氮（NF_3）。

[①] 2012 年 6 月，国家发展和改革委员会颁布《温室气体自愿减排交易管理暂行办法》，https：//www. mee. gov. cn/ywgz/ydqhbh/wsqtkz/201904/P020190419527272751372. pdf.

[②] 国家发展和改革委员会. 中华人民共和国国家发展和改革委员会公告 2017 年第 2 号［EB/OL］.（2017-03-14）［2024-09-23］. https：//www. ndrc. gov. cn/xxgk/zcfb/gg/201703/t20170317_961176. html.

[③]《碳排放权交易管理办法（试行）》（生态环境部令第 19 号）第四十二条指出：国家核证自愿减排量是指对中国境内可再生能源、林业碳汇、甲烷利用等项目的温室气体减排效果进行量化核证，并在国家温室气体自愿减排交易注册登记系统中登记的温室气体减排量。

表 10 – 2　　　　　　　　中国核证自愿减排量项目的实施流程

步骤	具体表述
项目设计	项目业主编制项目设计文件
项目公示	项目业主公示项目设计文件及委托的审定与核查机构名称
项目审定	审定与核查机构对项目设计文件进行审定、出具审定报告并向社会公开（对审定报告的合规性、真实性、准确性作出承诺）
项目登记申请	项目业主申请项目登记（对项目唯一性以及所提供材料真实性、完整性和有效性作出承诺）
材料审核及项目登记	注册登记机构审核项目申请材料，对通过审核的项目进行登记，并公开项目业主的全部申请材料
项目实施、监测	实施项目以及对其进行监测
减排量核算	项目业主编制减排量核算报告
减排量公示	项目业主公示减排量核算报告及委托的审定与核查机构名称（不得委托负责项目审定的机构开展该项目的减排量核查）
减排量核查	审定与核查机构对减排量核算报告进行核查、出具核查报告并向社会公开（对核查报告的合规性、真实性、准确性作出承诺）
减排量登记申请	项目业主申请减排量登记（对减排量核算报告真实性、完整性和有效性作出承诺）
材料审核及减排量登记	注册登记机构审核减排量申请材料，对通过审核的项目减排量进行登记，并公开项目业主的全部申请材料
减排量交易	交易产品为核证自愿减排量；核证自愿减排量的交易应当通过交易系统进行；核证自愿减排量交易可以采取挂牌协议、大宗协议、单向竞价及其他符合规定的交易方式

温室气体自愿减排项目方法学等技术规范是指导特定领域温室气体自愿减排项目设计、实施、审定和减排量核算、核查的主要依据。项目方法学需要根据经济社会发展、产业结构调整、行业发展阶段、应对气候变化政策等因素及时修订。经公开征集意见、多轮次评估修改，生态环境部首批发布了造林碳汇、并网光热发电、并网海上风力发电、红树林营造等 4 项温室气体自愿减排项目方法学[①]，明确了项目开发为温室气体自愿减排项目的适用条件、减排量核算方法、监测方法、审定与核查要点等（见表 10 – 3）。2024 年 7 月 24 日，生态环境部再就煤矿低浓度瓦斯和风排瓦斯利用、公路隧道照明系统节能两

[①]　生态环境部办公厅．关于印发《温室气体自愿减排项目方法学 造林碳汇（CCER – 14 – 001 – V01）》等 4 项方法学的通知：环办气候函〔2023〕343 号［EB/OL］.

个方法学征求意见。

表 10 - 3　　　　中国核证自愿减排量项目的方法学及适用项目

项目方法学	适用项目
造林碳汇方法学	乔木、竹子和灌木荒地造林
并网光热发电方法学	独立的并网光热发电项目以及"光热 +"一体化项目中的并网光热发电部分
并网海上风力发电方法学	离岸 30 公里以外，或者水深大于 30 米的并网海上风力发电项目
红树林营造方法学	在无植被潮滩和退养的养殖塘等适宜红树林生长的区域人工种植红树林项目

2024 年 9 月 2 日，全国温室气体自愿减排注册登记系统及信息平台发布了全国温室气体自愿减排交易市场启动仪式后全国第一批 CCER 项目公示信息。截至 9 月 23 日，平台显示公示中项目共计 39 个，其中并网海上风力发电项目 22 个、造林碳汇项目 10 个、并网光热发电 5 个、红树林营造项目 2 个[①]。表 10 - 4 列示了中国核证自愿减排量项目各地区的累计成交量。

表 10 - 4　　　　中国核证自愿减排量项目各地区的累计成交量

地区	CCER 累计成交量（吨）	占比（%）
广东	73795482	15. 42
深圳	28504643	5. 96
天津	69060242	14. 43
北京	51189598	10. 70
上海	190857010	39. 88
湖北	8655306	1. 81
重庆	2292727	0. 48
四川	38738263	8. 10
福建	15432442	3. 22
合计	478525713	100. 00

资料来源：根据广州碳排放权交易中心每周碳情简报整理。

---

① 全国温室气体自愿减排注册登记系统及信息平台. 项目与减排量信息公开. ［2024 - 09 - 23］. https：//ccer. cets. org. cn/projectPublicity/projectPublicityList.

碳市场机制的额外性：额外的负担

所谓碳市场的边际价格，可以理解为由于碳市场机制发挥作用，市场对边际减排的环境效益的定价。显然，这种经济学的边际效应与气候政策中希望达成的额外的政策效果在含义上是一致的。实际上，《京都议定书》第十二条设立清洁发展机制时，明确要求这一机制下必须证明减少的排放量是在没有该项目活动的情况下无法实现的额外减少[①]。这一激励性定价机制的核心，是确保了清洁发展机制项目活动真正地为全球减排作出了贡献，而不是仅仅重新包装了那些无论如何都会发生的减排活动。

中国生态环境部在2023年11月公布的《温室气体自愿减排项目设计与实施指南》对"额外性"做出了明确定义[②]：额外性（additionality）指作为温室气体自愿减排项目实施时，与能够提供同等产品和服务的其他替代方案相比，在内部收益率财务指标等方面不是最佳选择，存在融资、关键技术等方面的障碍，但是作为自愿减排项目实施有助于克服上述障碍，并且相较于相关项目方法学确定的基准线情景（baseline scenario），具有额外的减排效果，即项目的温室气体排放量低于基准线排放量，或者温室气体清除量高于基准线清除量。其中，基准线情景是用来提供参照的，在不实施温室气体自愿减排项目的情况下提供同等产品和服务最可能发生的假定情景。

---

① UNFCC.《联合国气候变化框架公约》京都议定书. https：//unfccc. int/resource/docs/convkp/kpchinese. pdf。此前，1995年联合国气候变化框架公约首次缔约方会议中讨论制定共同执行活动（Activities Implemented Jointly）的规则时首次提出额外性问题。见 UNFCC. Activities Implemented Jointly under the Pilot Phase. http：//unfccc. int/Documentation/Decision18.

② 国家气候战略中心. 温室气体自愿减排项目设计与实施指南［EB/OL］. https：//www. ccchina. org. cn/archiver/ccchinacn/UpFile/Files/Htmleditor/202311/20231117144807716. pdf.

中国《温室气体自愿减排交易管理办法（试行）》也明确项目需要具备额外性，并应对额外性进行审定[①]，具体方法和流程需要遵循温室气体自愿减排项目方法学的规定。

已公布的 4 个温室气体自愿减排项目方法学，分别提出了额外性免予论证的项目。免予论证是因为其额外性显而易见、无须复杂证明，当然也便于公众理解何为"额外性"。例如，造林项目既可产生大量碳汇，又可获得森林工业和林下经济等多种回报，很难证明其"额外性"。但方法学具体列举三类（在年均降水量 ≤ 400 毫米的地区开展；在国家重点生态功能区开展；属于生态公益林）造林项目中，第一类项目有可能获得令人满意的收入，但投入极大、风险极大，第二、第三类项目则因生态要求限制获得采伐甚至旅游开发等收入，反而需要投入造林和后期管护，均不具备财务吸引力。又如，并网光热发电项目存在能量转换、投资维护等环节的技术和投资的额外风险，方法学也列举了两种免论证的条件：独立的并网光热发电项目；"光热＋"一体化项目中上网电量可单独计量的并网光热发电部分。

可见，免予进行额外性论证的项目通常具有显而易见的基准线情景，即项目的公益性和投资经营成本显著较高，除了碳减排收入难以获得市场盈利。同时，从长远来看，它们对于社会和环境的正面效益是显著的，如提高生物多样性、保护海岸线、促进可持续发展等。

对于基准线情景不显著的，可以根据《温室气体自愿减排项目设计与实施指南》，对申请登记成为温室气体自愿减排项目的额外性，其逻辑是通过标准化的程序论证项目本身存在融资、关键技术、技术人员等障碍，影响项目作为商业项目实施，但在温室气体自愿减排交易机制支持下具有建设运行的可行性，进而实现额外的温室气体减排效

---

① 生态环境部，市场监管总局. 温室气体自愿减排交易管理办法（试行）［EB/OL］. https：//www. mee. gov. cn/xxgk2018/xxgk/xxgk02/202310/t20231020＿1043694. html.

果，促进具有技术创新性、行业引领性的绿色低碳技术推广应用。

正是因为大量情景均为基准线极不显著，这种理论上存在的额外性在实践中很难证明。因此，也考虑提供一种标准化基线（standardized baselines），用于帮助解决欠发达国家缺乏数据和必要能力的问题。基准线也是动态的、与所在地区的气候环境管制强度有关，如现有规则中就考虑了若一个国家提升了气候雄心，就需要下调调整基准线排放。非永久性和反转（non‐permanence and reversals），是指碳移除活动储存的 CO_2 可能在短期内再次释放回大气的风险。

研究[①]对 CDM/JI 机制下 7 个领域、21 类 2000 多个项目及其签发的共约 10 亿吨 CO_2e 碳信用（约占历史总量的五分之一）的实际减排效果进行了系统性评估，认为仅有不到 16% 的碳信用代表了真实且额外的减排量，其他项目产生的减排量远低于其宣称的碳信用额度，风力发电和森林管理项目的减排效果甚至没有统计学意义。研究认为，有关机制允许项目开发者灵活选择数据和评估方法是造成碳信用项目失败的主要原因，且基准线设置、泄漏排放评估和逆转风险评估等方面也存在漏洞。实际上，项目方完全有动机利用信息的不对称优势，轻而易举地在形式上论证减排的"真实性"和"额外性"，相当于允许用"并不存在的"减排量抵消了真实发生的碳排放，破坏了碳排放权市场等其他来之不易的碳定价机制。

监管部门也意识到碳信用机制的缺陷，尝试多种方式加以改进，以保留这一正向鼓励自愿减排的市场化机制。例如，通过修改项目方法学要求项目更严密地证明其"额外性"、提高项目方和第三方认证机构的监管以保证项目的"真实性"。但这些努力首先提高了项目申报成

① Probst, B. S., Toetzke, M., Kontoleon, A. et al. Systematic assessment of the achieved emission reductions of carbon crediting projects. Nat Commun 15, 9562 (2024). https://doi. org/10. 1038/s41467‐024‐53645‐z.

本、认证成本等营运成本，增加了项目申报成功和减排获得签发的风险。这又带来了另一"副产品"——项目方的逆向选择问题可能加剧：由于现有机制不能高效率地识别出"额外性"，真正具有一定"额外性"但本身的财务压力就很大的绿色项目多数会选择"知难而退"，留下继续申报的不排除确有"额外性"特别突出的项目，但更多的是通过"美化"数据来产生额外性。

不少专家认为碳移除（CDR）可以在很大程度上避免上述问题。碳移除是指通过人为活动从大气中移除二氧化碳并将其持久储存在地质、地表、海洋储库或产品中，包括增强生态固碳能力（如造林）、增加地表化学固碳能力等类型，一般具有明显的正外部性。与"避免排放"不同，碳移除项目可以直接监测固碳量，证明真实性的逻辑更为直观和清晰；碳移除项目往往需要超出常规的投资和技术，额外性较易证明。——当然，衍生的新问题是"逆转并重新释放二氧化碳的风险"。如造林可以固化大气中的二氧化碳，但一旦遭遇森林大火就可能使二氧化碳重新回到大气。

加强碳排放权市场的金融属性

为碳排放权制定限额并由市场交易确定配额价格，已成为实现碳减排必不可缺且最具成本效益的工具。然而，碳排放权配额的价格远低于碳排放的社会成本，只有深刻理解其经济含义，才能不断完善碳排放权交易机制，更有效地实现减排和绿色发展。

面临减排约束不当、碳市场交易属性不足、外溢效应难控等一系列难题，可以积极借鉴成熟碳市场经验，从丰富碳金融产品和碳市场参与主体，支持提升市场流动性形成合理连续的碳价、强化碳排放权的金融属性着手，完善总量确定、配额分配、注册登记、核查、清缴、抵消、信息披露等各环节设计，形成相对稳定、透明的制度体系。

第一个可以努力的方面是制定明确、可预期的"事前"配额分配机制，为市场定价提供稳定的交易框架。按照中国的郑重承诺，到2060年要实现碳中和，大致需要全社会的排放在30～40年的时间中趋零。如按线性方式估算，每年应在现有基础上减少2.5%～3%的排放（含获得某种形式的碳抵消）。显然，由于技术创新能力和经济社会承受力都不是线性平均的，真实世界中需要估计一份更切合实际的、非线性的时间表、路线图、施工图，使每个主体对当前和未来的排放配额形成更明确预期，增强其开展碳交易的压力和动力。

从程序上讲，确定配额是一项政府的行政行为。政府部门依法确定一个履约期的配额总量并按一定规则分配给控排主体，并由各主体在该履约期内做出交易决策。但从经济学最基本的框架分析，相对于投资并使用具有显著减排效益的技术设备、工艺流程而言，一个履约期可以被认为是一个极短的时间，短到实际排放强度难以改变，亦即短期减排能力对碳排放配额的弹性为零。如果每一个履约期都是短暂的，控排主体每一次决策都面临碳价格弹性的零，依靠碳市场推动减排的机制就是无效的。

因此，必须是控排主体能对更长期限的碳价格信号做出预期，并对长期投资做出合理决策。这需要从配额分配就坚持长期主义，根据对较长期中科技发展和经济社会发展水平做出科学判断和充分协商，帮助市场主体获得更长期的信息做出减排决策。金融可以为期限管理和充分信息披露作出独特贡献。

例如，可以尽快引入配额有偿竞拍机制和结余配额结转机制，同时完善配额拍卖形式、成交规则、准入规则、实施平台、拍卖频次等市场交易规则。做好初始分配配额与碳配额交易之间的有效衔接，通过市场化的碳定价及时优化初始配额分配方式，确保碳价包含更多长期信息。

进一步看，还需要建设高质量的碳因子数据库等信息基础设施，推动完善监测、报告、核查制度，强化碳排放等环境信息的披露和共享规定。碳因子数据库是碳足迹评价、碳核算的计算基础，中国主要使用瑞士的 Ecoinvent 因子库以及国内亿科环境的 CLCD 因子库。但是海外因子库的模型构建和因子设置计算同国内适配度不高，影响核算准确性，而国内因子库又存在收录单元过程和数据有限的问题，系统性完整性有所欠缺，需要相关地区、相关行业结合产业集聚优势、"自下而上"地逐行业加以突破，最终构建全国统一、国际权威的碳因子数据库。可以通过数字平台对碳金融交易数据和信息进行实时汇总和展示，提高碳市场管理的前瞻性、先进性和现代化水平。

第二方面是推动形成更多元化的交易主体。从欧盟碳市场的经验看，需要有序推动商业银行、证券公司、保险机构、结算支付机构等符合条件的金融机构以提供做市报价、清算结算、经纪、账户结算等服务的形式参与碳市场，允许和吸引气候主题基金、各类产业基金、保险资金和养老金等长期投资者将一定比例的资金投入碳市场，还可以培育专业的碳资产管理公司。

当然，碳金融服务的对象仍应是实体经济。需要在将更多行业纳入碳市场的基础上，放宽进入门槛，允许这些行业中更多中小微企业也参与碳交易。鼓励金融机构为市场参与者提供碳期货、碳期权、碳远期、碳掉期以及碳排放权抵质押融资、碳保险、碳债券、碳基金、跨境碳资产回购等产品和服务。

还可以在全国统一碳市场运行同时，保留各试点碳市场的特色业务。鼓励金融机构开发碳普惠相关的绿色金融产品。在不大幅增加制度成本的前提下，形成走出覆盖面更大的碳交易市场。

第三方面是通过制度设计将交易主体推向价格弹性区间，使得博弈定价更为有效。对高碳行业要依法、科学、有序选取行政压减、转型补贴、加强监管等方式，使碳市场参与主体处于对排放额度的理性需求区间。"不符合要求的高耗能、高排放项目要坚决拿下来。"全面推动生态价值核算等工作，大力发展绿色金融，引导市场主体加大绿色技术投资和使用，促进碳资产所依附基础资产的投融资，包括风电光伏技术、减排量项目、减排项目有关的股权投资、债权投资以及其他涉碳资产的投资，着力培育具有国际竞争优势的绿色低碳产业。

碳金融市场需要"守门人"和"看得见的手"

应对气候风险需要绿色低碳转型，而绿色转型的各种经济金融活动中又必然包含新的风险。为准确度量复杂交织的各类风险，广泛开展碳排放核算是基础性工作，而其第三方核查和认证机构是碳定价为核心相关市场机制运行的"守门人"。通过行业自律和业务指导，明确准入标准和具体要求，加强专业人才培育和就业安排，才能有效构建这一行业基础性制度规范，减少制度成本。

金融体系处于配置的核心环节，也是面对环境气候风险的"第一线"。要从这一核心环节出发防范环境气候风险，可以探索建立由新旧能源、供应链、重要金融产品等价格指标组成、反映转型成本和风险的监测调控体系。特别是应密切关注碳价以及相关大宗商品、能源、住房、资金价格及工资水平之间的传导关系，处理好减污降碳和能源安全、产业链供应链安全、粮食安全、群众正常生活的关系。合理运用碳定价机制产生的公共收入，缓解碳排放机制对社会产生的不利影响，最终反哺减污降碳领域形成闭环。可参考欧盟向不同行业提供不同比例免费配额的做法，通过对不同行业和企业制订不同配额分配标准，体现不同政策导向和公平性。

稳妥推进金融机构环境风险情景分析与气候风险宏观情景压力测试工作，加强风险识别和管控。创新配额管理和金融监管联动机制，减少市场人为扭曲。依托动产抵押登记系统等，建立碳配额融资相关抵质押登记平台。建立健全中央对手方交易机制，提供更有效率的资金账户管理和净额结算服务以提高市场运行效率、降低市场参与者风险。建立风险监测预警防控体系，加强碳交易机构管理，防范价格操纵和内幕交易等行为。探索设立碳市场平准基金。建立统一高效的碳金融法律法规和监管体系，研究出台国内统一、国际接轨的碳金融相关基础设施和法律法规。可参考《欧盟温室气体排放交易指令》《欧盟气候与能源一揽子计划》《英国气候变化法案》《澳大利亚碳主张与交易实践法》以及《美国清洁能源与安全法案》等，研究制定全国统一、分层次的碳金融市场监管和交易管理规定，对碳金融交易制度、法律责任、激励约束机制、会计及税收处理、风险管理等做出系统性安排。

为了更好地发挥碳定价的减排效能，可加强碳定价的国际协调，推进碳市场双向开放和国际合作。引导符合条件的境外投资者参与国内碳市场。推动粤港澳碳市场适度互联互通。发展区块链技术完善碳资产交易体系。逐步推动实现碳核算标准的国内外互认，进一步提升对国内碳排放数据的治理权和解释权。监测不合理不合规的绿色低碳壁垒，建立自主碳足迹体系，对光伏、电池以及钢铁、水泥、铝等碳密集型基础原材料产业加强跨境碳足迹监测预警。

第十一章

推动绿色产业领跑的经验与挑战

尽管 2023 年全球能源需求增量的三分之二仍由化石燃料满足，但得益于新能源汽车、光伏发电和锂电池等绿色产业在技术和商业两个层面的爆发式增长，使清洁能源转型的前景得以大大改善。2023 年，中国贡献了全球可再生能源新增装机的 60%，并为全球新增装机贡献了大量装备。同时，中国交通领域减碳趋势也呈加速态势，电动汽车占新车销量的份额已经达到一半的水平。锂离子电池产能也呈现类似的增长态势。不少专业组织和人士预期，受此激励，全球碳排放将在未来 5 年达峰并开始下降。

从全球看，绿色产业受到了市场资金的欢迎。2023 年可再生能源新增装机超过 560 吉瓦，流向清洁能源项目的投资接近 2 万亿美元，几乎是对新增石油、天然气和煤炭供给的总投资的两倍①。在中国，清洁能源行业 2024 年对中国经济的贡献率首次达到 10% 以上，相关销售和

---

① World Energy Outlook 2024，International Energy Agency.

投资总额达到 13.6 万亿元人民币，其市场规模已超过房地产行业[①]。

这些绿色产业既创造了新的供给，也满足了新的需求，是全球应对气候变化难得的"正外部性内部化"典范：对供给者而言，可以在更低的成本生产智能汽车、提供电力，绿色金融市场的各类参与者都有机会获得满意的资本回报；对需求者而言，实现了以更优惠的价格购买到功能增强的环保产品。因此，绿色产业的市场边界得到拓展，甚至可以说创造了新的市场领域。

中国新能源相关产业实现全球领先发展

目前，中国以光伏、新能源汽车和锂电池"新三样"为代表的绿色产业获得巨大成功，在制造规模、产业化技术水平、应用市场拓展、产业体系建设等方面均已位居全球前列。

中国已经成为新能源相关新兴领域的巨大甚至最大市场。2024 年全球新能源车销量达到 1823 万辆，其中中国新能源汽车销量达 1287 万辆（见图 11 - 1）市场占比进一步扩大至 70.5%，成为全球最大的新能源车市场[②]。2024 年，中国新能源乘用车销量对世界的增量贡献度达 93%，英国、巴西、美国及俄罗斯等新能源乘用车销量对世界的增量贡献度合计为其余 7%。2024 年，中国并网风电、太阳能发电装机规模首超 14 亿千瓦，提前 6 年完成中国在 2020 年联合国气候雄心峰会的承诺。电网的消纳能力也不断提升。2024 年，全国光伏发电量 8443.8 亿千瓦时，占用电总量的 8.57%，光伏发电利用率 97%[③]。2013—2023 年，中国光伏发电新增装机容量连续八年居世界首位。2023 年，中国新增装

---

① Carbon Brief, 19 February 2025, Analysis: Clean energy contributed a record 10% of China's GDP in 2024.

② 据 TrendForce 集邦咨询发布的统计数据。

③ 国家能源局 2024 年上半年新闻发布会文字实录 https：//www. nea. gov. cn/2024 - 07/31/c _ 1310783380. htm.

机217吉瓦，占全球的62%（见图11-2）。① 2024年全年中国锂电池出货量达到1214.6吉瓦时，同比增长36.9%。

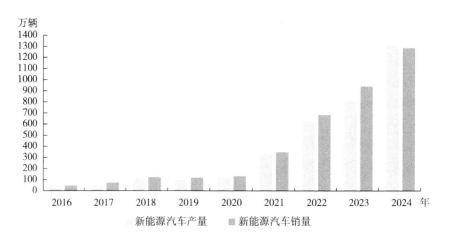

图11-1 2016—2024年中国新能源汽车产量与销量

（资料来源：国家统计局）

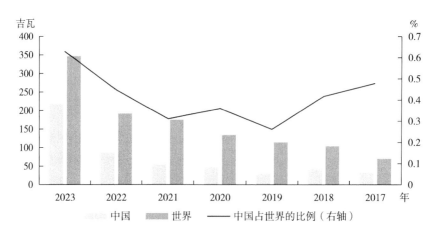

图11-2 2017—2023年中国新增发电装机容量以及在全球的占比

（资料来源：IEA②、IRENA③）

---

① 中国光伏行业协会，《2023—2024年中国光伏产业年度报告》。
② 国际能源机构 https：//www.iea.org/.
③ 国际可再生能源机构 https：//www.irena.org/.

中国也是光伏、新能源汽车和锂电池产品的全球主要供应者。2024 中国锂电池产量占全球产量的 78.6% 以上。2024 年前 10 个月，全国光伏多晶硅、硅片、电池、组件产量同比增长均超过 20%，光伏电池和出口量增长分别达 40% 和近 20%[①]，光伏组件产能约占全球的 82%。中国新能源汽车的年产量从 2012 年年产万辆到 2018 年年产百万辆，再到 2024 年达 1317 万辆，成为世界上首个新能源汽车年产量超千万辆的国家。2024 年 1~11 月，新能源汽车出口量为 186 万辆，占产量的 16.4%。而 2019 年中国新能源汽车出口量仅为 25.47 万辆。自主品牌新能源车在海外市场份额从 2021 年的 1.8% 增加到 2024 年的 10.1%。2023 年，中国锂电池的供应量占到全球总供应量的 81%，出口量占到产量的 37%。从 2020 年到 2023 年，中国锂电池出口量增长了 7.2 倍，国际市场份额从 2020 年的 26% 上升至 2023 年的 65%。中国储能电池出货量占全球出货量的比例呈持续上升的趋势，2023 年占比已达 90% 以上。

随着供应链日益高效完备，中国新能源汽车在电池、电机、电控等关键环节均形成自主可控的供应链体系，全球布局也在不断形成和优化。据测算，中国国内锂电池和新能源汽车生产成本平均比海外同业低 28%~56% 和 47%，且比中资企业海外工厂的成本低 20%~30% 和 17%~24%[②]。中国企业凭借出色的产品性能和成本优势，在全球动力电池市场上占据半壁江山。截至 2023 年 6 月，在欧盟已公布的 50 个锂电池工厂项目中，中国电池企业占比过半。奇瑞汽车作为 2024 年出口量冠军，已与全球 20 多个国家建立整车出口或合作建厂关系。重庆赛力斯在美国、德国和日本围绕设计、技术及工程等领域建立了研究创新中心。泰国新能源汽车销售中中国品牌占比超过 90%。长城汽车

① 中华人民共和国工业和信息化部 2024 年 1~10 月全国光伏制造行业运行情况 https：//wap. miit. gov. cn/jgsj/dzs/gzdt/art/2024/art _ 8192ba1c16e047deb1f17addf12cf743. html.

② 中汽协汽车出口数据，http：//www. caam. org. cn/chn/4/cate _ 35/list _ 1. html.

在俄罗斯、泰国、巴西等地建立全工艺新能源整车生产基地，在厄瓜多尔、巴基斯坦等地拥有多个汽车散件工厂，图 11 - 3 展示了 2023—2024 年中国新能源汽车出口量及增速。

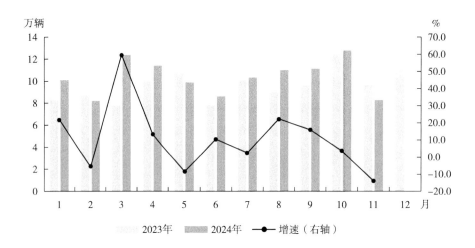

图 11 - 3 2023—2024 年中国新能源汽车出口量及增速

（资料来源：中国汽车工业协会）

美国新型碳移除产业领先发展

二氧化碳移除（CDR，简称碳移除）指人为从大气中去除二氧化碳，并将其长期储存在地质、陆地、海洋水库或其他产品中的活动[①]。在全球或国家层面的减缓战略中，碳移除产业虽然无法替代深度减排，但在短期内可以减少净排放量，在中期可以解决难以转型部门（如工业活动、航空和航运、农业等）的剩余排放，还可作为实现并长期维持二氧化碳净负排放的最后工具。实际上，这一产业已经成为技术创

---

① IPCC. Climate Change 2022：Mitigation of Climate Change. Geneva：IPCC，2022.［2025 - 01 - 14］. https：//www. ipcc. ch/report/ar6/wg3/downloads/report/IPCC _ AR6 _ WGIII _ FullReport. pdf. 关键是需要具备充分的额外性，并体现为三个原则：一是需要从大气捕获二氧化碳；二是捕获的二氧化碳需要持久储存，而不能很快释放入大气中；三是人为干预的结果，而不是地球的自然过程。

新和商业拓展极其活跃的新领域。2024 年，碳移除市场新增合同 750 万吨，同比增长 61%；基于碳移除的碳信用发行总量 41.8 万吨，89% 来自生物质能碳捕获与封存（BECCS）。考虑到基于碳移除的碳信用价格在每吨 95 ~ 1800 美元，若按平均每吨 350 美元计算，这已经是一个数十亿美元规模且在快速成长的新型绿色产业。

在过去十多年中，全球碳移除的年均量约为 22 亿吨。碳移除方法较多①，传统碳移除如植树造林、湿地恢复和土壤固碳等，其移除总量占所有碳移除的 99.9%，但其增长正在放缓。估算表明，2013—2022 年全球依靠造林活动年均移除 18.60 亿吨二氧化碳，贡献最大的国家包括中国、美国、巴西和俄罗斯。这类方法将二氧化碳储存在植被、土壤等陆地储层，或以木制品、水泥等形式储存在建筑中，易受到人类活动或干旱野火等的破坏。

新型碳移除包括直接空气碳捕获与封存（DACCS）、生物质能碳捕获与封存（BECCS）和强化风化、海洋碱化等，可将大气中的二氧化碳更稳定地储存在地质构造和海洋中。对新型碳移除贡献最大的国家是美国，目前正在运营的生物质能源碳捕获和封存项目也都在美国②。在美国的这一新型绿色产业中，生物质碳移除占主导地位，达年度碳移除信用额度采购量的 82%。2024 年市场集中度较高，88% 的碳移除信用由前五个供应商提供，前 3 大买家购买量占 90%，其中微软购买

---

① IPCC 第六次评估报告将 CDR 分为 10 类：①造林、再造林和改善森林管理；②土壤固碳；③生物炭；④生物质能碳捕集与封存；⑤直接空气捕获；⑥强化风化；⑦泥炭地与湿地恢复；⑧蓝碳管理；⑨海洋碱化；⑩海洋施肥。见 IPCC. Climate Change 2022：Mitigation of Climate Change. Geneva：IPCC，2022. ［2025 – 01 – 14］. https：// www. ipcc. ch/report/ar6/wg3/downloads/report/IPCC _ AR6 _ WGIII _ FullReport. pdf.

② University of Oxford. The State of Carbon Dioxide Removal：A Global，Independent Scientific Assessment of Carbon Dioxide Removal（2nd Edition）［EB/OL］.（2024 – 06 – 06）［2025 – 01 – 10］. https：//static1. squarespace. com/static/633458017a1ae214f3772c76/t/665ed1e2 b9d34b2bf8e17c63/1717490167773/The – State – of – Carbon – Dioxide – Removal – 2Edition. pdf.

了 500 万吨额度，成为最大的碳移除信用购买者。谷歌则首次进入这一市场，购买了 10 万吨碳移除信用①。

2022 年以来，国际社会加快推动碳移除工作。在 2022 年联合国气候变化大会（COP27）上，联合国高级别气候倡导者（the UN Climate Change High Level Champion）发起"2030 突破碳移除"倡议，呼吁到 2030 年实现每年 35 亿吨的碳移除。2023 年联合国气候变化大会（COP28）上，《巴黎协定》下的首次全球盘点明确了发展碳移除的必要性，丹麦、芬兰和巴拿马发起负排放国集团（Group of Negative emissions），其目标是使成员国在未来实现碳移除量大于排放量②。2024 年联合国气候变化大会（COP29）则认可了两项与碳移除方法学开发和评估有关的标准③。

2024 年 5 月，由德国墨卡托全球公域和气候变化研究所、英国利兹大学、奥地利国际应用系统分析研究所等机构组成的国际研究团队指出，目前各国碳移除计划仍无法实现《巴黎协定》的 1.5 ℃温控目标。6 月，英国牛津大学牵头发布的《二氧化碳移除现状》报告指出，目前的碳移除水平较低，需要增加碳移除创新活动，并扩大其规模。

绿色产业发展依靠技术领跑

无论是中国的"新三样"还是美国的新型碳移除产业，充分利用

① ClimeFi. ClimeFi Release 2024 CDR Market "A Year in Review". [2025 – 01 – 16]. https：//climefi. com/2025/01/climefi – release – 2024 – cdr – market – a – year – in – review/.

② State of Green. COP28：New global alliance to advance negative emissions [EB/OL]. (2023 – 12 – 10) [2025 –01 –10]. https：//stateofgreen. com/en/news/new – global – alliance – to – advance – negative – emissions/.

③ RMI. 碳移除：应对气候变化从增量控制到存量处理的新动向 [EB/OL]. (2024 –07 – 23) [2025 –01 –12]. https：//rmi. org. cn/.

自然资源和市场需求力量，通过技术创新开展前瞻性产业布局是成功的共同原因。

例如，由于太阳能资源丰富、固定和运行成本较低、设计制造产业链完整、产品服务国际竞争力强，尽管面临新的挑战，但光伏发电的成本已经极具竞争力，发展前景广阔。在国际光伏发电市场带动下，2006—2010年中国光伏产业得以快速发展。2010年，中国光伏电池产量已占全球总产量一半，其中90%以上产品出口海外。但由于多晶硅提纯等关键技术、原材料和丝网印刷机等关键设备均被国外企业掌握，"多头在外"造成核心竞争力不强。随着海外市场需求减弱、欧洲补贴退坡以及对中国光伏电池展开"反倾销、反补贴"调查，2011年后全行业陷入了低谷。2013年7月，国务院印发《关于促进光伏产业健康发展的若干意见》，明确提出"把扩大国内市场、提高技术水平、加快产业转型升级作为促进光伏产业持续健康发展的根本出路和基本立足点"。在"金太阳"示范工程、鼓励光伏行业促进解决无电人口用电问题等政策指引下，国内光伏装机开始呈现增长势头。全行业通过技术创新、自主研发不断推动新能源技术快速迭代，光伏成本大幅下降。

目前，中国已经建成完备的光伏全产业链研发设计、集成制造和发电消纳体系，高效晶体硅、钙钛矿等光伏电池技术转换效率多次刷新世界纪录，量产先进晶体硅光伏电池转换效率超过25%。多晶硅向单晶硅转变、大硅片扩产、异质结等新型电池片技术发展等产业创新，使光伏产业成本不断下降，中国东北和西部地区的光伏发电成本已低于本省燃煤标杆电价[1]。图11-4展示了近年光伏产业上游原材料成本下降情况。

---

[1]　飓合科技，《2024年上半年13省新能源交易电量、电价详情》，2024年发布于雪球。

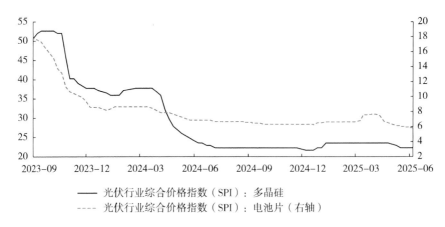

图 11 - 4　近年光伏产业上游原材料成本下降情况

（资料来源：中国光伏行业协会①）

中国是汽车生产和消费大国，也长期面临燃油发动机等核心技术壁垒。中国企业在开发电驱、电池和电控等关键环节实现了新型充电、高效驱动、高压充电等新技术多点突破，中高级自动驾驶技术应用全球领先。华为、阿里、百度等高科技企业都成为新能源汽车的供应商。2024 年上半年，中国乘用车 L2 级辅助驾驶及以上新车渗透率达 55.7%，其中具备领航辅助驾驶功能的新车渗透率达到 11%。重庆赛力斯在新能源汽车技术研发和智能制造领域投资已超过 100 亿元，研发人员近 3000 人，与华为协同创新推出的驼峰智能增程系统将新能源汽车综合能耗相比同级燃油车和插电式混动车型下降了 30%，综合续航能力突破 1000 公里，百公里加速不到 4 秒。该公司掌握的高性能纯电驱动技术和智能增程电驱技术达到 "中国领先、世界先进"，掌握全球专利超过 1000 项，重庆赛力斯超级工厂超 1000 台智能化设备和 3000 多台机器人智能协同，每分钟下线两台新能源汽车。中国的宁德时代、比亚迪和沃特玛等动力电池企业进入技术创新和商业经营成熟期。宁德时代、比亚迪等全球龙头企业在锂电池能量密度、安全性和成本控

---

① 中国光伏行业协会 https：//www.chinapv.org.cn/index.html.

制方面取得显著进展，并促进全产业链整体的得以提升，帮助中国拥有了从上游原材料（如锂、钴、镍）到中游电池制造、下游应用的完整产业链，具备强大的竞争优势。中国新能源汽车动力电池装车量全球占比达到64.9%，宁德时代、比亚迪等6家动力电池企业进入全球动力电池装车量前十位；正极、负极、隔膜、电解液等动力电池关键材料出货量全球占比超过70%；弗迪动力等电驱电控企业市场规模全球领先。中国的充电基础设施和动力电池回收均成体系并日趋成熟。

由此，以动力电池技术研发和能源供应为一大平台，以人工智能和大数据应用为基础发展智能驾驶技术为另一大平台，正在打破传统汽车零部件生产装配的平台垄断，引领汽车行业进行低碳化、国际化、智能化变革，汽车行业正在进入新一轮创新活跃期。依托这两大技术平台，传统和新兴的各类汽车企业都可以在更高水平和更大市场基础上开展创新，继而在材料、机械等更多环节实现技术突破和产业升级。

而碳移除产业的发展，首先依赖于新型碳移除技术的发展。美国能源部"能源攻关计划"即包含"负碳攻关"，以从大气中去除数亿吨二氧化碳并以低于100美元/吨的成本持久储存[①]。美国国家海洋和大气管理局（NOAA）发布《二氧化碳去除研究战略》，宣布资助2400万美元用于海洋碳移除研究。美国近年制定的多个法案也支持建立商业上可行、公正和负责任的碳移除行业。2022年通过的《两党基础设施法》提供37亿美元启动四项计划，其中35亿美元用于"区域直接空气捕集中心"计划，以开发4个区域直接空气捕集中心；《降低通货膨胀法案》还对联邦第45Q条税收抵免进行了重大改进，为二氧化碳的

---

① U. S. Department of Energy. Secretary Granholm Launches Carbon Negative Earthshots to Remove Gigatons of Carbon Pollution from the Air by 2050 [EB/OL]. (2021 – 11 – 05) [2025 – 01 – 10]. https：//www. energy. gov/articles/secretary – granholm – launches – carbon – negative – earthshots – remove – gigatons – carbon – pollution.

捕获和封存提供实质性的激励①；2024 年 1 月通过的《碳移除领导力法案》，要求联邦政府在 2035 年前直接购买 3160 万吨的碳移除信用②。美国能源部发布《去除之路：美国二氧化碳去除的选择》报告，首次完成了对美国碳移除潜力的高分辨率评估，指出要实现净零排放，到 2050 年每年需要至少减少 10 亿吨二氧化碳及 1300 亿美元的成本。

　　欧盟、英国、加拿大、澳大利亚也制定了类似支持计划。欧盟"减排 55%"（Fit for 55）中"可持续碳循环"计划在支持造林等传统方法在 2030 年实现 3.1 亿吨二氧化碳的净移除目标基础上，支持新技术在 2030 年实现每年 500 万吨碳移除③。欧盟建立了全球首个区域碳移除认证框架（Carbon Removal Certification Framework，CRCF），旨在促进和加快在欧盟部署高质量的碳移除和土壤减排活动④。欧盟"地平线欧洲"（Horizon Europe）和"创新基金"（Innovation Fund）对碳移除技术等提供数十亿欧元的支持。英国国家净零战略中既有在 2030 年前每年 500 万吨基于工程技术的碳移除部署，也包括将碳移除作为优先领域"净零创新投资组合计划"等资助安排。如英国能源安全和净零排放部（DESNZ）和商业、能源和产业战略部（BEIS）宣布了新型碳移除项目超过 8000 万英镑的资助⑤。加拿大计划通过"能源创新计划"

---

① U. S. Department of Energy. Biden – Harris Administration Announces \$3.7 Billion to Kick – Start America's Carbon Dioxide Removal Industry ［EB/OL］. (2022 – 12 – 13)［2024 – 12 – 04］. https：//www. energy. gov/articles/biden – harris – administration – announces – 37 – billion – kick – start – americas – carbon – dioxide.

② RMI. 碳移除：应对气候变化从增量控制到存量处理的新动向［EB/OL］. (2024 – 07 – 23)［2025 – 01 – 12］. https：//rmi. org. cn/.

③ European Parliament. Sustainable carbon cycles：European Parliament resolution of 18 April 2023 on sustainable carbon cycles (2022/2053 (INI)).［2025 – 01 – 16］. https：//eur – lex. europa. eu/legal – content/EN/TXT/PDF/? uri = OJ：C _ 202300443.

④ Consilium of the European Union. Climate Action：Council and Parliament Agree to Establish an EU Carbon Removals Certification Framework. ［2025 – 01 – 16］. https：//www. consilium. europa. eu/en/press/press – releases/2024/02/20/climate – action – council – and – parliament – agree – to – establish – an – eu – carbon – removals – certification – framework/.

⑤ 2023 年 12 月，DESNZ 发布的《碳捕集、利用与封存：建立竞争市场的愿景》。

投资 3.19 亿美元用于研究、开发和示范 CCUS 商业项目[①]。澳大利亚通过"CCUS 发展基金""碳捕集技术计划""国家土壤碳创新挑战"等重点资助碳移除研发。丹麦政府达成的价值 1.67 亿美元的协议，为目前全球最大单笔的碳移除政府采购行为，将在 2026 年至 2032 年每年实现 16 万吨工程技术类碳移除。日本建立了 J – Credit 计划和 J – Blue Credit 计划，允许为森林管理、造林和沿海湿地恢复等传统方法创建碳信用，并宣布国家排放交易系统将允许碳移除等作为合格碳信用。

在这些政策支持下，全球碳移除研究的投入明显加大。2000—2022 年，有效研究资助项目数量从 35 项增加到 1160 项，研究经费从 500 万美元增加到 1.9 亿美元左右，资助方向呈现多样化趋势：活性生物炭和土壤固碳项目的占比下降到 30% 和 22%，而直接空气捕集与封存（DACCS）、泥炭地恢复、沿海湿地恢复、增强岩石风化和结合碳捕集与封存的生物能源（BECCS）项目占比增加。2000—2022 年，涉及碳移除研究的英文出版物快速增长，从 2000 年的 77 篇到 2022 年约 4700 篇，累计发表约 27000 份。

2024 年全球宣布了 72 亿美元的公共资金支持。其中，瑞典引入 36 亿瑞典克朗（约 34 亿美元）的逆向拍卖机制，预计移除 3000 万吨二氧化碳，丹麦通过绿色领域基金资助 16.6 亿美元用于生物炭移除，美国能源部宣布 18 亿美元资助中大型 DAC 设施的设计与建设。私人资金总额达到 9.09 亿美元，DAC 技术获得最多投资，占比 42%。

中国绿色产业的市场驱动特征明显

中国的绿色产业并非野蛮生长，也不可能依靠补贴就能在激烈竞

---

① Natural Resources Canada. Energy Innovation Program – Carbon capture, utilization and storage RD&D Call ［EB/OL］. （2024 – 10 – 17） ［2024 – 12 – 04］. https：//natural – resources. canada. ca/science – and – data/funding – partnerships/opportunities/grants – incentives/energy – innovation – program/ccus – rdd – call/23815.

争的市场中形成成功的产业体系。无论是光伏还是新能源汽车产业中，市场化的竞争格局是显著的。以"新三样"为代表的中国绿色产业不仅成为扩大内需和深化供给侧结构性改革的重要抓手，也成为国内大循环和国内国际双循环的重要推动力量，满足了全球消费者对优质产品和服务的需求，引领了全球能源交通转型与变革。据彭博社统计，2023 年中国是能源转型投资最大的贡献值，达到了 6760 亿美元，占全球总额的 38%，同比之下，欧盟为 3600 亿美元，美国为 3030 亿美元。

20 世纪 90 年代以来，通过参与跨国公司在中国的汽车价值链，中国企业全面提高了制造能力。如大众汽车在中国合资建立了 9 家整车厂和 11 家零部件企业，形成上海、长春、成都、佛山等汽车生产中心。丰田汽车合资成立了 4 家整车厂和 8 家合资零部件企业，形成了广州、天津、长春、成都 4 个汽车生产中心和成熟的零部件生产基地。本田汽车合资成立 3 家整车厂和 3 家零部件生产基地，形成广州和武汉两个汽车生产中心。各大跨国制造商还在北京、上海、广州等城市设立研发设计、物流、营销、投资等关联企业，在长三角地区设立零部件生产中心。目前，中国已成为全球最大的汽车消费市场和生产中心，拥有跨国制造商主导的全产业链，包括整车生产中心、低成本的零部件生产基地以及产品开发中心。

中国新能源汽车市场的发展也吸引跨国汽车企业在中国投资开发新能源汽车技术与产品。日产汽车率先在中国投产纯电动汽车，松下等日本电动汽车零部件供应商正在进入中国市场并向全球供货。跨国公司依托中国动力电池的技术平台进行系统设计和产品开发，实施供应链管理，更多地利用本土供应商的零部件组织生产、装配和物流，同时进行品牌经营和售后。本土制造商也依托外资或本土动力电池技术平台进行产品开发，实施供应链管理，主要利用本土模块和零部件供应商组织生产、装配和物流，进行品牌管理和售后。2021 年 3 月，美国商务部曾裁决将来自中国的不含任何 P/N 结的硅片排除在"双反"

之外①，从一个侧面印证了这个产业的成功。

光伏组件生产销售的全球排名前十名企业大部分是中国企业，电池片环节全球排名前十的企业则全部为中国企业，硅料生产、硅片生产的格局也很相似。但隐藏在这几个榜单背后的，是激烈甚至惨烈的市场竞争。据《证券日报》记者不完全统计，2024 年前 11 个月，国内车市降价销售的车型数量高达 195 款，大幅超越了 2023 年全年数据（150 款）。2024 年，中国光伏产业上市公司已经超过 100 家。中国上市车企中有 22 家②（占比 95.6%）生产新能源汽车，产量达 80.02 万辆③，同时还涌现了一大批产能和技能突出的零部件供应商。中国是全球最大的汽车市场和光伏发电市场，也是全球最开放的汽车市场和光伏发电市场，跨国企业和中国本土企业在中国市场同台竞技、公平较量、充分竞争，促进清洁能源产业的投资和技术快速高效迭代升级。新能源汽车在降价的同时，新车型从上市到升级或改款所用平均时间仅为 1.3 年。

面临激烈的竞争甚至失衡的短期供求关系，一些企业选择加大技改投入，以"短痛"换长期竞争力。例如，隆基绿能在 HJT 电池领域投入巨大，拥有先进的技术和大规模的生产线，其隆基绿能的晶硅/钙

---

① 2015 年起，美国陆续对中国大陆和台湾地区输美的晶体硅光伏产品征收反倾销、反补贴"双反"关税。根据规定，"无论通过何种方式形成的 P/N 结，无论该电池是否经过了其他处理，包括但不限于清洗、蚀刻、涂覆和/或添加材料（包括但不限于金属化和导体图案）已收集和转发电池所产生的电，都属于双反范围"。2020 年 10 月，越南光伏企业 SunSpark Technology 向美国商务部提出申请，要求将来自中国的不含任何 P/N 结的硅片排除在双反范围之外。2021 年 3 月 4 日，美国商务部发布《范围裁决通知》，同意该公司申请。

② 根据申万汽车行业上市公司分类，21 家生产新能源汽车的上市车企是：江铃汽车、海马汽车、长安汽车、一汽解放、安凯客车、中通客车、比亚迪、东风汽车、上汽集团、宇通客车、福田汽车、亚星客车、曙光股份、江淮汽车、北汽蓝谷、金龙汽车、小康股份、广汽集团、长城汽车、力帆科技、凯马 B。

③ 21 家生产新能源汽车的上市车企中一汽解放、北汽蓝谷和力帆科技 3 家上市车企没有公开 2017 年的年报。

钛矿叠层电池实现了 30.1％ 的光电转换效率，刷新了世界纪录。通威股份、晶科能源/东方日升与北京大学合作开发钙钛矿叠层电池技术，并取得了显著进展。晶科能源的 TOPCon 电池已实现量产，效率接近理论极限。技术优势、性能优势和服务优势赢得了海外终端用户的欢迎，产生了可观的品牌溢价。比亚迪 ATTO3 车型被评为英国 2023 年度最佳电动汽车，吉利几何 E 车型深受卢旺达消费者喜爱，长城哈弗 H6 新能源车型荣获巴西年度最佳动力奖项。乘用车市场信息联席会的统计数据显示，中国新能源乘用车出口均价由 2018 年的 0.3 万美元/辆，一路上涨至 2022 年的 2.2 万美元/辆。例如，国内售价在 30 万元左右的比亚迪·唐系列，在挪威售价约合人民币 40 万元，与在挪威销售的同为纯电动中大型 SUV 的宝马 ix3 售价相近。

政府部门则引导形成稳定的政策预期，营造平等、开放、包容的市场环境，特别是在外部贸易摩擦加剧的背景下，激发国内超大规模市场对行业创新的支撑能力，确保了行业有序发展。金融机构通过私募、创业投资基金、资本市场、信贷融资等多元化市场化方式提供了大量资金。2023 年中国 pe/vc 股权投资 6928.26 亿元，清洁技术、汽车、高端机械制造融资额占总额的 26％，充分反映了市场对中国绿色产业目前取得的成就以及未来发展的认可。其中清洁技术与机械制造数量同比增长 20％ 与 25％，是涨幅最大的行业，而投资于汽车的金额同比增长 12.7％，仅次于食品饮料行业①。

大额融资案例也多发生在新能源行业，如造车新势力蔚来汽车在 2019 年赴美国上市前，曾先后通过 6 轮私募股权融资 145 亿元人民币。三类企业在境内外上市融资、发行绿色债券尤其是碳中和债，拓宽长期资金来源。2024 年 12 月，智己汽车科技有限公司宣布完成 94 亿元 B 轮融资。此前一天，北汽蓝谷新能源科技股份有限公司发布公告称，

---

① 清科研究：《2023 年中国股权投资市场研究报告》。

北京新能源汽车股份有限公司完成本轮累计超 100 亿元的增资。而在 12 月 17 日，阿维塔亦宣布完成超 110 亿元的 C 轮融资，体现了市场对新能源汽车当前发展以及未来前景的认可与看好。光伏电站项目通过融资租赁、售后返租、项目融资、资产证券化等方式筹集建设资金。在海外，金融机构通过境内外联动助力新能源汽车企业实现全球化布局。典型的服务包括跨境结算、现金管理、出口信用保险项下的买方信贷等，特别是利用数字技术实现海外业务授信线上化和智能化。

气候风险减量优化绿色建筑市场

在建筑领域，在既有建筑运行环节加强节能降碳管理，当然是实现绿色建筑的一种方式，但由于建筑行业碳排放总量较大及其设计、建造和使用周期较长的特点，绿色金融可以发挥事前引导，实现市场主体自愿减量气候风险的效果。因此，有必要以绿色建筑为例，探索通过机制建设从源头上增加对绿色产业的供给和需求，实现市场边界的拓展。

这当然需要绿色技术的支持，如绿色建筑需要光伏发电、再生材料、固废利用、高效设施、装配建造等新的技术手段。据报道和调研，河北雄安新区、上海市嘉定区、广州市黄埔区、深圳市龙岗区就建成集光伏发电、储能、直流配电、柔性用电于一体的"光储直柔"建筑，河南省鹤壁市、山东省济南市、河北省保定市实施超低能耗农房建筑改造，浙江省推进农光互补、渔光互补、水光互补等光伏发电规模化项目，西藏自治区利用牧民屋顶光伏发电实现牧区电力"自发自用 + 供热供暖"，内蒙古自治区利用风能和太阳能发电供暖，辽宁省通过秸秆再利用进行农村供热和生物质发电，河北省推广地源热泵供暖，山西省太原市回收电厂余热为居民供暖。

即使如此，存量建筑的绿色改造和新建绿色建筑仍存在较高的新增成本，并需要在开发商、政府、使用者之间合理分摊。各地采取了绿色金融政策在内的多种措施以调动供需双方的积极性。不少金融机构和地方政府发现，绿色金融创新得当不仅可以合理分配气候环境成本，更可以在源头上减少气候环境成本。

例如，浙江省湖州市是全国首个绿色建筑和绿色金融协同发展的试点，依托现有绿色建筑标准框架，可以从建材生产、施工建造、购房消费等重点环节着手。如推出"绿色购建贷"等40余款产品，将绿色建筑类贷款期限提高至最长10年，降低部分开发贷款和个人住房按揭贷款的利率，上浮公积金贷款额度。又如"保险+服务+信贷"绿色建筑性能保险提供了事前增信、事中风控服务、事后损失补偿的全流程监管及服务。2023年，全市新增绿色建筑约1275.3万平方米，同比增长34.4%；绿色建筑贷款余额达到637.59亿元，同比增长43.96%；绿色建筑性能保险已落地17单，提供风险保障1.69亿元，已申报绿色建筑性能保险补助9单，补助金额达174.9万元。企业开发绿色建筑的积极性得到全面激发。2023年累计获得高星级绿建标识项目99个，绿建标识数量占比位居全省前列。

值得强调的是，绿色建筑保险能有效防范绿色建筑项目的"漂绿"风险。绿色建筑的金融需求多集中于建筑的开发建设阶段，而《绿色建筑评价标准》（GB/T 50378）规定"绿色建筑评价应在建筑工程竣工后进行"。《绿色建筑评价标准》将碳核算作为加分项，在"提高与创新指标"项中规定"进行建筑碳排放计算分析，采取措施降低单位建筑面积碳排放强度"可获得12分。该规定未对碳排放强度降低程度进行明确规定，容易出现获得星级的绿色建筑可能没有做到节能减排的情况。2022年4月起，《建筑节能与可再生能源利用通用规范》（GB 55015—2021）正式执行，对建筑碳排放测算作出强制要求[1]，并规定"新建的居住和公共建筑碳排放强度应分别在2016年执行的节能设计标准的基础上平均降低40%，碳排放强度平均降低7kgCO_2/

---

[1] 规定新建、扩建和改建建筑以及既有建筑节能改造建筑在可行性研究报告、建设方案和初步设计文件中均应提交碳排放报告。

（m². a）以上"。但该要求为新建建筑的最低节能减碳要求，并未对绿色建筑进行区分。山东省青岛市落地全国首张"减碳保"建筑节能保险保单，发放山东首单附带"绿色建筑性能责任保险"的绿色项目贷款。

由于绿色金融产品的利率、费率等设计与减碳效果是挂钩的，又进一步催生了绿色建筑认证以及绿色建筑信息数字化披露的发展。湖州市为提高绿色建筑项目透明度，打造了绿色建筑信息披露数字化平台，将绿色建筑项目涉及的方案设计、施工建造、运行维护等涵盖"政银保"全过程信息，及时向监管部门、金融机构共享推送。在全国率先开展公共建筑"碳效码"评价方法和应用研究，打造基于 GIS 系统的既有公共建筑"碳效码"平台。2023 年全市完成既有公共建筑节能改造面积 33.9 万平方米，同比增长 81.2%。

图 11－5 展示了绿色建筑性能保险运作的全流程。

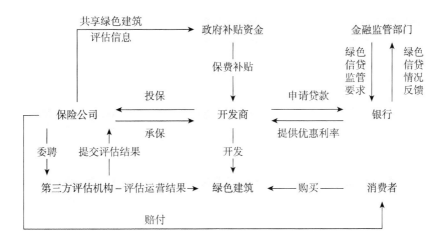

图 11－5 绿色建筑性能保险运作流程

上海市引入建筑用能与碳排放限额双控的设计理念，建成全国首个面向建筑领域、覆盖全能源和全过程的碳排放监管平台，实现了建筑"设计—施工—运营—改造—拆除"全生命周期监管。浙江省湖州市集成 278 座公共建筑电力、燃气、绿电等能源数据，首创建筑"碳效码"，通过碳排放核算、配额管理、交易辅助等市场化应用场景拓展，辅助建筑运营方实现碳资产自我管理。广东省鼓励金融机构将获得国际通行绿色建筑认证的项目融资纳入金融支持范围。

截至 2023 年末，全国城镇累计建成绿色建筑面积约 118.5 亿平方米，获得绿色建筑标识项目累计 2.7 万余个，2023 年城镇新建绿色建筑面积约 20.7 亿平方米，占城镇新建建筑面积比例超 90%。

气候"硬约束"推动形成市场新边界

中国绿色能源产业的发展体现了全球应对气候变化对清洁能源发电的现实迫切广泛需求。据国际能源署（IEA）统计，全球碳排放量的 41% 来自电力行业。为此，多国启动电力"弃煤"进程，转向光伏等可再生能源。法国、英国、荷兰、德国分别宣布将于 2021 年、2025 年、2030 年和 2038 年前淘汰煤电，丹麦和瑞典宣布在一代人之内成为无化石能源社会。欧洲议会通过决议，计划到 2025 年将光伏装机容量翻倍，到 2030 年实现太阳能发电量占总发电量的 30%。美国计划到 2035 年实现清洁能源发电量占总发电量的 80%。中国从碳达峰到碳中和的时间仅为 30 年，远远短于发达国家实现碳中和的平均年限，必须加快发展光伏等清洁能源发电。截至 2020 年末，中国并网风电、光伏发电装机量分别为 2.81 亿千瓦和 2.53 亿千瓦，要实现碳达峰碳中和目标，中国可再生能源发电装机占比将在"十四五"时期末超过 50%，到 2030 年非化石能源占一次能源消费的比重达到 25% 左右，2030 年风电、光伏装机量要达到 20 亿千瓦以上[1]。

同样，推动传统燃油汽车制造业向新能源汽车制造等绿色低碳转型，将显著减少温室气体排放。美国《通货膨胀削减法案》《清洁能源

---

[1] 中金公司，《碳中和，离我们还有多远》，2020 - 12 - 04。

法案》中提出，到 2030 年和 2040 年，新能源汽车销量达到汽车总销量的 40% 和 50%，到 2050 年实现传统燃油车完全退出市场。欧盟《绿色协议》和欧洲汽车制造商协会（ACEA）提出，2040 年将停止销售新的燃油车，到 2050 年实现传统燃油车完全退出市场。中汽数据《中国汽车低碳行动计划研究报告 2020》显示，2019 年，中国汽油类车生命周期碳排放量为 5.8 亿吨，其中纯电动乘用车仅排放 0.2 亿吨，占比仅 3.53%。中国《新能源汽车产业发展规划（2021—2035 年）》等文件提出，2030 年新能源汽车销量占比超过 50%，到 2050 年全面实现汽车电动化，传统燃油车基本退出市场。

《中国建筑能耗研究报告 2020》测算，2018 年中国建筑全生命周期的碳排放是 49.3 亿吨二氧化碳，占全国能源消耗总量的 51.3%。2016 年中共中央、国务院印发的《关于进一步加强城市规划建设管理工作的若干意见》就提出"适用、经济、绿色、美观"的建筑方针。《加快推动建筑领域节能降碳工作方案》提出，到 2025 年，建筑领域节能降碳制度体系更加健全，城镇新建建筑全面执行绿色建筑标准。据中国建筑节能协会统计，2021 年建筑运行阶段碳排放占全国碳排放总量的 21.6%，其中公共建筑以 21% 的建筑面积贡献了约 41% 的碳排放。2013 年，北京市率先以电耗限额管理为抓手，对公共建筑进行能耗管理，2023 年又启动了能效评估分级管理试点，推动公共建筑电耗限额管理转向全能耗分级管理。美国 2005 年颁布能源政策法案，要求 2015 年后联邦政府各机构的能源使用减少到 2003 年的 80%；2024 年发布《到 2050 年使美国经济脱碳：建筑行业国家蓝图》，提出"到 2035 年建筑物温室气体排放量将减少 65%，到 2050 年将减少 90%"。英国也在全力推动到 2050 年所有建筑实现净零排放。日本 2021 年发布第六版《能源基本计划》，要求到 2030 年新建建筑实现零能耗，2050 年后存量建筑实现平均零能耗。

目前，电力消耗仍是工业生产等经济活动领域的主要碳排放源。

国内外普遍将电网排放因子作为控制和核算电力消费侧碳排放的重要参数。欧盟《2022—2024 年生态设计和能源标签工作计划》则提出针对光伏组件、逆变器和系统的生态设计和能效标签等措施。欧盟《新电池法》规定自 2024 年 7 月起，动力电池以及工业电池必须申报产品碳足迹，并在 2027 年 7 月达到相关碳足迹的限值要求。在我国，为推动建设绿色工厂，工业和信息化部牵头制定了《绿色工厂评价通则》①，对碳足迹核算、低碳产品等提出了要求。长城汽车、小康股份、北汽集团等整车制造企业纷纷投产"大数据＋智能化"的绿色工厂。中汽碳数字上线全国首个汽车全产业链碳足迹公示平台（CPP），不同年款车型碳足迹均值呈现出逐年下降的趋势，表明在"双碳"政策引领下，汽车企业在积极践行绿色低碳转型，越发重视低碳产品开发。从不同燃料类型车型均值来看，相较于汽油车，纯电动车具有明显的生命周期碳减排优势，全面电动化正在引领汽车产业绿色变革。

可见，随着减碳、脱碳管理进程的推进，行业碳博弈必然随之升级，绿色壁垒风险也随之增加。市场主体为寻求经营的确定性边界，必然逐步将全生命周期绿色发展和全产业链降碳布局纳入战略规划，而从整体看，市场主体的共同行为就悄然改变了市场本身。

---

① 2018 年 5 月 14 日，绿色工厂领域首项国家标准《绿色工厂评价通则》（GB/T 36132—2018）正式发布，明确由第三方组织从能源与资源投入、产品、环境排放、环境绩效等方面开展综合评价，以确定是否符合"绿色工厂"标准，其中，要求工厂采用适用的标准或规范对产品进行碳足迹核算或检查，产品宜满足相关低碳产品要求。随后，重庆市经济和信息化委员会发布《关于印发重庆市绿色园区和绿色工厂认定管理办法（试行）的通知》（渝经信发〔2018〕60 号），要求单位产品碳排放量不高于行业平均水平。

第十二章
转型金融

——再塑金融新体系

中国将比发达国家在时间短得多、碳排放总量大得多、技术起点低得多的情况下实现"净零排放"。与此同时，一些产业存在技术路径依赖乃至自我强化的倾向，可能带来碳排放与资本投入的双重锁定，即大量资金沿着传统的高碳技术路线进行"内卷"式投入，导致碳减排难度加大，而传统生产模式难以真正实现绿色转型。

为统筹有序地做好碳达峰碳中和工作，中国提出不搞运动式"减碳"，要立足中国富煤贫油少气的能源资源禀赋，坚持先立后破，稳住存量，拓展增量，以保障国家能源安全和经济发展为底线，争取时间实现新能源的逐渐替代，推动能源低碳转型平稳过渡，切实保障国家能源安全、产业链供应链安全、粮食安全和群众正常生产生活，着力化解各类风险隐患，防止过度反应，稳妥有序、循序渐进推进碳达峰行动，确保安全降碳。

绿色金融体系需要进一步升级再造，通过嵌入碳配额交易等减排机制，并将科技金融与绿色金融融合为转型金融机制，推动资本流向颠覆性绿色技术。显然，这一机制主要解决高碳行业在低碳转型过程中的金融需求，是对金融市场边界的又一次拓展。

尽管对这一新机制的认识尚未统一，但一些国家政府部门、国际机构、行业协会和金融服务机构的实践探索表明，转型金融能够承担这一重任。在具体分工上，绿色金融体系主要支持符合绿色标准的经济活动，而高碳行业、企业和项目向低碳的有序、安全、高效和真实转型需要转型金融的支持。

建立有约束力的转型金融框架

与绿色金融支持的绿色活动一般会严格符合绿色金融标准不同，一些高排放、高污染的经济活动开展绿色低碳转型，往往由于技术路线具有不确定性，转型活动的减碳效应及其成本效益可能呈非线性和高波动特征，甚至需要经历较长的时间（如 10 年），才能显示出显著的减污降碳或能效提升效果。光伏产业就是典型的转型案例。

这类转型活动在融资时常常遭遇尴尬境地——为避免被监管部门、环保组织乃至社会公众等贴上"洗绿"标签，一些银行或投资机构将这类行业列入严控融资目录。这可能会使高碳企业资产提前面临搁浅风险，或难以实施转型，宏观上引致经济下行、失业和金融风险。

面对现实需求，需要在识别标准、实现路径、披露以及激励等方面，建立具有公信力和约束力的规范，避免"一刀切"和洗绿风险。总的来看，转型金融应实现以下几个层次的目标：第一层目标，也是最基本的要求，即融资相关经营活动所宣称的转型目标应包含显著的、可度量的减排效益。在允许转型金融主体充分考虑其所在国家、产业特征、资源禀赋、技术水平等方面的不同，可以采取差异化的转型路径和技术路线的同时，要求其明示定量化的转型效益（包括阶段性目标）。与绿色金融以用途为导向不同，转型金融以转型结果或降碳效果为导向。绿色金融往往明确要求资金只能用于绿色项目本身，确保资金专款专用，防止出现挪用、"洗绿"问题。转型金融兼顾项目和主体，对符合认定标准的转型项目和转型主体，对资金用途不做严格限定，但对转型结果和成效有明确要求。

第二层目标，是金融系统应对这类转型金融活动具有较强的约束性，体现为更高强制力的信息披露机制以便于市场监督，更明确的、可监督的转型路径，或者将减排效益与产品价格直接挂钩的奖惩机制。实践中，为确保实现转型目标，转型金融产品探索设计了发行溢价和收益率折扣、息票递增等惩罚机制，将环境效益与融资成本挂钩，还可以增加强制信息披露等产品条款。

第三层目标，也是绿色金融发展的"终极目标"，即取消带有浓厚行政色彩的"绿色""非绿""转型"等定性分类描述，而由金融市场根据融资主体全面充分的信息披露，对其气候环境因素进行定价，进而实现对金融活动环境效益的激励或者惩罚。

能源转型复杂性更多来自非经济因素

从全球能源结构①看，煤炭的燃烧和使用排放了约44%的二氧化碳，石油约33.7%，天然气约21.6%，其他能源碳排放量占比不到1%；从碳排放的部门结构看，电力部门碳排放量占比最高，为41.8%，其次是交通运输为24.5%，工业部门碳排放占比排名第三，为18.6%。可见，全球低碳转型很大程度就是能源结构转向清洁低碳能源。

国际能源署（IEA）的《2024年世界能源展望》报告强调，地缘政治紧张和分裂是能源安全和减排协同行动的主要风险。清洁能源转

---

① 国际能源机构 IEA 数据，https：//www.iea.org/data-and-statistics.

型步伐虽快，但近期全球能源市场的脆弱性再次凸显了能源安全的重要性。例如，约20%的全球石油和液化天然气供应通过霍尔木兹海峡关键性航道，而中东地区、俄乌战争等地缘政治事件以及频发的热浪、干旱和飓风极端天气事件可能破坏能源基础设施，引发供应大幅度波动。在需求方面，能源需求持续增长。

由于目前全球脆弱的能源结构仍然高度依赖化石燃料，清洁能源转型需要大量的投资和政策支持，凸显了当前能源转型进程的不确定性。按目前已经宣布的各国国家自主贡献（NDC）目标推算，到2030年全球与能源相关碳排放量将减少3%，到2050年将减少51%。这意味着到2030年需要将可再生能源装机容量增加3倍，同时提升能源效率。然而，目前能源转型的进展速度只有需要的一半[①]。可再生能源发电装机规模、电网容量及其灵活性、能源效率与节能方面是主要瓶颈，估计在2024—2030年期间总计需要31.5万亿美元的新增投资。

中国则近80%的二氧化碳排放来自煤炭，其次是石油（14.4%）和天然气（5.8%）；碳排放部门中，占比最高的也是电力部门（53.1%），其次是工业（28%）和交通运输（9.2%）（见表12-1）。这说明，中国的低碳转型在很大程度上是"脱煤"。

表12-1 　　　　　2019年全球与中国二氧化碳排放占比情况对比　　　　单位：%

2019年 IEA 数据	二氧化碳排放能源占比			二氧化碳排放部门占比		
	煤炭	石油	天然气	电力	工业	交通运输
全球	44	33.7	21.6	41.8	18.6	24.5
中国	79.8	14.4	5.8	53.1	28	9.2

但是，中国能源消费结构特点为"富煤、贫油、少气"，煤炭等化石能源在能源消费中占比较高。尽管新能源占比呈逐步上升趋势，

---

① 　国际可再生能源署（IRENA），《2024年世界能源转型展望》报告。

2020 年中国能源消费结构中，原煤占比达到 56.8%，且远超原油（18.9%）、天然气（8.4%）。同时，2020 年中国的一次能源需求增长 2.1%，与过去十年年均 3.8% 的增长率相比有所降低，但仍是 2020 年为数不多的几个能源需求增长的国家之一①。图 12-1 显示了 2000—2020 年我国的发电结构。

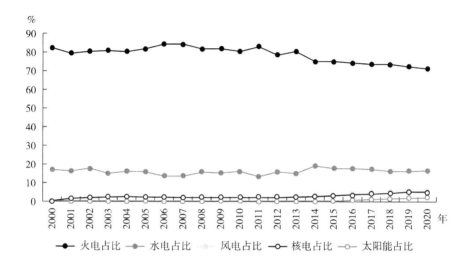

图 12-1 2000—2020 年我国发电结构

（资料来源：Wind）

相较于发达国家"被动式减碳"，中国"主动式减碳"时间紧、任务重。中国碳排放总量高、占比高。对应温升 2℃ 目标的 2030 年全球碳排放量为不超过 400 亿吨。但实际上，2020 年，全球二氧化碳排放总量达 322.8 亿吨。截至 2020 年，全球前六大碳排放国（地区）为中国（不包括香港、台湾）、美国、欧盟、印度、俄罗斯和日本，排放量分别占全球排放总量的 30.7%、13.8%、7.9%、7.1%、4.6% 和 3.2%（见图 12-2）②。从数值看，全球 322.8 亿吨碳排放中，99.1 亿吨为中国

---

① 2021 年版《BP 世界能源统计年鉴》。

② 2021 年版《BP 世界能源统计年鉴》。

排放的。图 12 - 3 展示了 1970—2018 年各国（地区）碳排放情况。

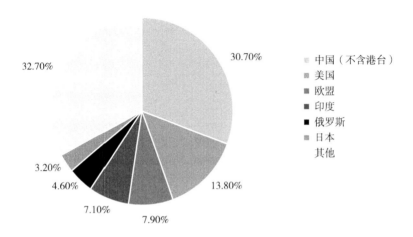

图 12 - 2　2020 年世界主要国家（地区）二氧化碳排放占比

（资料来源：2021 年版《BP 世界能源统计年鉴》）

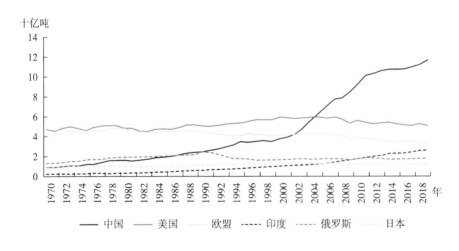

图 12 - 3　1970—2018 年各国（地区）碳排放情况

（资料来源：荷兰环境评估署）

从承诺碳达峰到碳中和，中国只有 30 年的转型时间，远低于历史上绝大部分发达国家从碳达峰到碳中和的时间（美国、加拿大 43 年，欧洲 60 年，日韩 37 年，澳大利亚 34 年，见表 12 - 2）。这意味着中国将比发达国家在时间短得多、碳排放总量大得多、技术起点低得多的情况下实现"净零排放"。

表 12-2 部分国家和地区碳达峰碳中和时间

国家和地区	碳达峰时间	碳中和时间
美国	2007	2050
中国	2030	2060
欧盟	1990	2050
加拿大	2007	2050
韩国	2013	2050
日本	2013	2050
澳大利亚	2006	2040
南非	—	2050
巴西	2012	—

2009—2019 年，中国碳排放年均增长 2.4%，美国、欧盟、日本的增速分别为 -0.5%、-1.2% 和 -0.1%。2020 年，中国碳排放增长 0.6%，是全球少数几个增加的地区之一，比全球增速高出 6.9 个百分点，与美国（-11.6%）、欧盟（-13.4%）和日本（-8.4%）[①] 的负增长形成明显对比。从发展的动态过程看，美国、欧盟的碳排放总量已过峰值点，近几年呈现缓慢下降趋势。并且，中国碳排放增长速度有明显加快趋势。根据世界资源研究所数据库，中国累积碳排放量的增速自 2003 年后超过美国以及欧盟，最终导致中国累积碳排放量于 2005 年超过欧盟，于 2015 年超过美国（见图 12-4）。

不过，与大部分发达国家相比，中国人均碳排放量并不算高（见图 12-5）。根据荷兰环境评估署最新数据，2019 年，中国人均碳排放量为 8 吨，低于美国（15.5 吨）、德国（8.4 吨）、荷兰（9.2 吨）、日本（9.1 吨）、澳大利亚（17.2 吨）、加拿大（15.6 吨）以及韩国（12.7 吨）的水平。中国人均碳排放量近年来呈先上升后平稳态势，目前已经超过欧盟（6.6 吨）。世界资源研究所在 2020 年末发布的《零碳

---

① 2021 年版《BP 世界能源统计年鉴》。

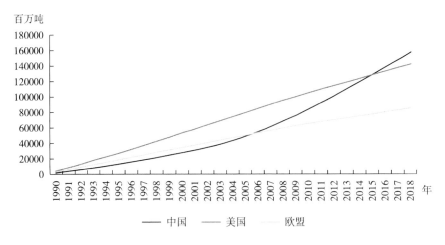

图 12 - 4　1990—2018 年我国与发达国家（地区）累积碳排放情况

（资料来源：世界资源研究所数据库）

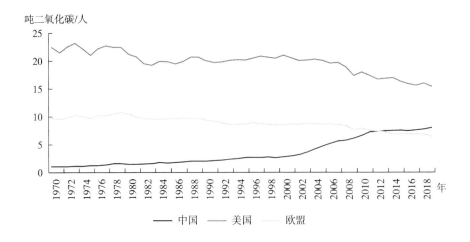

图 12 - 5　1970—2018 年我国与发达国家（地区）人均碳排放情况

（资料来源：荷兰环境评估署）

之路："十四五"开启中国绿色发展新篇章》报告中预测，在"强化行动"情景下，中国有望在 2026 年左右达峰，达峰时人均碳排放仅 7.13吨，远低于发达国家水平。

与大部分发达国家相比，中国碳排放强度较高（见图 12 - 6）。根据荷兰环境评估署 2019 年数据，中国碳排放强度为 500 克二氧化碳/美元 GDP，远高于美国（250）、欧盟（150）、日本（220）的水平。中国碳排放强度的下降态势较为明显。

千克二氧化碳/1000美元GDP（以2017年不变价格计算）

图 12 - 6　1990—2019 年我国与发达国家（地区）碳排放强度情况

（资料来源：荷兰环境评估署）

中国制造业转型需要机制创新

与制造业投资增长的整体趋势相似，中国黑色金属冶炼和压延加工业（以下简称钢铁行业）经历了高速的投资增长和产能增长、碳排放增长时期，同时也出现了三个反常现象。

第一个反常现象，是钢铁行业整治了 15 年产能过剩，但实际产能和产量却大幅增长。国际金融危机后，中国钢铁行业长期粗放增长所积聚的风险暴露，产能利用率明显低于正常水平。2009 年以来，国务院持续出台调控措施①对钢铁等产能过剩、重复建设问题突出的行业加以限制和引导，强调银行机构不得对落后产能提供信贷支持，两轮产

① 国务院批转国家发展改革委等部门《关于抑制部分行业产能过剩和重复建设引导产业健康发展的若干意见》，中国人民银行等《关于进一步做好金融服务支持重点产业调整振兴和抑制部分行业产能过剩的指导意见》（银发〔2009〕386 号）。

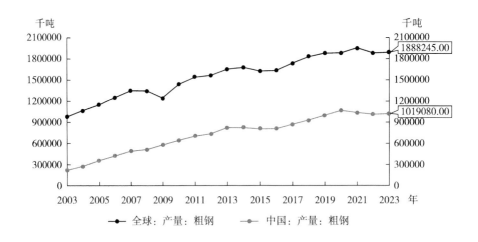

图 12 – 7　2003—2023 年全球和中国的粗钢产量

（资料来源：Wind）

能置换工作①的政策也相当严密：如明确了用于产能置换的冶炼设备范围②，明确了不能用于置换的产能③，明确了实施等量和减量置换的标准。然而，即使面临 2022 年下半年以来内外需严重不足和产能、环保、碳排放多重限制，仍出现了产能"越置换越多"的现象，钢铁产量目前仍处于高位。中国 2023 年粗钢产量达 10.19 亿吨，是 2009 年（5 亿吨）的 2 倍多（见图 12 – 7）。

第二个反常现象，是钢铁行业污染与能耗治理投入巨大、效果显

---

① 2010 年国务院发布《关于进一步加强淘汰落后产能工作的通知》，2013 年国务院发布《关于化解产能严重过剩矛盾的指导意见》，2016 年国务院《关于钢铁行业化解过剩产能实现脱困发展的意见》；从 2015 年工信部发布《部分产能严重过剩行业产能置换实施办法》、2017 年工信部发布《钢铁行业产能置换办法》到 2020 年国家发展改革委、工信部发布《关于完善钢铁产能置换和项目备案工作的通知》完成第一轮产能置换；从 2021 年工信部发布《钢铁行业产能置换实施办法》，到 2024 年工信部《关于暂停钢铁产能置换工作的通知》可视为新一轮钢铁产能置换。

② 须在 2016 年国务院国资委、各省级人民政府上报国务院备案去产能实施方案的钢铁行业冶炼设备清单内，或 2016 年及以后建成的合法合规冶炼设备。

③ 列入钢铁去产能任务的产能、享受奖补资金支持的退出产能、"地条钢"产能、落后产能、未重组或未清算的僵尸企业产能、铸造和铁合金等非钢铁行业冶炼设备产能。

著，但在低碳冶金的国际竞争中明显滞后。作为"蓝天保卫战"的重点控排对象，全行业在 2017—2021 年景气期中的年均总利润约 2000 亿元，其中仅投向超低排放改造就超过 2000 亿元。经历了多轮升级达标[1]，2023 年钢铁产能集中的 10 个城市 PM2.5 平均浓度比 2018 年下降 24%，产能最集中的唐山、邯郸分别下降 31%、30%。然而，在以氢气为还原剂代替焦炭直接还原铁（Direct Reduced Iron，DRI）等颠覆式技术方向上，欧盟、日本、韩国、澳大利亚等已开展了丰富的探索。全球（除中国外）钢铁行业和中国碳排放强度分别约为 0.8 和 2.0（即每生产 1 吨钢排放 2 吨二氧化碳）。尽管技术不够成熟、成本也较昂贵，2023 年全球直接还原铁产量为 1.36 亿吨，已近全部生铁产量的十分之一，但其中中国的产量几乎可以忽略不计。

第三个反常现象，是钢铁行业的投资与产能增长，既没有反映出当前的市场压力，更没有反映出未来碳减排的约束。从市场需求看，下游客户已明确要求钢铁企业提供绿色低碳钢材，以减少产业链的碳足迹。如沃尔沃汽车集团要求 2018—2025 年单车全生命周期平均碳排放降低 40%。宝马集团计划 2019—2030 年单车全生命周期平均碳排放降低 33% 以上，2050 年达成"碳中和"。现有减碳承诺（STEPS）[2] 要求钢铁行业到 2050 年碳排放强度降至 1.1，按《巴黎协定》2.0℃温控目标则应降至 0.6。为此，国际同行加大了低碳冶金投入，如瑞典氢炼铁 HYBRIT 项目于 2020 年 8 月建成投产[3]，H2 Green Steel 公司在瑞典

---

[1]　2012 年开始对钢铁行业烟尘、二氧化硫和氮氧化物的排放浓度限值，2015 年又将其限值最大下降 60%、67% 和 40%；2019 年实施的钢铁行业超低排放标准比美国、欧盟等发达国家更为严苛。

[2]　国际能源署发布的《世界能源技术展望 2020——钢铁技术路线图》中，政策情景（STEPS）是一个假设的基准情景，仅考虑各国能源和气候相关政策承诺，包括各国按照《巴黎协定》提交的自主贡献。参见 https：//www.iea.org/reports/energy－technology－perspectives－2020.

[3]　突破性氢炼铁技术（HYdrogen BReakthrough Ironmaking Technology）项目，2016 年成立，由瑞典能源署资金支持，瑞典钢铁（SSAB）、瑞典大瀑布电力（Vattenfall）和瑞典国有铁矿石生产商 LKAB 合作开发。

北部 Boden 建成绿氢绿钢生产一体化工厂，并在 2024 年 1 月获得约 42 亿欧元融资，计划 2030 年年产 500 万吨绿色钢铁。而中国钢铁行业固定资产投资（FAI）从 2020 年再次加快增长，主要投向原燃料替代、放散煤气回收、节能技术、"公转铁""公转水""油改电"等渐进式治理措施。按此路线未来最大减排空间仅有 5%～10%。

钢铁行业要实现转型升级，既要解决好产能过剩带来的"增产不增利"的"内卷"问题，又要按照碳达峰碳中和"1＋N"政策①实现低碳零碳冶金。研究发现，现有"产能置换""基准法分配碳排放配额"和"绿色金融目录"三大机制对钢铁行业转型升级有不同程度的制约作用。第一，产能置换机制更有利于渐进式技术路线，客观上为"内卷"提供条件。产能置换机制实际上为落后本应淘汰的产能赋予了"牌照溢价"。且产能置换机制越严，产生的溢价越高，企业和地方政府越有动力通过种种办法增加产能。目前，钢铁产能指标已成为可交易品（据中国冶金工业信息标准研究院测算，目前铁产能交易价为 278 元/吨、钢产能交易价为 656 元/吨），加大了市场出清难度。

第二，大量资本被锁定在渐进式技术路线，绿色金融的激励作用被弱化。目前钢铁行业的绿色转型思路仍是渐进式改良。现有绿色金融标准仍是产业标准的严格映射，即将能效水平达标的钢铁项目列为绿色金融项目。有的省份钢铁行业转型金融目录列出了近两百项技术，大部分为现有清洁工艺的提效。尽管目录中也有颠覆性的绿色技术创新，但由于风险管理能力弱，金融机构更倾向于支持渐进式绿色技术。例如，氢来源尚未摆脱碳基材料，主要使用天然气、高炉煤气作为替代；热电来源主要是煤和煤电，碳排放难以显著降低。有的项目依靠

---

① 《工业领域碳达峰实施方案》（工信部联节〔2022〕88 号）和《关于促进钢铁工业高质量发展的指导意见》（工信部联原〔2022〕6 号）明确，短流程炼钢占比要在 2025 年达到 15% 以上，富氢碳循环高炉冶炼、氢基竖炉直接还原铁、碳捕集利用封存技术要在 2030 年取得突破应用。

将焦炉煤气裂解为 CO 和 H_2，碳排放强度仍有 1.4 吨。又如 100 万吨级先进电弧炉生产线购置成本超过 10 亿元，企业和银行普遍担心巨额投入风险过大。财政和绿色金融对高炉转电炉提供了一定激励，但对现有产能发放门票的做法实际上减弱了激励，净效益甚至可能为负。

第三，钢铁行业纳入碳市场后，若按基准法分配碳排放配额，将可能强化现有产能和技术路线的合理性。根据国务院关于碳市场扩围的要求，生态环境部门已将钢铁行业纳入碳市场，但钢铁行业碳排放权配额分配的机制仍存在问题。一是对钢铁企业碳排放硬约束力不足。草案将企业配额盈缺率控制在较小范围内，且配额为免费分配。一家 500 万吨年产量的企业，排放约 1000 万吨二氧化碳，假设超过其配额的 3%，即需要以 100 元/吨的价格购入 30 万吨排放配额，共需 3000 万元，使每吨粗钢增加 6 元排放成本，与现有 5000 元/吨上下的钢材价格相比可以忽略不计。二是以现有碳排放强度为基数分配配额，仍将使现有产能"普惠式增值"。三是每年减少一定碳排放配额的方式也是"渐进式的"。企业完全可以通过提高效率的方式达到基准要求，很难有动力跳出舒适区，投向采取风险更大的颠覆式创新。

全球的转型金融实践

欧盟、英国、日本、新加坡等多个国家和地区已初步建立转型金融政策框架和转型金融市场。不少国际组织和行业协会也在转型金融领域开展了开拓性工作，研究制定了转型金融标准，在界定、信息披露等制度设计方面提供有价值的参考。

2023 年 6 月，欧盟提出了关于转型金融的四项建议，强调非约束性原则、可量化的转型计划、利用现有工具如分类法，以及透明度和问责制的重要性。其中，从气候变化减缓、适应等六大环境目标出发，以《欧盟可持续金融分类法案》形式制定了一套转型活动分类目录，详细列举了七大行业 67 项转型经济活动和相应的技术筛选标准①。

2023 年，日本经济产业省以《绿色转型推进法》为基础，制定促进向低碳化增长型经济结构转型的战略②，并已通过日本内阁批准。该战略希望在确保能源供应稳定的前提下实现去碳化，以及实现和实施以增长为导向的碳定价。除了研究开发转型目录③，日本政府还制定了气候转型债券框架，发行了全球第一只政府标记的转型债券，同时发布了《全球碳交易促进战略》，其中包括实施碳定价。韩国《绿色分类体系指南》将绿色经济活动分为绿色和转型两类，规定将 2030 年前的化石燃料使用、2035 年前液化天然气和以混合气为基础的能源生产、新建核电站和持续运营领域等纳入转型活动④。

马来西亚《气候变化和基于原则的分类法》，规定了减缓气候变化、适应气候变化、对环境无重大损害、为促进气候转型采取补救措施四项原则，并基于这些原则将经济活动划分为支持减缓（或适应）气候变化活动、转型活动及关注活动三类，并成立了国家脱碳委员会，以监督行动蓝图的实施⑤。新加坡绿色金融业特别工作组（GFIT）公布了关于新加坡分类法的咨询建议，对农林、建筑业、运输、能源和工业等五大行业设计了"红绿灯"活动分类系统，将转型活动纳入金融支持范围。新加坡金管局于 2023 年 12 月推出了新加坡—亚洲可持续

---

① 欧洲委员会．https：//eur－lex. europa. eu/legal－content/EN/TXT/？uri＝celex％3A 52023SC0209.

② 日本经济产业省．https：//www. meti. go. jp/press/2023/07/20230728002/20230728002. html.

③ 日本经济产业省．"Basic Guidelines on Climate Transition Finance" Announced. https：// www. meti. go. jp/english/press/2021/0507 _ 001. html.

④ 韩国环境部．https：//me. go. kr/home/web/policy _ data/read. do？menuId＝10260&seq＝ 7853.

⑤ Malaysia. New Industrial Master Plan（NIMP）2030：Aerospace Industry. https：//www. nimp2030. gov. my/nimp2030/modules _ resources/bookshelf/e－01－Sectoral _ NIMP－Aer- ospace _ Industry/e－01－Sectoral _ NIMP－Aerospace _ Industry. pdf.

金融分类法①，使用阈值和技术标准来定义绿色和转型活动。

可持续金融国际平台（IPSF）转型金融工作组由欧盟、日本和瑞士担任共同主席，从经济活动和机构层面，制定转型金融高级别原则，积极推广不同行业和地区案例。G20 可持续金融工作组（SFWG）起草的《G20 转型金融框架》围绕转型活动界定标准、信息披露、转型金融工具、激励政策、公正转型等五大支柱提出了 22 条高级别原则②，对各国金融监管部门构建转型金融政策和提高不同国家转型金融市场兼容性具有重要意义。国际资本市场协会发布的《气候转型金融发行人导则》强调发行人实现气候转型有两类重要手段，一类是投资绿色低碳项目，即可以直接用绿色金融工具（比如绿色债券）来支持，并且已经有国家层面的绿色金融目录帮助识别这类活动；另一类是在集团层面设置具体的环境气候绩效目标并配套整体行动方案，使可持续绩效挂钩金融工具。2023 年国际资本市场协会发布的新版《气候转型融资手册》③ 在适用金融工具、信息披露、公正转型、外审认证等方面要求有所提升，《可持续发展挂钩债券原则》④ 主要新增补充主权发行

① 新加坡金融管理局 . 新加坡金融管理局发布全球首个多领域转型分类法 . https：//www. sgpc. gov. sg/api/file/getfile/MAS% 20Media% 20Release ＿ MAS% 20Launches% 20Worlds% 20First% 20Multi－Sector% 20Transition% 20Taxonomy. pdf？path ＝/sgpcmedia/media ＿ releases/mas/press ＿ release/P － 20231203 － 3/attachment/MAS% 20Media% 20Release ＿ MAS% 20Launches% 20Worlds% 20First% 20Multi － Sector% 20Transition% 20Taxonomy. pdf, 2023 － 12 － 03.

② G20. G20 转型金融框架. https：//g20sfwg. org/wp － content/uploads/2023/12/TFF － 2 － pager － digital. pdf.

③ 国际资本市场协会 . 《气候转型融资手册》. https：//www. icmagroup. org/assets/documents/Sustainable － finance/2023 － updates/Climate － Transition － Finance － Handbook － CT-FH － June － 2023 －220623v2. pdf. 该协会为国际资本市场参与者组成的全球性自律组织和行业协会，业务涉及制定和实施国际金融市场固定收益产品和相关金融工具发行、交易、结算等环节的自律准则和行业规范。

④ 国际资本市场协会 . 可持续发展挂钩债券原则：自愿性流程指引 . https：//www. icmagroup. org/assets/documents/Sustainable － finance/Translations/Chinese － SLBP － 040923. pdf.

人相关信息指标，为国内外转型债券的发展提供借鉴①。

气候债券倡议组织提出 5 项转型原则：碳排放轨迹符合 1.5 度温控目标，以科学为基础设定减排目标，不计入碳抵消，技术可行性优于经济竞争性，行为刻不容缓等。气候债券倡议组织认为转型概念同时适用于实体与经济活动，其转型标签适用于两类投资：一是为 2030 年碳排放减半以及 2050 年净零排放目标作出重大贡献，但非具有长期作用的；二是将发挥长期作用，但目前尚未拟定净零排放实施路径的。除原则性指引外，该组织还制定了水泥、基础化学品、钢铁和石油天然气等行业的转型金融目录和技术要求②。2023 年，气候债券倡议组织发布了《气候债券标准4.0版》，将认证范围拓展到支持转型活动和实体的工具，包括可持续发展挂钩债券和贷款以及实体公司层面③。

欧洲复兴开发银行（EBRD）制定《绿色转型债券框架》，对转型债券提出四方面标准要求：资产须符合并服务于实施公司气候治理战略的内在要求；须有助于所在国实现《巴黎协定》目标；募集资金须用于能源效率、资源效率、可持续基础设施等领域中的一项或多项；脱碳目标或资源效率绩效须超过行业平均水平，EBRD 发行的绿色转型债券募集资金主要用于支持能源效率、资源效率（包括循环经济适应型产品）、可

---

① 气候债券倡议组织. 关于《绿色债券支持项目目录》和《绿色产业指导目录》与欧盟《可持续金融分类方案》的比较讨论（一）. https：//www. climatebonds. net/files/reports/comparing _ chinas _ green _ definitions _ with _ the _ eu _ sustainable _ finance _ taxonomy _ part _ 1 _ ch _ final _ 0. pdf.

② Climate Bonds Initiative, Credit Suisse. 为可信赖的低碳转型提供金融支持：如何确保转型标签产生影响力. https：//www. climatebonds. net/files/reports/cbi _ fincredtransitions _ final. pdf.

③ Climate Bonds Initiative. 中国可持续债券市场报告 2023. Climate Bonds Initiative, 2024, https：//www. climatebonds. net/files/reports/2023nian _ zhong _ guo _ ke _ chi _ xu _ zhai _ quan _ shi _ chang _ bao _ gao _ 0. pdf.

持续基础设施（包括低碳交通和绿色物流）等类型项目①。

新加坡星展银行是全球首家发布转型融资标准的商业银行，其发布的《可持续发展和转型融资框架与分类法》（2020）明确，转型经济活动需满足以下任一条件：可取代更高碳的活动，并能记录、验证温室气体减排程度；能实现更低碳的技术应用②。星展银行认定的转型企业需在过去 12 个月满足以下任一条件：从碳密集型活动中撤资；逐步减少来自碳密集活动的业务收入份额；证明排放强度降低超过国家或地区实现脱碳行业平均水平。渣打银行《转型融资计划》（2021）要求转型资产与活动需满足：与 1.5 度温控目标兼容并具有科学依据；不影响低碳替代品的开发与应用，也不会导致碳密集型资产的锁定；满足最低保障措施。其转型融资框架主要评价对象是资产，涉及电气化、氢能、生物能源、碳捕集利用和储存等多个行业，特别是为新兴市场八个碳强度较高的行业提供转型支持。摩根大通则采用央行与监管机构绿色金融网络（NGFS）及联合国政府间气候变化专门委员会（IPCC）的分析方法，以其特有的碳评估框架（CAF）为客户进行定性和定量评分。

中国的转型金融实践

在碳中和情景下，中国未来 30 年间（2021—2050 年）绿色低碳投资需求将累计达 487 万亿元人民币（按 2018 年不变价计）③，金融需要发挥在减缓气候变化（mitigation）、适应气候变化（adaptation）、促进转型提升经济韧性（transition）三方面的资源配置作用。

---

① European Bank for Reconstruction and Development. Framework for Green Transition Bonds. https：//www. ebrd. com/documents/treasury/framework – for – green – transition – bonds. pdf？blobnocache = true.

② 星展银行. 星展银行推出全球首个可持续发展和转型融资框架与分类法，帮助客户推进可持续发展议程. https：//www. dbs. com/newsroom/DBS＿launches＿worlds＿first＿sustainable＿and＿transition＿finance＿framework＿and＿taxonomy＿to＿help＿clients＿advance＿on＿sustainability＿agenda＿CN.

③ 《碳中和愿景下绿色金融路线图研究》，中国金融学会绿色金融专业委员会课题组.

2024 年，中共中央、国务院发布《关于加快经济社会发展全面绿色转型的意见》，全面有效推动绿色转型产业发展。同年，中国人民银行等七部门发布《关于进一步强化金融支持绿色低碳发展的指导意见》，提出加快研究制定转型金融标准，明确转型活动目录、披露要求、产品体系和激励机制等核心要素，指出支持发展转型债券，满足能源生产消费企业改造升级等低碳转型需求①。

为引导更多金融资源配置到具有显著碳减排效益的领域，更好满足市场投资需求，人民银行推出了碳减排支持工具和支持煤炭清洁高效利用专项再贷款。仅 2022 年就通过两项工具支持金融机构向碳减排和煤炭清洁高效利用领域发放低成本资金，带动碳减排超 1 亿吨二氧化碳当量。在不断完善环境信息披露和碳核算基础上，人民银行还组织全国主要银行开展气候风险压力测试②，引导金融机构更好识别和管理好气候相关金融风险。为鼓励探索转型债券、可持续发展挂钩债券等创新产品，2022 年 5 月，中国银行间市场交易商协会发布《关于开展转型债券相关创新试点的通知》，明确了转型债券的定义以及在资金用途、信息披露、第三方评估认证、募集资金管理等方面的具体要求③。中央结算公司充分吸收国内外转型债券市场环境效益信息披露的最佳实践经验，参考《绿色低碳转型产业指导目录（2024 年版)》及中国人民银行转型金融相关指导文件，基于绿色债券环境效益信息披露指标体系的设计经验，构建了转型债券环境效益信息披露的指标体系。同时，中央结算公司积极完善中国绿色低碳转型债券数据库建设，在实现境内全品种绿色债券、港澳及离岸人民币绿色债券环境效益信息

① 中共中央，国务院．中共中央　国务院关于加快经济社会发展全面绿色转型的意见．https：//www.gov.cn/zhengce/202408/content_6967663.htm.
② 刘桂平．努力提高金融体系气候风险管理能力 [J]．中国金融，2022 (5).
③ 中国银行间市场交易商协会．关于开展转型债券相关创新试点的通知：中市协发〔2022〕93 号．https://www.nafmii.org.cn/ggtz/tz/202206/P020220623545115080426.pdf.

全覆盖的基础上，在国内首次集中采集并展示境内转型债券的环境效益信息，为市场参与各方提供量化的环境效益数据参考。

根据中央国债登记结算有限责任公司发布的《中国转型债券白皮书》①，2021—2023 年挂钩类转型债券累计发行规模是非挂钩类转型债券的 15 倍。从转型债券的品种来看，中期票据、公司债发行量居前：2021—2023 年中期票据累计发行 72 只，发行规模为 760 亿元，占比 48%；公司债累计发行 63 只，发行规模为 622 亿元，占比 40%；其次是金融债；资产支持证券、定向工具和短期融资券发行规模较小。转型债券募集资金使用方向全面覆盖了《绿色产业指导目录》中的七个行业，其中节能降碳改造和能效提升、煤炭清洁高效利用、煤电机组节能降碳改造三个行业的投入资金最多，合计 69.83 亿元，占全部转型项目投入资金的 80.45%。据测算，2021—2023 年公开发行的挂钩类转型债券预计每年可支持节约标准煤 1046.55 万吨，减排 4996.4 万吨二氧化碳当量。

2021—2023 年，转型债券发行人所在地前十名分别为北京（30.36%）、上海（11.72%）、山东（9.70%）、江苏（7.85%）、湖北（5.18%）、浙江（5.05%）、云南（4.15%）、河北（4.15%）、河南（3.64%）、天津（3.20%），占发行总额的 85.01%。市场对转型债券的欢迎程度不断上升：2021 年第二季度转型债券一级市场认购倍数为 1.05，到 2023 年第四季度达到 1.21；2021—2023 年，发行转型债券较普通债券平均融资成本低 8.5 个基点。同期绿色债券发行成本较普通债券低 9.3 个基点，转型债券发行成本优势已接近绿色债券。

中国转型债券的快速发展也受益于金融机构和部分地区的积极自主创新活动。2021 年，中国银行和中国建设银行就分别在中国香港和新加坡离岸市场发行了转型债券。2023 年 2 月，无锡华光环保能源集

① 中央国债登记结算有限责任公司．2024 年中国转型债券白皮书．https：// www.chinabond.com.cn/yjfx/yjfx_zzfx/zzfx_nb/202410/P020241021333757507948.pdf.

团发行了中国首单碳资产转型债券。2023 年 6 月，海通恒信发行了中国首单"绿色 + 低碳转型挂钩"资产支持证券。2023 年 10 月，中国银行发行了全球首笔钢铁转型金融债券。2023 年 11 月，中国船舶集团（香港）发行了中国首单可持续发展挂钩熊猫债，同月，中国银行悉尼分行发行了全球首笔美元可持续发展挂钩贷款债券。2024 年 1 月，宝武集团发行了中国首单科技创新低碳转型"一带一路"债券。2024 年 6 月，无锡华光环保能源集团发行了中国首单绿色可持续挂钩主体科创票据。天津市在全国首创"转型项目 + 转型主体"模式，既促进了绿色低碳项目的落地，又推动了企业主体的可持续发展，为天津荣程钢铁集团及其关联企业发放天津首批钢铁行业转型金融贷款共 1.7 亿元。上海创新提出"保险 + 转型金融贷款"。中国太保与上海农商银行创新落地全国首笔"保险 + 转型金融贷款"，这是全国首笔化学工业转型金融贷款，也是银行和保险机构在全国转型金融领域的首次跨界合作。2023 年，邮储银行在山西省大同市落地全国首笔公正转型贷款，部分贷款资金将用于晋能控股煤业集团的员工轮岗培训、操作资格培训等。

浙江省湖州市推出地方版《转型金融支持目录（2022 年版）》，将当地重要的纺织业、造纸和纸制品业、化学原料和化学制品制造业等行业的项目和企业纳入支持目录①，同时规定了详细的低碳转型技术路径，设立低碳转型基准值与目标区间等量化指标，在地方层面率先进行了转型金融实践探索。浙江省衢州市等地基于碳核算构建各自的碳账户，实现与金融等政策的有效对接。《上海市转型金融目录（试行）》将水上运输业、黑色金属冶炼等六大行业纳入首批低碳转型范围②。

---

① 湖州市发展和改革委员会. 湖州市融资主体转型方案编制大纲（2023 年版试行）. https：//custom. huzhou. gov. cn/DFS//file/2023/07/19/20230719211028331jlx928. pdf? iid = 567061.

② 中共上海市委金融委员会办公室, 中共上海市金融工作委员会.《上海市转型金融目录（试行）》正式出台. https：//jrj. sh. gov. cn/ZXYW178/20231229/078f722f64b540678cd 496d3f62f6764. html.

《广东省陶瓷行业转型金融实施指南》成为全国第一份针对陶瓷行业绿色转型的金融支持省级团体标准①。重庆、天津、河北、山西、江西、贵州、广西、江苏、浙江等省份陆续落地转型金融标准或试点方案。

为实现上述目标，碳账户、碳核算等制度和方法体系建设也是为转型金融必不可少的配套性基础制度。全国统一碳排放权交易市场（以下简称全国碳市场）作为利用市场机制控制和减少温室气体排放、推动经济发展方式绿色低碳转型的重要制度创新，对转型金融具有显著的助力作用。作为全球覆盖温室气体排放量规模最大的市场，全国碳市场在试点城市已覆盖电力、钢铁、水泥等多个高碳行业，后续覆盖行业将逐步扩大②。目前，碳市场的发展已初见成效，碳成本倒逼企业加快运营转型，碳交易促进企业提高转型收益。2023 年 10 月，国家核证自愿减排量（CCER）正式重启，进一步丰富了碳市场的交易产品，为企业提供了更多的减排收益途径。同时，随着碳金融产品的不断丰富完善，企业通过碳交易、碳资产运营管理等手段获得更多融资便利，进一步提高了其绿色转型意愿，为转型金融的发展提供了有力支持。

转型金融的中国共识和中国贡献

从 2021 年开始，在认识到绿色金融体系的作用与不足基础上，中国人民银行研究局牵头研究转型金融相关的金融标准，探索金融支持重点行业转型的模式，希望为满足高碳行业低碳转型的合理融资需求提供监管原则。经过讨论，一般认为对中国建设转型金融体系应遵循以下基本原则，包括转型金融支持领域在减缓或适应气候变化方面应有直接或间接的显著贡献，且对其他环境和可持续发展目标无重大损

---

① 广东省金融科技学会. 广东省陶瓷行业转型金融实施指南：T/GDJR 002 – 2024 ［EB/OL］. 标准网，2024 – 09 – 06. https：//www.biaozhuns.com/archives/20241213/show – 388430 – 108 – 1. html.

② 生态环境部. 气候投融资试点工作方案. https：//www. gov. cn/zhengce/zhengceku/2021 – 12/25/5664524/files/10bf58f69f4d40269e07f3b84a 47bb78. pdf.

害；转型金融标准应与国家、地方和行业政策相协调，与国际通行标准相兼容；与标准相应的环境信息披露应简便易行，不给市场主体造成过重负担等。

其中，重点行业分类标准取得较为广泛的共识。转型金融适用行业主要包括石化、化工、建材、钢铁、有色金属、电力、建筑、交通、纺织、轻工业、装备、数字产业等 12 个行业[①]。国家发展改革委等部门发布《绿色低碳转型产业指导目录（2024 年版）》，在绿色项目的基础上新增低碳转型产业，为转型金融产品的支持范围提供参考依据[②]。在具体标准制定方面，中国人民银行正在推动首批煤电、钢铁、建材、农业四个行业的转型金融目录国家标准尽快发布，并已启动第二批七个行业国家标准的研究制定工作。

在上述实践、讨论和共识基础上，中国还作为 G20 工作组主席国贡献了中国智慧。

2021 年 10 月，G20 罗马峰会批准了由中美牵头的可持续金融工作组提交的《G20 可持续金融路线图》，首次将建立转型金融框架作为未来工作的重要方向。2022 年 2 月，G20 财长和央行行长会议再次强调发展转型金融以支持有序绿色转型，将建立转型金融框架纳入重要议程，工作组确立了由界定标准、信息披露、金融工具创新、政策激励、公正转型五大支柱构成的基本框架，《G20 转型金融框架》等成果文件提交 2022 年 11 月 G20 巴厘岛领导人峰会获通过后发布，为各国编制转型金融政策提供了基本原则。

[①] 中国人民银行，国家发展改革委，工业和信息化部，财政部，生态环境部，金融监管总局，中国证监会．关于进一步强化金融支持绿色低碳发展的指导意见．https：//www. gov. cn/zhengce/zhengceku/202404/content_6944452. htm.

[②] 国家发展改革委等部门．关于印发《绿色低碳转型产业指导目录（2024 年版）》的通知：发改环资〔2024〕165 号．https：//www. gov. cn/zhengce/zhengceku/202403/content_6935418. htm.

尽管经济合作与发展组织、欧盟、气候债券倡议组织、国际资本市场协会等国际机构也相继提出有关转型活动、转型金融的概念，但《G20 转型金融框架》的重要贡献，是总结性提出了发展转型金融需要在 5 个领域推动形成有效率的金融市场，这也可以被称为"五个支柱"①。第一个支柱，即需要制定和应用对转型活动和转型投资的界定标准。转型金融标准既可以采用"分类法"（Taxonomy – based），即包含具体活动清单的转型目录，也可以使用"原则法"（Principle – based），即要求转型活动符合某些原则，帮助市场主体以较低成本更准确地识别转型活动。为此，转型活动和转型投资应有透明、可信、可比的减排目标，也就是常说的能体现减排的"额外性"，并能够动态反映市场、政策、技术的发展，同时应考虑公正转型的要求。当前，各方面也达成了一个较为一致的共识，即各类绿色评级、认证、核证机构通过发展权威、公允的第三方市场，已经成为构建和完善绿色和转型金融标准的不可或缺的组成部分。

第二个支柱是需要相对绿色金融更严格的信息披露。由于转型活动面临的风险更大，金融市场对转型主体的披露信息要求更高，具体包括要求提出更可信、更可量化和更可验证的企业战略、经营计划及治理机制；披露短期、中期、长期温室气体减排目标和气候适应目标，以及减排活动进展情况，如计算减排所使用的基准线、情景与方法学；按照重要性原则和相应规范披露三个范围的温室气体排放数据及计量排放数据和其他转型指标的方法学；对于指定用途的转型金融工具，应披露资金用途；对于不限定用途的转型金融工具，应披露所支持转型活动的关键绩效指标。

第三个支柱是具体的金融产品，如 PE/VC 等股权基金投资、混合融资、债转股、风险缓释产品、资产支持证券等。与传统金融工具以

① 马骏.《G20 转型金融框架》及对中国的借鉴 [J]. 中国金融，2022（23）.

及绿色金融工具相比，转型金融工具常常引入与减排目标完成度相挂钩的奖惩机制，以体现对转型成本的分担，如可持续发展挂钩贷款和可持续发展挂钩债券采用了浮动利率等方式以奖励成功的转型。各类股权和混合型投资工具如并购基金、私募股权（PE）和风险投资（VC）等有利于纳入科技金融的元素，对风险较大的低碳科技的开发与应用形成有效支持。具体金融产品发展和业务创新与转型金融标准制定之间是相互支撑、互为条件的关系：从全球实践看，绿色金融、转型金融标准的建立和完善，往往来自金融市场业务发展到一定阶段的总结提升；而领先金融机构和关键交易平台率先开发金融标准，又能起到引领和发动全市场的积极作用。

第四个支柱是对投资人或金融机构的激励政策。可以通过提供中央银行再贷款、担保、贴息、财政部门的认证补贴、政府基金的投资、优惠税率、碳市场政策、政府采购、行业政策等渠道为提供转型金融服务的金融机构提供更多激励。

第五个支柱为缓冲就业、能源安全和通胀等社会问题提供公正转型机制。这需要在鼓励转型金融涉及的融资主体积极参与评估转型活动可能带来的社会影响，进行披露并采取措施加以缓解。例如，针对就业可能受到的负面影响，企业经评估后可制订帮助失业员工的技能培训和再就业计划，投资者可在转型金融产品中予以一定支持。

转型金融的未来

绿色金融与转型金融相辅相成，联系密切，都是实现全球绿色、低碳、可持续发展的重要金融工具。粗看上去，无论是支持服务的对象，还是发挥作用的基础性机制，绿色金融和转型金融都没有明显的边界。特别是二者的服务对象都面临显著外部性，都需通过有效的信息披露解决环境气候信息不对称，防止出现"洗绿"或假转型；都需制定激励约束机制，提升资金使用的精准性，提高社会资金参与绿色低碳转型活动和项目的积极性。

然而，转型金融不是绿色金融向"非绿"方向某种程度的延伸，二者仍存在本质区别。转型金融面临着更严峻的挑战，需要更加创新的理念、机制和工具。可以简单总结为以下几个方面。

转型活动的核心挑战在于转型技术路径的不确定性，并使得激励约束机制难以制定，需要科技金融的思维和工具加以支持。绿色金融是推动金融资源配置到绿色领域的机制，解决的是绿色技术或商业模式已经明确但成本偏高、风险偏大的问题，可以采取"定向""定量"考核激励支持等办法调动市场主体的积极性。而转型金融是要将金融资源配置到技术和商业模式均存在很大不确定性的领域，在具有绿色金融特征的同时，也具有科技金融的特征，对产业规划、研发支持等政策依赖较大。金融产品可以设计成为实体产业的主管部门或财政部门提供转型支持的有效渠道。如新能源项目的土地安排和消纳政策、对节能减排项目的补贴政策、对新能源汽车的牌照政策和充电桩建设安排等，都可以嵌入到金融政策、产品和服务中。从约束看，可以通过设立法律、行政规范和技术标准、金融标准等方式，人为增加高碳经济活动的成本，使投资、生产和消费被"挤出"到相对低碳的活动，为转型提供市场化导向。在绿色金融基础上积极探索转型金融，不是简单扩展绿色项目目录，而需要创新支持低碳技术创新的投融资机制。如可由国家财政出资，支持各类建设项目和产品（如钢结构建筑）高价招标购买零碳绿钢。又如支持发展绿电、绿氢产业，不仅需要将可再生能源发电及其储存设施和氢能基础设施建设和运营纳入转型金融目录，更重要的是允许在金融产品定价与碳减排效益挂钩或增加碳排放权担保等机制，允许金融机构通过锁定中远期减碳收益来作为支持低碳技术的回报。碳减排相关的政策支持工具也可在与当期减排绩效挂钩的基础上，考虑与未来低碳冶金技术成果转化的成效挂钩。

转型活动的减碳等气候环境风险减量的效应还应该更显著。这既需要全社会共同分担更高经济成本，更需要科学有效的环境气候效益披露、评估、定价、激励和分担机制。气候债券倡议组织将转型金融的范围确定为"中短期可为减排作出重大贡献的措施和项目"，强调转型金融应作出显著超越绿色金融的环境气候贡献。应对气候变化的行动也将使更大范围的人群受益，因而需要给予更大强度的政策支持以分担更高的转型成本，对应需要更高标准的披露要求和监管强度。

以钢铁行业为例，中国已经基本具备转型发展的经济条件以及披露、监管能力：经济上，完成超低排放改造的企业利润率是其他企业的 2.6 倍①，同时可以利用碳市场机制推动行业长期碳预算和分配机制，鼓励钢铁企业科学参与碳定价，并以此为约束决定其技术路线和技术投入，欧盟碳边境调节机制、碳配额限制、用钢企业碳足迹管理等外部约束形成了明显的绿钢"溢价"；技术上，已实现对钢铁企业单一设备排放浓度的实时（按小时）监测，并针对不同生产技术构建精准的排放核算模型及其数据库②；监管法规上，将碳排放影响评价纳入环评体系，就可以在现有法律法规和行政执法体系基础上实时监测钢铁冶炼各环节、各设备碳排放情况。从中国人民银行河北省分行推动钢铁行业低碳转型的实践看，其价值不仅是提供了 10 大类 176 项转型金融支持的技术目录，更重要的是指导企业编制有说服力、可监督的中长期转型方案。部分银行还将转型贷款利率与转型方案中的转型目标挂钩；利用了供应链上的碳足迹管理支持下游企业采购低碳钢。总的来看，上述机制可以形成鼓励碳减排的市场化调控机制。

转型金融在重塑金融资源分配格局的同时，还必须更加重视实现公平、安全转型。例如，向清洁可再生的能源体系转型过程中，能源安全受到了更大挑战。一方面，中东冲突的升级和俄罗斯在乌克兰的

---

① http://www.news.cn/energy/20240724/78b9205ab9bd47f6bff14d026cd9b023/c.html.

② 2021 年 6 月 25 日，Effect of strengthened standards on Chinese ironmaking and steelmaking emissions，Nature Sustainability.

持续战争乃至各类地缘政治冲突都在破坏全球能源供应链，与长期形成的能源依赖性相交织，加剧了全球性的能源脆弱问题。另一方面，能源转型本身也加剧了化石能源（石油、天然气、煤炭）与清洁能源（光伏为代表）之间的市场博弈，两类能源的产能过剩、价格波动、技术投入等问题将成为长期存在的复杂性。根据国际能源署的统计分析，全球液化天然气出口增长近50%，新增液化天然气年化产能约2700亿立方米，但要相比清洁能源具有市场竞争力，需要将价格控制在3～5美元/百万英热单位，而液化天然气的盈亏点目前高达约8美元/百万英热单位。若天然气价格得以降低，又会削弱转向更清洁技术的经济动机，拖累能源结构的变化。

在中国，可再生能源新增装机规模不断提升的同时，出现了技术和管理机制上如何高效融入电力系统的问题，其他发展中经济体则存在清洁能源项目政策不确定、资本成本高的障碍。电气化程度更高的能源系统已初现雏形。过去十年间，电力需求增速是总体能源需求增速的两倍；其中，全球电力需求增量的三分之二来自中国。未来几年，电力需求增速将进一步提高，主要由轻工业用电、电动出行、制冷、数据中心和人工智能（AI）驱动。如随着收入水平提高、全球气温升高，到2035年全球制冷新增需求将超过1200太瓦时。

随着电力需求和波动性能源发电的增加，电力系统对灵活性的运营需求将增加，以适应短期和季节性需求变化。增强电力安全还需要调整电力部门的投资平衡，更多投向于电网和电池储能；这一点国际能源署已经在阿塞拜疆巴库举行的第二十九届联合国气候变化大会（COP29）之前提出。目前，每一美元的可再生能源支出中，有60美分用于电网和储能。许多电力系统难以承受更多的极端天气事件和网络攻击，因此对韧性和数字安全进行充分投资具有重要意义。

正是因为对转型金融的概念、支持服务对象、技术标准认定、推动路径等的认识与绿色金融之间存在明显差异，对如何制定转型金融政策体系也容易出现分歧。例如，在转型金融服务对象上，究竟适用于转型项目、转型活动，还是适用于转型主体，各方理解尚未完全统一。从严格资金使用方向的管理，精确度量减排效应，从而避免出现假转型问题，更应该适用于项目级别的转型活动。可以继续使用分类方法，以"白名单"的形式编制一个具体的转型活动目录（清单），该目录包括主要高碳行业（如煤电、钢铁、水泥、石化、有色、航空等）向低碳、零碳转型的各种可行的技术路径，并设定按这些路径操作后在一段时间内可能实现的减碳幅度（如单位产出的碳强度下降）。但是，由于转型活动的动态性和复杂性，现实中如严格按照事前猜想的技术路径实施转型，往往会形成"刻舟求剑"的效应，最终转型失败，带来金融风险。因此，从提高资金使用效率，可以通过支持主体提升包容度，尽可能支持有转型意愿但存在较大转型风险的主体，也允许不同的区域因地制宜选择适当的模式或起步方式。在对行业主管部门能力较强、转型技术路径较为清晰的国家或行业，可以采用较为清晰的"转型活动目录"来界定一定期限内转型活动，该目录可以动态调整技术标准和绩效评估期限；在缺乏行业权威和对技术路径共识的国家或行业，可以选择对全部或部分行业转型活动进行原则性描述的做法。

尽管全球低碳转型进入了良性和快速发展的态势，但无论是人类社会经济活动的巨大惯性以及传统发展模式的利益束缚决定了转型的复杂性、反复性和艰巨性。各国的经济发展水平、经济结构、社会结构具有明显的差异，对转型金融和转型金融标准的研究和实践仍处起步阶段，转型金融产品类型、管理转型风险所需要的配套基础设施建设、金融机构能力培育、国际合作等领域，仍有较多的工作需要探索完善。从"高碳"向"低碳"经济转型的路径存在多种可能性，需要全球各方更加积极推动技术创新、制度改革和全球合作。